中国公文写作研究会公文文献研究室
鲁东大学公文文献研究中心
中国公文学研究

主　编　柳新华
副主编　徐艳华　张玉禄

电子公文撰制

DianZi GongWen ZhuanZhi

柳新华　王东海　董相志　编著

经济科学出版社
Economic Science Press

图书在版编目（CIP）数据

电子公文撰制/柳新华，王东海，董相志编著.—北京：
经济科学出版社，2014.9
（中国公文学研究）
ISBN 978－7－5141－4901－2

Ⅰ.①电… Ⅱ.①柳…②王…③董… Ⅲ.①计算机应用－
公文－写作－高等学校－教材②文字处理系统－高等学校－教材
Ⅳ.①H152.3－39②TP391.1

中国版本图书馆 CIP 数据核字（2014）第 178886 号

责任编辑：柳　敏　宋　涛
责任校对：杨晓莹　郑淑艳
版式设计：齐　杰
责任印制：李　鹏

电子公文撰制

柳新华　王东海　董相志　编著
经济科学出版社出版、发行　新华书店经销
社址：北京市海淀区阜成路甲 28 号　邮编：100142
总编部电话：010－88191217　发行部电话：010－88191522
网址：www.esp.com.cn
电子邮件：esp@esp.com.cn
天猫网店：经济科学出版社旗舰店
网址：http://jjkxcbs.tmall.com
北京汉德鼎印刷有限公司印装
710×1000　16 开　19.75 印张　380000 字
2014 年 10 月第 1 版　2014 年 10 月第 1 次印刷
ISBN 978－7－5141－4901－2　定价：50.00 元
（图书出现印装问题，本社负责调换。电话：010－88191502）
（版权所有　翻印必究）

《中国公文学研究》编委会

名誉主任　苗枫林

主　　编　柳新华

副 主 编　徐艳华　张玉禄

成　　员（排名不分前后）

苗枫林	柳新华	徐艳华	张玉禄	姜德照	王东海
董相志	王红霞	丁洪荣	孙彩惠	李忠朋	蔡江涛
邵明媚	张艳伟	王　佳	乔卫星	刘国明	张晓青
兰　玲	史守海	李瑞芬	曲俊义	崔胜显	邵建国
刘玉坤	刘明洋	刘　璐	高　慧	张　晨	朱绘锦
史林林	乔雨菲	赵　慧			

《电子公文撰制》

编　　著　柳新华　王东海　董相志

序

公文在中华文明的历史进程中一直担当着重要角色，历经几千年的演变和发展，始终发挥着治国安邦、革故鼎新、传递政令、凝聚民心、推动经济与社会发展的重要作用，但公文学作为一门独立学科被世人所重视，时间却相当短暂，充其量不过二十几年的历史。

27年前，苗枫林的《中国公文学》（齐鲁书社1987年）一书出版，第一次较为系统地把公文作为一门学科进行研究，创造性地提出具有很高理论价值和实用价值的公文学观点，从理论和实践的结合上论述了公文学的基本规律，由此填补了中国公文学理论上的空白，成为中国公文学研究史上的里程碑。

此前我国公文学的研究，一直依附于其他学科，在秘书学、档案学、写作学、语言学、行政学等学科的边缘徘徊，可谓犹抱琵琶半遮面，藏在深闺人不识。伴随着苗枫林《中国公文学》问世，公文学有了"名"，有了较为科学的界限和定位，我国公文学研究逐渐自立门户，崭露头角。随后成立的中国公文写作研究会，在推动公文学研究方面做了大量工作，许多专家学者加入到公文学研究队伍中来，大批优秀公文学研究成果不断涌现，理论研究与实践应用的结合也越来越密切，公文学成为一个内容日渐丰富、目标日趋清晰、体系逐渐完备的学术领域。时至今日，公文学研究已呈现出生机蓬勃的发展态势，越来越受到社会和理论学界的关注。

从《中国公文学》出版之后二十几年的时间里，出版社出版了大量公文方面的书籍。据中国公文写作研究会不完全统计，20世纪90年代以后，关于公文学和公文写作的各种版本的教材、专著约计有200多种。但绝大多数是为满足社会需要及后来公务员考试的急需，而编辑出版的公文写作与处理方面的应用类书籍。这些著作对于普及公文知识、提高公文写作与处理水平、服务于社会及党政机关工作发挥了重要作用，但就公文学理论研究方面而言，迄今为止尚未有超过苗枫林《中国公文学》的突破与建树。由于公文学理论研究滞后，致使公文写作领域长期囿于"格式加例文"的仿制模式，未能对我国公文的改革与发展以及文风建设发挥应有的作用。至今公文学的一些基本理论问题，诸如公文的定义、公文学的研究对象、公文学的学科体系、公文规范化理论以及公文文种归类等，均未有权威定论，各执一词，莫衷一是。这种状况显然不利于公文学科建设以及更好地服务于社会和公务活动。

发展是硬道理，没有发展，任何事物都没有生命力。尽管公文学研究已经取得可喜的成绩，但同其他新兴学科一样，公文学同样面临打破"瓶颈"深入发展的问题，传统单一的研究方法和手段、固定不变的研究对象和内容，严重制约了公文学科的深度建构，研究成果陷入狭窄、重复、肤浅，难以突破飞跃的泥淖中。苗枫林生前就多次说过，要使公文从单纯的应用技术进入学术领域，必须深入开展理论研究，推动我国公文学科建设进程。否则，将导致公文的发展与应用误入歧途，甚或对党政机关作风和社会发展产生不良影响。为此，中国公文写作研究会会长桂维民指出，公文学界要努力做好三方面的改变：一是更新观念和思路，将公文学研究视野放得更宽、更广；二是拓宽研究范围和角度，促进公文学全方位、深层次发展；三是创新研究手段和方法，将公文学建立在科学论证的基础之上。

许多公文学界的专家学者在为公文学的健康发展进行着坚持不懈地努力和探索。2007年7月"苗枫林公文学术思想暨《中国公文学》出版发行20周年研讨会"和2011年7月"公文学的发展现状与展望和公文文献服务平台建设研讨会"期间，与会专家学者对公文学的现状与前景取向表示极大的关切，苗枫林先生出席会议，会上会下与有关人士多次谈到要加强公文学理论研究，并希望鲁东大学公文文献研究中心师生在这方面多做一些工作，并表示他正在做中国公文名篇赏读和公文史学方面的研究工作，如果出版，可以作为这方面研究的丛书之一。

根据苗枫林先生的建议，鲁东大学公文文献研究中心拟定了《中国公文学研究》丛书写作计划，落实了研究撰稿人员，结合公文学的教学、科研的需要展开工作。最初拟定的书目有《中国公文名篇赏析》（苗枫林）、《公文学的现状与展望》（柳新华）、《当代中国公文学》、（柳新华、徐艳华）、《简明公文类编》（柳新华、徐艳华、张玉禄）、《中国公文史学》（张晓青）、《公文语言与修辞》（丁洪荣）、《公文格式规范》（姜德照）、《新编公文写作》（王红霞）、《电子公文撰制》（柳新华、王东海、董相志）等，并议定根据研究工作的进展，篇目作适当的增加或减少。

《中国公文学研究》丛书编写工作，从一开始就坚持理论与实践相结合、研究与应用相结合，但侧重于公文理论方面的研究，力求走出公文类书籍格式加例文的窠臼，在公文的深领域、广覆盖、系统化上做文章。丛书作为一个整体，力求全面反映公文学的主体框架内容，并努力在以往无人涉及的领域拓展，同时，考虑读者学习使用方便，各个分册又各自独立成编，不追求形式上的统一。因此在公文研究领域一些重要问题上不惜笔墨，展开论述，而对社会已见著述较多的内容一掠而过，甚或仅作简单介绍。

几年来，担纲任务的鲁东大学公文文献研究中心的师生以不畏艰难、勇于探索的精神，取得了一大批有价值、有见地、开创性的研究成果，完成多项重大课题研究，发表了一批优秀论文，建立了在全国颇具影响的公文数据库、公文服务平台和公文研究网站，经中国公文写作研究会批准建立了该会直属的公文文献研究室，开启了公文学研究新的阵地和良好的发展模式，受到各方的关注和重视。

正当《中国公文学研究》丛书在有计划、有步骤地全面展开之际，不幸的是2013年1月苗枫林先生因病去世，使丛书的编写工作失去了一位重要的领导者和指导者。临终前他委托家人将他已经完稿的《中国公文名篇赏析》转交给鲁东大学公文文献研究中心安排出版事宜。为了表达对苗枫林先生的敬慕和怀念，鲁东大学公文文献研究中心师生以最快的速度组织校对、编审，在苗枫林先生逝世一周年之前将《中国公文名篇赏析》提前交由经济科学出版社出版发行，随后陆续完成其他书稿，于2013年下半年到2014年上半年由经济科学出版社完成编辑出版。

我们虽然尽最大努力完成了《中国公文学研究》丛书的编撰，但我们深知，由于能力和水平的限制，我们的研究离苗枫林先生的期望还有很大差距，完成苗枫林先生的未竟事业，真正确立公文学的学科地位，使之形成一门独立、严整的学科，还有大量的工作要做，还有很长的路要走。我们愿意与广大公文学研究者一道继续迎难而上，拼搏奋进，深入思考问题，脚踏实地进行研究，为公文学科的建立与发展作出积极的贡献。

最后，需要说明的是，《中国公文学研究》丛书在编写过程中，参考借鉴了公文学界专家学者近年来的大量研究成果，查阅了大量出版物和网络有关数据库，虽然在各个分册参考书目和引文中已分别表达谢忱，但仍然有大量研究者、作者的名字未能一一列出，在此，谨以编委会的名义，向所有提供研究成果、著作、资料信息和对丛书编辑出版给予关心、支持和帮助的朋友表示衷心的感谢！

柳新华

2014 年 1 月 12 日

（序作者柳新华为中国公文写作研究会副会长、中国公文写作研究会公文文献研究室主任、鲁东大学公文文献研究中心主任）

前　言

自 2012 年 7 月 1 日起，随着《党政机关公文处理工作条例》和《党政机关公文格式》的颁布实施，中国共产党机关和国家行政机关公文处理规范合二为一。这是我国当代公文制度建设具有划时代意义的变革，标志着我国公文处理工作进入了一个崭新的发展阶段，对于推动各级党政机关公文处理工作制度化、规范化、现代化和信息化建设，特别对于加速纸质公文向电子公文转变发展，具有十分重大而深远的意义。

自 1946 年世界上第一台电子计算机诞生以来，以计算机技术为核心的通信技术、网络技术、多媒体技术日新月异，各国政府纷纷将电子政务建设提上议程，电子公文随之应运而生。电子公文在深化行政改革、加强行政管理、创新工作方式方法、提高工作效率质量等方面，有传统纸质公文无可比拟的优势。

1988 年，国务院办公厅开始建设国内第一个"公文管理系统"，电子公文的思想开始萌芽。20 世纪 90 年代，我国步入电子公文发展快车道。1999 年实施政府上网工程，从国务院至各省、市、县四级纵向公文传输网络在 2000 年前后初步建成，部分县级政府还开通了县域内的电子公文系统。2001 年以后，电子公文的法定地位逐步确立，推动了电子公文在应用规模、范围、广度、深度等各个层面不断发展完善，进一步确立了电子公文在国家电子政务框架中的顶层设计地位，在各级 OA 层面的核心地位。

回顾电子公文 20 余年来的发展，基本上是边实践边探索，好多时候是先干起来再说，走的是一条摸着石头过河的路子，其技术形态和应用形态几经变迁。一位来自政府办公自动化基层的文秘人员说："已不知道我们的办公系统升级换代多少回了。"无奈之情溢于言表。工程技术人员总是愿意或者说是不得不引进最新的IT技术以满足那些复杂而苛刻的办公需求，所以，电子公文给人的感觉总是一直在路上，一直在因应IT之变而变。或许这正是来自实践与技术革命本身的双重阵痛。尽管电子公文在若干领域已经完全取代纸质公文，但历史地看，二者必将优势互补、长期共存。电子公文的根基仍在纸质公文，同时又是对传统公文的极大发展和超越。

为了适应电子公文教学和实践的迫切需要，本书编著者柳新华、王东海、董相志曾于2002年在中国人事出版社合作出版了我国第一部电子公文制作与传输的专著——《实用电子公文传输与处理》，引起公文界普遍关注，2009年又在科学出版社出版了《实用电子公文处理教程》，荣获首届方放秘书学著作评奖活动一等奖，在全国引起很大反响。此次根据《党政机关公文处理工作条例》出台后，党政机关、高等院校和广大读者的急需，再度合作编写出版《电子公文撰制》，为现代文秘写作人员，办公自动化开发、管理与维护人员，高等院校学生提供科学实用的教科书和参考资料。

《电子公文撰制》全书共分十一章。各章内容如下：

第一章，综述公文载体沿革与变迁、电子公文内涵与外延、特性与作用，使读者对公文发展有一个全面的了解。第二章，介绍了电子公文发展现状与趋势，揭示其自身的发展规律，使读者以动态视角看待公文发展。第三章，介绍了电子公文的要素与系统，对我国电子公文的发展方向与重点提出了对策与建议。第四章，结合最新党政机关公文格式介绍了常见的规范性电子公文版面格式，使读者能够更好地将电子公文的处理与纸质公文的处理相衔接。第五章，介绍了与电子公文相关的数据库设计技术，公文文献数据库是电子公文系统的核心应用，本章内容主要是为了满足公文各级管理人员、技术人员、文秘人员在项目需求分析阶段的沟通需要和数据库维护规划需要，对数据库的基本理论和方法予以概括性介绍，并结合XML电子公文规范的国家标准，给出了若干公文库表的设计示例。第六章，立足公文制作和排版的技术特点，结合Word 2010的技术特点对DOC格式电子公文的制作与技巧进行了详细讲解，契合广大电子文秘人员学习公文制作的实际工作需要。第七章，介绍国际标准 PDF 格式电子公文制作技术。PDF 格式也是我国各级电子公文在传输处理环节和归档环节的主流格式。读者应准确把握 PDF 格式电子公文与 Word 格式电子公文的区别与联系。第八章，介绍动态表单式电子公文的制作技术，在构建公文处理的工作流方面具有优越性，是读者需要学习掌握的重要技术。第九章，概要介绍电子公文一般处理流程及电子公文数据交换规范，提供了书生电子公文传输处理系统供读者学习参考。第十章，介绍电子公文管理，以鲁东大学公文管理系统的操作使用为案例，介绍电子公文系统操作与管理的一般性方法和步骤。第十一章，介绍电子公文基本安全知识，系统关注电子公文生命周期各阶段安全框架的设计。

全书由柳新华教授拟定提纲、统编定稿。第一、第二、第三、第四章由柳新华教授编写，第六、第七、第八章由王东海教授编写，第五、第九、第十、第十一章由董相志副教授编写。

在编写出版工作中，得到了鲁东大学汉语言文学院、现代教育技术教学部、网络中心、信息与电气工程学院、校办公室、图书馆许多老师和同事的鼎力相助；得到了中共烟台市委办公室、烟台市政府办公室、烟台市综合信息中心领导和专家的精心指导；鲁东大学公文写作与处理硕士研究生邵明媚、张艳伟、李忠朋、蔡江涛、夏一乔、刘鸣洋、邵建国、刘璐、高慧参与本书的编写工作，查阅参考了大量文献资料，在此一并表示衷心的感谢！

尽管作者为编写本书作了较长时间的准备，但由于水平和能力所限，欠妥之处在所难免，敬请读者不吝指教。

编著者
2014 年 8 月 24 日

目　　录

序 .... 柳新华 1
前言 .... 编著者 1

第一章　电子公文概述 1

第一节　电子公文的定义和种类 1
一、电子公文的定义及意义 2
二、电子公文技术前提 5
三、电子公文的文种 5
四、电子公文的其他分类方式 8

第二节　公文载体的沿革与变迁 10
一、纸前时代的公文 10
二、纸张时代的公文 11
三、电子时代的公文 13

第三节　电子公文的特性与作用 13
一、电子公文的特性 14
二、电子公文的作用 17
三、电子公文与纸质公文的区别 19

思考题 23

第二章　电子公文发展概况 24

第一节　国际电子公文发展概况 24
一、各国电子政务发展概况 24
二、电子公文与在线服务 26

第二节　国内电子公文发展及现状 …………………………… 27
　　一、普通电子邮件时期 …………………………………… 27
　　二、政府上网工程时期 …………………………………… 28
　　三、确定法定地位时期 …………………………………… 29
第三节　我国电子公文发展存在的问题与对策 ………………… 30
　　一、电子公文发展存在的主要问题 ……………………… 30
　　二、电子公文建设的对策与措施 ………………………… 34
思考题 ………………………………………………………………… 39

第三章　电子公文系统基础 …………………………………… 40
第一节　电子公文系统构成 ………………………………………… 40
　　一、电子公文系统要素 …………………………………… 40
　　二、电子公文系统特点 …………………………………… 42
第二节　电子公文系统结构 ………………………………………… 43
　　一、电子公文收文处理子系统 …………………………… 45
　　二、电子公文发文处理子系统 …………………………… 46
第三节　电子公文系统建设原则 …………………………………… 47
　　一、需求与技术相适应 …………………………………… 47
　　二、开发与应用相互促进 ………………………………… 47
　　三、双轨向单轨逐步过渡 ………………………………… 47
　　四、统一版式与印章 ……………………………………… 47
　　五、资源合理配置与共享 ………………………………… 48
　　六、处理流程规范化 ……………………………………… 48
　　七、内涵外延扩大发展 …………………………………… 49
　　八、多元模式高度集成 …………………………………… 49
　　九、技术标准国际化 ……………………………………… 50
思考题 ………………………………………………………………… 51

第四章　规范性电子公文版面格式 …………………………… 52
第一节　规范性电子公文格式的一般规定 ……………………… 52
　　一、版头 …………………………………………………… 53
　　二、主体 …………………………………………………… 54

三、版记 ·· 56
　　　四、公文用纸、排版规格与标点符号 ·················· 56
　第二节　规范性电子公文典型应用格式 ·················· 58
　　　一、公文用纸页边及版心尺寸 ·························· 58
　　　二、公文首页版式 ··· 58
　　　三、公文末页版式 ··· 58
　　　四、附件说明页版式 ······································ 58
　　　五、信函首页版式 ··· 61
　　　六、命令（令）首页版式 ································· 61
　　　七、纪要版式 ··· 63
　思考题 ·· 63

第五章　电子公文数据库基础 ································ 64
　第一节　数据库系统概述 ···································· 64
　　　一、数据库基本概念 ······································ 64
　　　二、数据模型 ··· 65
　　　三、数据库系统结构 ······································ 69
　第二节　关系数据库 ··· 72
　　　一、结构及形式化定义 ··································· 72
　　　二、SQL 标准语言 ·· 73
　　　三、数据库安全性 ··· 75
　　　四、数据库完整性 ··· 76
　　　五、数据库恢复技术 ······································ 77
　　　六、数据仓库与数据挖掘 ································ 78
　第三节　关系数据库设计 ···································· 79
　　　一、数据库范式 ·· 80
　　　二、数据库设计步骤 ······································ 80
　　　三、数据库编程 ·· 83
　第四节　XML 数据库 ··· 83
　　　一、XML 概述 ··· 84
　　　二、XML 数据模型 ······································· 86
　　　三、SQL/XML ··· 88

第五节 电子公文数据库设计举例 …… 90
一、公文体库设计 …… 90
二、样式库设计 …… 96
三、办理库设计 …… 98

第六节 电子公文文献数据库设计原则 …… 101
一、公文文献数据库分类原则 …… 102
二、公文文献数据库文本格式设定原则 …… 102
三、公文文献数据库体例标注原则 …… 103

思考题 …… 104

第六章 DOC（X）格式电子公文制作技巧 …… 105

第一节 Word 操作基础 …… 105
一、Word 中文件的操作 …… 105
二、DOC（X）文件的基础编辑操作 …… 108
三、字符格式化 …… 111
四、段落格式化 …… 114
五、格式刷的使用 …… 116
六、页面格式化 …… 117
七、表格处理 …… 121
八、图片处理 …… 125

第二节 DOC（X）电子公文的特殊录入 …… 131
一、公文中偶用生僻字符录入与大字符集使用 …… 131
二、拼音录入 …… 133
三、其他类型语言的录入 …… 134
四、繁简转换 …… 135
五、OCR 录入——慧视屏幕识别 …… 136
六、抓图与受限文本的获取——HyperSnap …… 136

第三节 DOC（X）电子公文的特殊编排技法 …… 137
一、选中矩形文本块 …… 137
二、字符的高级查找、替换操作 …… 137
三、页面设置操作 …… 140
四、设置特殊文字格式 …… 142

五、项目符号和项目编号 …… 143
六、使用"样式"进行自动化排版 …… 145
七、表格的处理 …… 145

第四节 DOC（X）长电子公文的编排 …… 148

一、同时编辑、浏览同一公文的不同部分 …… 148
二、横竖版面混排 …… 149
三、分节 …… 149
四、页眉页脚的设置 …… 150
五、设置页码 …… 151
六、设置目录 …… 152
七、域的使用示例 …… 155
八、邮件合并 …… 156

第五节 DOC（X）格式公文的后处理 …… 158

一、DOC（X）文件的安全性设置 …… 158
二、电子公文的电子核校 …… 161
三、批阅文档 …… 169

思考题 …… 172

第七章 静态 PDF 格式电子公文的制作与使用技巧 …… 173

第一节 创建 PDF 文件 …… 173

一、在 Word 中直接转换生成 PDF 文件 …… 174
二、用 PDFWriter 创建 PDF 文件 …… 174
三、使用 Acrobat 软件制作 PDF 文件 …… 175
四、从多个文件创建或合并文件 …… 176
五、制作 PDF 文件时嵌入字体 …… 178

第二节 PDF 文件的阅读与使用 …… 178

一、PDF 格式电子公文的阅读 …… 179
二、在 PDF 文档中查找文字 …… 182
三、打印 PDF 电子公文 …… 183

第三节 PDF 文件内容与页面编辑 …… 184

一、将 PDF 文档保存为其他格式文件 …… 184
二、提取 PDF 局部文本和图形 …… 185

三、编辑 PDF 文件 ······ 186
四、编辑页面 ······ 188

第四节　PDF 文件的安全设置 ······ 191
一、为 Adobe PDF 文件添加标准安全性设置 ······ 191
二、签名加密 ······ 193
三、数字签名 ······ 199

第五节　PDF 文档的审阅与注释 ······ 201
一、发起基于电子邮件的审阅 ······ 202
二、为 PDF 文件添加注释 ······ 206

思考题 ······ 210

第八章　动态电子表单式电子公文的制作 ······ 211

第一节　PDF 动态表单的常规创建 ······ 211
一、启动 PDF 表单向导 ······ 212
二、设置表单主页面属性 ······ 215
三、添加设置表单控件 ······ 216
四、控件的共性设置 ······ 220

第二节　控件的高级交互操作示例 ······ 220
一、脚本计算示例 ······ 221
二、数据源使用示例 ······ 221

第三节　表单处理 ······ 226
一、分发表单 ······ 226
二、汇总分析表单反馈数据 ······ 227

思考题 ······ 229

第九章　电子公文传输 ······ 230

第一节　电子公文传输流程 ······ 230
一、公文传输的关键环节 ······ 231
二、书生电子公文传输系统 ······ 232

第二节　电子公文传输网络 ······ 237
一、网络拓扑 ······ 237
二、公文服务器 ······ 239

第三节 电子公文交换数据规范 239
    一、电子公文交换数据结构 239
    二、电子公文描述信息数据格式 239
    三、电子公文描述信息元数据项目 XML 结构形式 240
    四、版式文件规范 241
思考题 241

第十章 电子公文管理 242

第一节 电子公文发文管理 242
    一、电子拟稿 243
    二、电子审稿 243
    三、电子签发 243
    四、电子缮印 243
    五、电子校对 243
    六、电子盖章 243
    七、电子登记 243
    八、电子分发 244
    九、电子立卷、归档和销毁 244

第二节 电子公文收文管理 244
    一、电子签收和登记 245
    二、电子分发 245
    三、电子拟办 245
    四、电子批办 245
    五、电子承办 245
    六、电子催办 246
    七、电子查办 246
    八、电子立卷和归档 246
    九、电子销毁 246

第三节 电子公文归档管理 247
    一、归档模式 247
    二、归档范围时间 247
    三、归档鉴定 248

四、归档程序 ··· 248
第四节 电子公文归档移交 ··· 249
一、归档移交数据内容 ··· 249
二、归档移交数据结构 ··· 249
第五节 电子公文文档一体化管理 ·· 255
一、文档一体化业务流程规范 ·· 255
二、归档数据规范 ··· 256
三、归档移交规范 ··· 259
四、日志和留痕归档规范 ·· 263
第六节 鲁东大学公文管理系统演示 ·· 264
一、系统登录 ··· 265
二、系统首页 ··· 265
三、拟办发文 ··· 266
四、拟办收文 ··· 267
五、发文管理 ··· 268
六、收文管理 ··· 269
七、流程和模板管理 ··· 269
八、系统管理 ··· 270
思考题 ··· 272

第十一章 电子公文安全 ··· 273

第一节 电子公文安全概述 ··· 273
一、电子公文安全的含义 ·· 273
二、电子公文安全属性 ··· 274
三、电子公文安全指导原则 ·· 275
第二节 电子公文载体安全 ··· 275
一、电子公文载体与常规公文载体的比较 ··· 276
二、电子公文载体类型及特点 ·· 277
三、电子公文载体的安全威胁 ·· 278
四、电子公文载体安全保护措施 ··· 279
第三节 电子公文传输过程安全 ·· 280
一、威胁电子公文安全传输因素 ··· 280

二、电子公文安全传输要求 …………………………………… 281
　　三、电子公文安全传输技术 …………………………………… 281
　第四节　电子公文办理过程安全 ……………………………………… 283
　　一、电子公文办理过程中的隐患 ……………………………… 284
　　二、电子公文办理安全要求 …………………………………… 284
　　三、电子公文办理安全措施 …………………………………… 284
　思考题 …………………………………………………………………… 287

参考文献 ………………………………………………………………… 288
跋 ……………………………………………………… 柳新华　290

第一章　电子公文概述

官方微博、官方微信这些新技术，从出现到成为各级党委政府部门适应网络信息社会需要的常规治理手段，这个过程只用了三四年的时间。相比之下，开始于20世纪80年代末期的公文电子化，则经历了更长的发展变迁过程。

电子公文是传统纸质公文适应现代社会发展需要的产物，是传统纸质公文与现代信息技术相结合的结果。相对于纸质公文，电子公文的发展主要体现为公文载体的变革，即由纸张形式转变为电子形式，以数字形式进行写作、存储、传输和归档。公文自产生之日起历经甲骨、青铜、石碑、绢帛、竹简等众多载体，汉代纸张出现后，逐渐成为公文最主要的载体形式。纸质公文历经一千余年的发展，无论是在格式、写作、传输、保密等各方面均已达到制度十分完善的程度。随着现代信息技术的迅猛发展，电子公文逐渐成为新的公文载体形式。电子公文，以现代信息技术为支持，以现代化电子通信系统为环境，使公文在内涵和外延上都发生了前所未有的变化。

与此同时，电子公文发展时间尚短、技术依赖性强、现代信息技术发展十分迅速但制度建设滞后等原因，致使电子公文在发展过程中面临许多困难和挑战。毋庸置疑，来自技术和应用的双重推动，电子公文已经在部分或全部地取代纸质公文，成为现代办公的重要组成部分，在社会活动中，尤其在党政机关工作中扮演着越来越重要的角色，学习和掌握电子公文的制作规范和方法，已成为党政机关干部、国家公务员、各类社会团体工作人员提高工作水平、工作效率的必然选择。

第一节　电子公文的定义和种类

公文是在国家出现以后，伴随着社会文化的发展而发展的产物，也是统治阶层处理公务愈加依赖的重要工具。夏朝（约公元前2070年至约公元前1600年）是中国第一个中原世袭制朝代。一般认为夏朝是一个部落联盟形式的国家，已经发明和使用了文字，公文也随着文字的诞生而问世。史书上记载的夏朝公文有《禹刑》《政典》和《甘誓》，虽非夏代公文实录，但足以说明中国古代的公文是从夏朝时期开始。

"公文"名称，始见于《后汉书·刘陶传》，记载黄巾起义时"州郡忌讳，不欲闻之，但更相告语，莫肯公文"。这是指他们不愿以公文的形式向同级通报情况，只是口头相告，怕留下文字证据，被人抓住把柄而丢官。此事也恰恰证明正常的政务往来是以公文行事，并非口头相告。如汉荀悦《汉纪·武帝纪一》："苞苴盈於门庭，聘问交於道路，书记繁於公文，私务众於官事。"战国时期和秦汉时期创制的许多公文种类有些一直沿用至清代，如制书、诏书、册书、表、奏、议等。不过当时多称"文书"、"文簿"、"文案"等，至三国时"公文"的称谓才逐渐增多，《三国志·魏志·赵俨传》中有"公文下郡，绵绢悉以还民"的说法，"公文"俨然已成为官场的通称。

当代公文是文书的一种特殊形式，区别于私人领域的个人信件、契约、协议等文字材料，专指用于公务活动的文书。广义的公文则指党政机关、企事业单位、公共团体等在管理活动中形成的具有法定效力或特定效力、规范体式的公务文书，公务性是其最大特点。狭义的公文专指党政公文，即专门用于党政机关公务活动的公文，是党政机关依法行政和进行公务活动的重要工具。本书所言公文采用的是广义概念，但以党政机关公文为主要内容。

20世纪末期，信息技术、网络技术无孔不入地渗入人类生存和发展的各个领域，强烈冲击着人们的传统习惯和思维定式，同样影响着公文的发展。最初是在公文的传输环节与时俱进，发起变革，最终催生了电子公文这一崭新的应用形态。

一、电子公文的定义及意义

2012年4月16日由中共中央办公厅和国务院办公厅联合印发《党政机关公文处理工作条例》第三十八条规定，"党政机关公文含电子公文。电子公文处理工作的具体办法另行制定。"但至今电子公文的最新规定尚未出台，为应社会急需，本书实在是不得已而为之，为避免给现实工作带来不便，在行文中凡涉及党和国家有关电子公文的规定，只能参考现仍在实行的规定，待新规定颁布后再作修订。这是必须首先予以说明的。

国务院办公厅在《电子公文传输管理办法》中定义："电子公文是指经国务院办公厅统一配置的电子公文传输系统处理后形成的具有规范格式的公文的电子数据。"《基于XML的电子公文格式规范》标准的第一部分《总则》将电子公文定义为："以数字形式存储于磁带、磁盘、光盘等载体，依赖计算机系统阅读、处理并可在通信网络传输的公文。"前一个定义有一定的局限性，将电子公文仅限定于由国务院办公厅统一配置的电子公文传输系统处理产生的公文，未将企事业单位、公共团体等产生的电子公文包含在内，缺乏必要的涵盖性；后一个定义虽然对电子公文的具体载体进行了界定，但仍然没有对电子公文的适用范围作出合理解析。

我们认为，电子公文即数字化公文，应当是运用现代信息管理技术制作，以数字形态存储于特殊载体并依赖计算机系统阅读、处理及可在通信网络传输的，与纸质公文具有同等法定效力或特定效力，并广泛应用于党政机关、企事业单位、公共团体的电子文书。

这个定义包含三个方面的内容：第一，电子公文是一种数字化的公文，是"数字信息"和"公文"两个概念的交集，是数字化的公文也是公文的数字化形式，或者说是具有公文特征的数字信息，又是以数字信息为特征的公文，必须借助于计算机网络技术和现代信息管理技术，离不开信息基础设施和相关软件技术的发展；第二，电子公文与纸质公文一样具有法定效力或特定效力和规范格式，但以不同于纸张的电子多媒体为载体形式，两者既有共性又有特性，既有联系又有区别；第三，电子公文的处理与一般电子文件的处理不同，它并非简单地将传统公文原封不动地搬到网络上进行传输和处理，而是对原有政府组织结构、运行方式、行政流程进行重组和再造的结果。

电子公文的产生与发展，具有十分重要的政治意义、经济意义和社会意义。为了便于理解和掌握，本书主要以现行党政机关电子公文应用为学习对象，兼顾企事业单位和公共团体电子公文的处理与应用。实行电子公文制作与处理，可以产生以下效果：

（一）推行党务、政务公开，改变党政机关形象

当代行政管理具有宏观调控、依法行政、政策咨询和公众服务四大职能，过去这四大功能的体现有所偏重，政策咨询和公众服务功能未能得到很好的体现，老百姓诟病党政机关"门难进，事难办，脸难看"，就是这方面问题的集中反映。推行电子公文、施行电子政务，可以打破时间、空间以及条块分割的制约，党和政府通过网络及时发布和宣传各种法规和政策，与公众进行全时空的沟通和交流，改变过去必须到相关部门才能了解相关法规政策、办理相关业务的状况。公众通过网络在任何时候、访问任何部门、查看任何想要了解的政策法规，还可以通过网上问答进行咨询，省时省力又经济节约。党政机关除了在网上快速及时解答公众的各种疑问，还可以为公众提供某些项目的网上服务，如网上注册、网上缴税、网上报考等，拓展服务领域，扩大服务职能，便于广大人民群众对党政机关工作进行监督和检查，为社会公众提供高效、优质、廉洁的一体化管理和服务。电子公文的推行，有利于推进党务、政务公开，改变党政机关门槛高、办事难的不良形象。

（二）提高运作效率，提升工作质量

利用计算机等现代化办公设备，实现公文电子化，可以把复杂的工作简单化，提高党政机关等在办事、服务和管理方面的效率，同时可以积极推动优化办公流程和机构精简等工作。电子公文以数字信号的形式通过网络传输，能够及时发布和快速反馈，克服传统公文时滞性和静态性的弱点，既加快了内部公务处理的速度，同时也加快了与公众沟通、为公众服务的速度，为党政工作的动态管理提供了可能。

例如，运用文字录入软件，不仅可以迅速提高公文写作速度，而且可以快速修改文稿，解除公文"出现一点错，伏案忙半天"的无奈；学会利用计算机进行公文写作、处理、收发、传输、存档等，不仅可以有效减轻不必要的工作负担，而且可以将过去几个人合力完成的工作由一个人来完成。实施电子公文后，公文的校对过程可以通过网络进行电子校对，也不再需要经过印刷厂，减少许多中间流转环节；完成校对后生成具有红头、红章的电子公文，可即发即收，大大节省纸张印刷费用。

更重要的是，电子公文必将对党政机关的组织结构和运作方式产生冲击，促使传统部门组织朝着网络组织方向发展，促使党政机关和单位职能进行整合，促使工作程序和办事流程更加简明、畅通。

（三）节约办公成本，推动反腐倡廉

传统政务采用粗放型管理模式，管理的服务范围越大，单位管理的成本就越高，群众也无法尽快熟悉和了解政府的组织结构、政策法规，政府办事执法的透明度差。实施电子政务，推行电子公文，虽然需要政府投入大量的资金，但从整体和长远来看，随着使用人数的增加，单位管理成本会逐渐降低，收益将远远大于电子政务和电子公文系统建设的初期投入。而且电子公文的推行促使政府职能向服务型转变，将大大增加政府工作的透明度，可以从根本上杜绝"暗箱操作"和贪污腐败的可能性，有利于反腐倡廉、有效遏制进而消除官僚主义，有利于广大人民群众对党政机关的工作进行随时监督和检查。

（四）拓展服务领域，提高服务水平

党政机关、企事业组织、公共团体是现实活动中制发和处理电子公文的主体，通过电子公文可以更好地为基层服务、为群众服务，不断提高服务水平。以政府工作为例，网上办公、网上办证、电子审批、信息服务等都可以采用电子公文的手段为企事业单位或普通大众提供服务。同时，党政机关、企事业组织、公共团体掌握着大量以公文形式存在的社会、经济文化信息以及法律、政策信息，这些资源均为社会所需，善加利用可以成为珍贵的社会财富。只有在实行电子公文的前提下，才能实现真正意义上的信息公开、信息共享。

电子公文要求文秘人员是新时代的复合型人才，熟悉和掌握公文处理业务，并将公文处理电子化、信息化、现代化。同时，电子公文的发展与应用也为党政

机关工作人员提供了更多学习新知识和新技能的要求。电子公文使传统的部门组织朝着网络组织方向发展，打破了层级与部门的限制，促进党委和政府组织职能整合，使党委和政府的工作程序更加简明高效。

二、电子公文技术前提

现代信息管理技术为电子公文提供技术支持，是电子公文生存和发展的技术前提。现代信息技术，是以微电子技术、计算机技术、人工智能技术、通信技术、网络技术、多媒体技术为代表，完成信息的获取、传递、加工、再生和使用等功能的一类技术。现代管理技术有四个特点：以目标为中心、以系统为中心、以责任为中心和以人为中心；系统管理过程有四个阶段：创建系统阶段、进行系统建设阶段、使系统运行并予以控制阶段以及检查和评价系统运行情况阶段。

现代信息技术和现代管理技术结合后形成的现代信息管理技术主要包括以下几种：

（1）信息系统技术。以计算机技术为中心，以数据库技术和通信网络技术为依托，实现对信息的处理。

（2）数据库技术。将杂乱无章的信息进行整合排序整理，实现信息的有序存储和高效利用。

（3）检索技术。从信息的集合中识别和获取信息，使人们能够迅速从数据库中查找到所需要的信息。

（4）信息传播技术。又称数据通信技术，是电子公文系统网络的基础，是电子公文传输的物理基础，通俗地说，就是将信息从一处传到另一处的技术。这里的信息指的是由文本、图像、声音等转化成的数字信号信息。

（5）邮件技术。电子公文传输系统的主要技术形态是互联网邮件技术。此外，服务器、防火墙、防病毒软件和不断改善的网络环境资源，都为电子邮件系统的不间断运转提供可靠保障。

（6）工作流技术。工作流技术是使操作管理过程实现自动化的技术，包括任务调度、资源分配、管理规则等。应用工作流技术可以将传统的发文流程和收文流程无缝连接起来，并再造整个公文处理流程。

三、电子公文的文种

文种即公文种类。现代社会经济发达，社会事物日趋繁杂，公文分类也日趋细密。目前电子公文与纸质公文除了在载体上存在差别外，在公文文种类别、内容以及外观形式上仍然保持着基本一致，从使用范围上，大致包括规范性公文、法规与规章性公文、通用性公文和专用公文四种。

（一）规范性公文

规范性公文是党政机关根据行政工作的需要并遵循统一标准和范式制发的文件。一般情况下，指的是《党政机关公文处理工作条例》中规定的公文文种，共有 15 种，简要介绍如下：

（1）决议。适用于会议讨论通过的重大决策事项。

（2）决定。适用于对重要事项作出决策和部署、奖惩有关单位和人员、变更或者撤销下级机关不适当的决定事项。

（3）命令（令）。适用于公布行政法规和规章、宣布施行重大强制性措施、批准授予和晋升衔级、嘉奖有关单位和人员。

（4）公报。适用于公布重要决定或者重大事项。

（5）公告。适用于向国内外宣布重要事项或者法定事项。

（6）通告。适用于在一定范围内公布应当遵守或者周知的事项。

（7）意见。适用于对重要问题提出见解和处理办法。

（8）通知。适用于发布、传达要求下级机关执行和有关单位周知或者执行的事项，批转、转发公文。

（9）通报。适用于表彰先进、批评错误、传达重要精神和告知重要情况。

（10）报告。适用于向上级机关汇报工作、反映情况，回复上级机关的询问。

（11）请示。适用于向上级机关请求指示、批准。

（12）批复。适用于答复下级机关请示事项。

（13）议案。适用于各级人民政府按照法律程序向同级人民代表大会或者人民代表大会常务委员会提请审议事项。

（14）函。适用于不相隶属机关之间商洽工作、询问和答复问题、请求批准和答复审批事项。

（15）纪要。适用于记载会议主要情况和议定事项。

（二）法规与规章性公文

法规与规章性公文是党政机关、公共团体、企事业单位根据自身组织的法律地位、社会职能、工作职责等要求制定发布的，用以对社会、组织、团体成员的行为和工作做出规范、提供准则的，具有法规与规章性质的公文。根据《中国共产党党内法规制定条例》、《行政法规制定程序条例》和《规章制定程序条例》，以及现实工作约定俗成，介绍如下：

（1）条例。党政权力机关依照政策和法令制定并发布的，针对政治、经济、文化等领域的某些具体事项作出的，比较全面系统、具有长期执行效力的公文。

（2）办法。对某项工作或某一方面的活动提出具体措施的公文。

（3）规定。对某一方面的工作或行动作出具体规范要求，用以统一人们行动的公文。

（4）章程。政党、团体对本组织的性质、宗旨、任务、机构、组织成员以及活动规则等作出明文规定的公文。

（5）细则。根据上级机关的规定或办法，结合本单位本部门的实际情况，制定出详细规则或作出补充性、辅助性说明的公文。

（6）规则。管理具体事务时所使用的公文。

（7）规程。规程是对内部机构、某项业务的性质、任务、工作程式，或某项工作、某项任务的实施过程、实施办法等作出规范、规定的一种公文。

（8）规范。按照有关工作任务的实施要求和科学规律而制定的带有规章制度性质的公文。

（9）公约。一定范围或行业的社会成员在自觉自愿的基础上，经过充分酝酿制定的、共同遵守的行为准则和道德规范。

（10）守则。除了适用于各行各业人们的道德和行为规范之外，还常常使用于具体操作规范。

（11）制度。为加强某项工作管理，要求有关人员共同遵守的办事规程或行动准则。

（三）事务性公文

事务性公文又叫日常事务性公文，是党政机关、公共团体、企事业单位在处理的日常工作事务或交际中使用的公文，具有通用性、广泛性和日常性的特点。

（1）计划。为了实现一定时期的目标决策而制定出总体和阶段的任务及其实施方法、步骤和措施的公文。

（2）规划。对总体的、未来的行动做出全面筹划、宏观决策和战略部署（包括对宏观的未来作出预见性的分析和判断），提出主观上预期达到的战略目标和达到这些目标的行动纲领的公文。

（3）工作安排。就某一内容单一的活动（工作）所制定的临时性的、时间较短的而且有比较具体、切实的公文。

（4）工作要点。以简明的文字扼要地反映某一单位一定时期内的工作、计划的要点时所使用的公文。

（5）方案。一种对未来要做的事情做出最佳安排，具有较强的专业性、指导性的计划性公文，是某项工作具体执行的依据。

（6）调查报告。对某一问题或某一事件调查研究后，将所得的材料和结论加以整理而写成书面报告形式的公文。

（7）简报。用于汇报工作、反映和通报情况、交流经验、指导工作使用的一种简短灵活的表现内部事务的公文。

（8）总结。对前一阶段的工作或一项活动，进行全面、系统的回顾、分析研究，从中找出经验教训，引出规律性的认识，明确今后工作方向而写成的公文。

（9）述职报告。领导干部依据自己的职务要求，就一定时期内的任期目标，向选举或任命机构、上级领导、主管部门以及本单位的干部群众，汇报自己履行岗位责任情况的公文。

（10）提案。提请一定组织的会议讨论、处理的建议性公文。

（11）讲话稿。领导人在会议、集会、媒体等特定的公众场面上当众进行宣讲时使用的文稿，包括开幕词、闭幕词、演讲稿、工作报告等。

（12）书信（电）。在社会交际和社会活动中使用的公文，包括介绍信、证明信、公开信、感谢信（电）、表扬信、贺电（信）等。

（13）讣告。又称"讣闻"、"讣文"，报告某人去世的一种书面通知式的公文。某机构、组织、单位的重要领导人去世，一般都在报纸、电视等媒体上发布讣告。

（14）悼词。在追悼会上对死者表示敬意和哀思的致辞性公文。

（四）专用公文

专用公文也称专门公文，是指在一定的业务范围内，按照特定需要而专门使用的公文，具有很强的专业特点。常用专用公文包括党的机关专用公文和行政机关专用公文两大类。

党的机关专用公文主要包括：综合部门公文、组织部门公文、干部工作和选举工作公文、宣传部门公文、统战部门公文和纪检部门公文等。

行政机关专用公文主要包括：行政监督公文、行政赔（补）偿公文、行政处罚公文、行政诉讼公文、行政征收公文、行政奖励与处分公文、行政指导公文、行政许可公文、行政裁决公文、行政调解公文、行政确认公文、行政合同、行政给付公文。

其他专用公文还有很多，如解放军机关专用公文、人大机关专用公文、政协机关专用公文、司法专用公文、社团专用公文、财经专用公文、科技专用公文、教育专用公文、卫生专用公文、涉外专用公文、国际贸易专用公文，等等。

四、电子公文的其他分类方式

前述四类文种，都是现实工作中或规范严格，或约定俗成，或广泛使用的纸质公文文种，同样也适用于电子公文，但随着信息技术和电子政务的发展应用，未来还可能催生新的公文文种。

电子公文可以按照传统纸质公文的所有分类标准进行分类，如按法定地位可分为法定公文和非法定公文；按行文方向可分为上行文、平行文、下行文；按适用范围和作用可分为通用性、专用性和事务性公文；按性质可以分为规定性、指导性、公布性、商洽性、计划性、证明性公文；按紧急程度可以分为平件、急件、特急件等。

电子公文相对于纸质公文，载体发生了质的变化，由纸张变为电子，是现代科技的产物，不可避免地具有现代特征的印记。

1. 根据电子公文信息存在的形式，可分为文本型、图像型、图表型、影像型、声音型五种

文本类电子公文，指的是使用文字处理软件生成的，由词、数字、字母或符号表达的电子公文。此类电子公文是通过特定的编辑软件生成的，不同软件编辑成的文本一般不能交换使用。

图像类电子公文，指使用数字设备采集或制作的画面，如用扫描仪扫描的各种原件画面，用数码相机拍摄的照片等。图像文件的分辨率与其存储空间成正比，不同格式的图像文件不能任意交换使用。

图表类电子公文，指的是根据一定算法绘制的图表，包括几何图形。此类电子公文一般在计算机辅助软件中设计完成。

影像类电子公文，指使用视频捕获设备录入的数字影像领导讲话录像、会议录像、事故现场录像等。影像文件有不同的格式要求，播放时需要使用相关设备和程序。

声音类电子公文，指使用音频设备录入生成的电子公文，如报告录音。这类电子公文播放时同样需要使用相关设备和程序。

目前党政机关日常制作的电子公文大多是单一类型的，一般都是以文本形式表现，极少图像甚至声音、影像结合的多媒体形式。

2. 根据电子公文的产生方式，可分为原始型和转换型两种

原始型电子公文是指在计算机系统中直接生成的电子公文。制作者采用键盘录入、语音录入、光笔录入、传感设备自动采集等多种输入方式，将公文内容转化为数字信息，形成原始文件。

转换型电子公文是指将以纸、胶片、磁盘为载体的公文内容重新录入电子计算机转换而成的电子公文。随着信息技术的普及和发展，党政机关、企事业单位以及社会团体形成越来越多的公文，这些公文的形式多种多样，对它们的整合和利用大部分在计算机上完成，这就需要将不同形式的公文转换成数字信息，于是形成大量转换型电子公文。

3. 根据电子公文的不同功能，可分为主文件、辅助性文件和支持性文件三种

主文件是指表达作者意图、行使管理职能的电子公文。对于纸质公文而言，任何一份公文都是主文件，可以独立发挥作用。而电子公文生成、运行和存在于

一定的软硬件环境中,需要以相应的支持性、辅助性、工具性文件作为读取和处理的前提条件,计算机系统中的文本文件是主文件。

辅助性文件,主要指在制作、查找主文件过程中起辅助、工具作用的文件,如计算机程序类文件往往附带若干辅助设计文件、图形文件,数据库往往附带若干辅助数据库和相应的索引文件、备注文件等。这些软件的配置,是为计算机系统服务的,可以帮助系统完成电子公文的制作全过程,使计算机操作更简单。

支持性文件,主要是指生成和运行主文件的软件,如文字处理软件、表格处理软件、图形软件、多媒体软件等,分别具有对文字、表格、图形、声音、影像等的特殊处理功能。

第二节 公文载体的沿革与变迁

公文的形成依赖于三个必要条件:公务、文字、载体。

公务,通常指关于国家或组织团体的事务,是形成公文的首要条件。没有公务活动,没有社会管理,公文便无从产生。

文字,是公文制作中不可替代的重要工具。公文的思想内容、性质用途、格式形制,都需要通过文字的组织排列来体现,这是公文形成的又一必要条件。

载体,就是文字书写的物质材料。公文的终极表现是,在一定物质材料上书写的有关公务活动的文字,人们通过对一定物质材料上文字的传递、阅读、保存,实现公文的处理与使用。

随着社会的发展,国家或组织团体的社会管理形式不断变化,作为社会管理重要工具的公文在不断变化,公文的载体也在不断变化。不同的载体形式对公文的格式、篇幅、结构、外观等有不同的影响。根据载体变化对公文的影响,可以将公文划分为三个发展阶段:纸前时代的公文、纸张时代的公文和电子时代的公文。

一、纸前时代的公文

在人类正式创造文字以前,为了表示和记载各种不同的事情,"上古结绳而治","事大,大结其绳;事小,小结其绳",结绳就是用来传播信息、交流思想的。文字在何时被创造发明,迄今为止并没有切实可信的证据表明。但是考古已经证明在商、周时代,我国文字已经成熟,刻录书写在各种各样的载体上,公文也是如此。

(一)甲骨公文

最早见于殷商时代的甲骨公文,是我国目前考古发现的最早的公文,以甲骨为载体代表,以契刻为著文手段,距今大约有3500多年的历史。所谓的甲骨,是龟甲和兽骨的合称，一般是乌龟的腹甲和牛的肩胛骨，这是当时最主要的文字书写材料。龟在古人心中是神灵之物，牛是供神享用的祭祀品，所以甲骨在古代被作为神圣的占卜工具，记载占卜的时间、事由、结果以及事后的应验情况。

（二）金文公文

金文公文，以青铜器为载体代表，以铭铸为著文手段，指通过制范铭铸在青铜器上的公文。在我国历史上，青铜器从商周时期一直沿用到西汉，大约有一千五六百年的历史，被视为王权的象征、等级的标志，用它记功烈、昭明志、记誓约、铸刑典，以永久保存，传于后世，维护王权和家族的显赫地位。

（三）铁质公文

大约在殷商时期，我们的祖先就已经发现陨石铁并加以利用，春秋时期又发明了冶铁技术，在战国时期铁器广泛用于农业生产以及作为公文的一种载体。由于铁器比青铜坚硬，不易镌刻，而且容易生锈腐蚀，所以铁质载体始终未能发展成为公文的主要载体。

（四）石刻公文

甲骨质轻体薄，青铜铁器笨重价高，贵族阶级为了满足权力欲望，显示威严权势，强烈需要一种更为厚重庞大的载体来记载刻录公文，石碑应运而生。

（五）简牍公文

所谓简牍公文，就是指刻写在竹简或木片上的公文。我国南方生产竹子，北方生产木材，因此竹木很早就成了公文书写的载体。在造纸术发明之前，简牍是公文的主要载体。

（六）绢帛公文

绢帛公文指的是书写在丝织品和棉织品等纺织品上的公文，一般认为丝织品为绢，棉织品为帛。出土最早的绢帛公文是战国时期的楚帛公文。绢帛公文大量使用于皇宫，皇上的诏令一般都以绢帛书写，以显示地位之尊贵，彰显天子之威严。

另外，与绢帛极为相似的一种公文载体是兽皮，它的使用范围更狭窄，一般应用在经济、社会不发达的少数民族地区，尤其是以游牧为生的北方地区。那里不产青铜、纸张、绢帛，却盛产兽皮，所以部落、王庭下达命令一般以兽皮为载体。

二、纸张时代的公文

由于简牍笨重，绢帛价高，人们希望有一种制作简单、书写方便、经济实惠的新材料出现。东汉宦官蔡伦，在精心总结民间造纸经验的情况下，改进造纸工艺，选用价格便宜的树皮、麻头、破布、废渔网等作为造纸原料，制成植物纤维纸。这些原材料不仅容易得到，而且比之原始植物更便于加工，大大降低了成本。公元105年蔡伦把造纸的方法献给汉和帝，得到赞赏和推广，于是纸张被广泛使用，逐渐取代了简牍和绢帛。蔡伦在我国造纸发展史上做出了不可磨灭的贡献，公元116年被封为龙亭侯，人们就把他发明的纸称为"蔡侯纸"。

造纸的一般方法是：先把原材料搅拌石灰，沤过，再放在石臼中舂，把纤维舂散，然后加水煮烂，掺和胶一类有黏性的物质，使纤维互相溶合成浆状，再用细帘在浆中均匀地捞出细碎的纤维，让它干燥。这样就制成了质地轻薄、价廉耐用的纸。

三国时期，纸张与简帛并用，高级的文典还是用帛作为材料，稍次一等的采用纸张，公文往来仍沿用简牍。晋朝时期，造纸技术进一步发展，纸张更加经济实用，适用范围进一步扩大。东晋末年，恒玄称帝后下令停止使用简牍书写公文，而代之以黄纸。从此以后，纸张取代简帛，成为我国朝廷和各级官府公文的正式书写材料，成为公文书写最主要和最重要的载体，也是沿用时间最长、使用范围最广的公文载体。

公文载体的这一历史性变革，使公文进入飞跃发展的时代，不仅极大方便了公文的书写传递和使用，大大提高了工作的效率，而且对公文的文种类别、制度规范等诸多方面的发展，都产生了重要而深远影响，建立和完善了一系列公文制度。

（一）公文类别日渐齐备

自秦至清，公文产生文种百余种，其中大多数是纸张成为公文载体以后催生的，如帖、说帖、堂帖、揭帖、启、笺启、书启、奏启、折、摺、奏折等，这是采用纸张作为公文载体的特殊产物。

（二）公文制度日臻完善

秦汉时期以后，一套带有鲜明封建君主集权色彩的公文制度逐渐建立并完善，包括公文名称、格式、工作机构、收发文制度、用印制度、传递制度、保管制度、封装编号制度、用纸制度、缮写制度、用印制度、保密制度、正副本制度等。纸张成为公文主要载体以后，这些制度均得以完善和发展。

（三）公文用途日渐扩大

周代以前，公文比较单纯，没有严格的格式，只是通过公文的形式交付、传达君王旨意或朝廷意图。随着纸质公文的广泛使用，公文由宫廷走向社会，在国家与社会管理中发挥着日益重要的作用。

公文内容由"本于号令"扩展至政治、经济、社会、战争、民生、天灾、人祸等方方面面，领域之广，用途之多，作者之众，内容之繁，在各类历史典籍中居于前列。由此反映的历史文化的方方面面让人惊叹，其对于社会文明发展的作用也自不待言。

三、电子时代的公文

20世纪,科学技术发展突飞猛进,影响人类社会的各个领域。1946年第一台电子计算机诞生以后,以计算机技术为核心的通信技术、网络技术、多媒体技术对纸质公文在公务活动领域的权威地位发起猛烈的冲击和挑战。20世纪90年代后各国政府纷纷将电子政务提上日程,首先从纸质公文的电子化入手,以实现无纸化办公为首要目标,公文载体再一次发生意义深远的变革,公文开始进入电子时代。

电子公文从本质上说就是数字化的公文,相对纸质公文具有易检索、易删除、易修改、易复制、易传输、海量存储等特点。它的产生和发展,与现代信息管理技术的产生和发展密切相关。自1946年以来,世界范围的电子公文发展大体可以划分为四个阶段:(1)单机文件管理时期(1946~1975),对电子公文的管理主要以录入、修改、保存为主;(2)局域网办公自动化时期(1976~1982),电子公文实现局域网内共享和交流;(3)广域网办公自动化时期(1983~1993),电子公文实现跨地区、跨单位广域网络间的交换和传输;(4)信息高速公路时期(1994~),从电子公文的传输开始,逐步实现电子视频会议、无纸化办公。

纸张和电子都是信息存储的技术,都是公文的载体形式,从纸质公文到电子公文,并不是一个跳跃过程,而是逐步过渡的过程。纸是最普遍、使用时间最长久的信息存储载体,纸质公文最大的优点是使用和携带方便,除了纸笔不需其他辅助器械,缺点是存储密度小、不易修改、不易检索,以后的各种存储技术都是为了克服纸质公文的这些缺点而发展的。(1)磁技术主要用于录音机、录像机和计算机的数据存储,如磁带、硬盘、软盘等;(2)微缩技术是用微缩摄影将文献拍摄到感光胶片上,经计算机加工处理后制成微缩页片,存储信息;(3)光存储技术是一种通过光学方法读写数据的存储技术,主要形式是光盘。磁盘、胶片、光盘等都是可以与计算机方便接口的外部信息存储介质,其中存储的信息可以成功转换为电子信息,加以查阅、传输等。

人类文明发展到今天,信息技术领域的变革颠覆了传统办公模式,实现了公文网络处理和海量存储及超快精准检索,使公文拟制、修改、传输、接收、归档、查询等运作程序得到精简,大大提高了工作效率。

第三节 电子公文的特性与作用

电子公文是公文为适应现代科学技术尤其是计算机技术、通信技术等快速发展而发展的结果，采用电子这一新的载体，公文实现了快速传输、海量存储、完整归档、节约纸张、节省空间等目的，不仅推动了现实政务工作进程，而且使公文学向前发展了一大步。

一、电子公文的特性

电子公文虽然在载体上由纸张变为电子数据，但是仍然保持公文的本色，本质属性依然存在，主要包括：政治性、权威性、严肃性、时效性、规范性、法定性、现实性等。

公文是适用于公务活动的公文，公务性是其最大特点。进行公务活动、制发公文的机关在一定范围内受到公众共同承认并授予权力，具有一定的法定性、权威性和严肃性。公文使用的目的在于推动现实工作，所以公文讲究时效，具有现实性以及对现实工作的指导性。在长期的实际工作中，公文逐渐形成一定的规范格式，党政机关、企事业单位等对此也都有专门的文件规定，因此公文又具有一定的规范性。

相对于纸质公文，电子公文的进步性体现为数字化生存和网络化传递，完全体现出了高科技方便、快捷、准确、高效的优势，同时又有伴随高科技与生俱来的一些不足之处。所以电子公文除了具有以上属性以外，由于其存储传输介质和处理技术的特殊性，具备了纸质公文不具备的一些特性。总的来说，电子公文具有以下特性：

（一）处理的规范性

电子公文处理的自动化、智能化离不开公文处理的标准化。例如：电子公文格式标准、电子公文处理标准、电子公文交换格式标准、电子公文处理系统软件设计技术标准等。

一些人认为，公文只是一份文档，但实际上它不只是一个简单的图案，公文本身具有一系列严格的版式、安全保密和权限控制规定。这些规定使电子公文不是普通的电子文档。电子公文的技术应用最关键的部分是版式技术和安全控制技术，公文具有非常严格的版式要求，它在任何一台电脑上打开都必须一致，包括格式、字体、字号、页码等，这是目前一般的文档做不到的。另外，公文需要盖章、批示等，加盖的印章必须保证绝对安全。

（二）传递的虚拟性

传统公文活动，是双向交流，无论上行文、下行文还是平行文，各方均能清楚地感受到对方的实际存在以及所接受信息的真实性。电子公文则不同，通过网络传递信息，是人机对话，传递过程完全虚拟，甚至在信息发布者不在场时，根据事先设定好的计算机程序也可以自动传递信息、发布公文。

(三) 状态的无纸性

电子公文实行网络化传递，计算机自动完成通讯和记录（除非需要另行打印），公文都以电子文本形式出现，呈现为无纸化状态。无纸化形式可以使电子公文"搭上网络快车"，实行"无纸化"运转，实现异地同时办公，省却公文在各部门的旅行过程，方便快捷，推动政务工作全面提速。

(四) 过程的同步性

电子公文的制作流程虽然是在传统纸质公文制作流程的基础上设置的，但是两者依然存在很大不同。电子公文很难像纸质公文那样能够体现其形成过程，因为电子公文的制作过程已经不再以实物化形式固定下来，它的制作、处理和归档不再是线性进行，而是一体化同步完成。由于电子公文的内容可以随意更改和复制且不留痕迹，所以电子公文管理系统在设计时将传统公文的业务流程进行了重构，把某些业务环节提前或合并，保证电子公文在整个生命周期内都受到严格控制，有效地减少了重复作业和滞后作业，最大限度地提高了工作效率。

(五) 存储的高密性

电子公文的存储介质有磁带、磁盘、光盘等，信息存储密度都很大。一片小小的 3.5 英寸磁盘就可以存储多达 6 万个汉字的信息量，光盘、硬盘等存储容量更大。电子公文信息存储的高密度性，节省了文档存储空间，并且方便存放、检索、运输和复制。但是高密度性也使电子公文的安全存在很大隐患，如果使用和保管不妥，极易发生丢失、损坏等情况。

(六) 信息的集成性

传统的纸质公文只能记录文字和图画等平面信息，无法实现文字、声音、影像等多种信息的有机集成，而电子公文依赖计算机和自身的非实体形态，能够集成多元化信息，将它们以数字化的形式完美统一在一份电子公文中，运用多媒体技术可以做到文、图、声、像并茂，三维立体显示，真实地再现当时的活动情况，从而强化电子公文的记忆能力和再现功能。电子公文既可以屏幕显示，也可以平面输出，还可以通过网络传输，这是纸质公文无法实现的。

(七) 资源的共享性

传统的纸质公文具有单一性，在同一时间，只能在同一地点由一个人阅读使用，而电子公文可以在同一时间，在不同地点供多人甚至供几万人、上百万人同时阅读、检索，就是说，只要计算机网络允许达到的地方，公文允许阅读的人群，都可以在同一时间阅读使用同一公文。电子公文的这种不受时空限制的共享性，有助于组建国家综合信息系统。衡量一个国家信息产业发展程度的一项重要指标就是这个国家所组建的信息系统的完善程度与综合程度。1974 年在巴黎召开的世界科技信息大会提出："世界系统的科技信息服务工作是一项可行的目标，这项工作需要得到国家信息系统的支持。这个所谓的'国家信息系统'主要涉及全部学科领域的文献、图书馆和档案服务。"由此可见，完善的国家信息系统，也有赖于档案信息系统的建立和完善。现代科技的发展，尤其是计算机和网络通信技术的广泛运用和综合运用，使得国家信息系统的建立、完善和综合变成可能。

（八）内容与载体的可分离性

电子公文以数字形式的非实体形态存在于实体形态的存储介质上，信息与介质之间是虚与实、抽象与具体的关系，两者既可以合二而一，也可以实行分离。电子公文不再像纸质公文，永久地与某一存储介质固定在一起，而是可以随时根据需要，转移到不同的介质上。电子公文记录的信息虽有一定的依附性，但可以通过一定媒体实现流动转移，并具有相对独立性。

（九）系统的依赖性

纸质公文记录信息采用的是人眼可识别的符号，电子公文采用的是人眼不可识别的数字代码，它的形成和各种处理均是在计算机等设备的支持下完成的。只有依赖于计算机，才能实现制作和流转。离开计算机等设备，电子公文就无法生成、传递、识别，既看不见也摸不着。也就是说，特定电子公文是依赖特定的设备和特定的软件而存在的。电子公文对系统的依赖性主要体现在：一是数字编码；二是硬件；三是软件；四是技术设备更新；五是加密。

电子公文对计算机系统的依赖性还体现在系统更新换代前后的兼容上。随着电子技术的快速发展，计算机更新换代的速度加快，设备的更新会给电子公文的保管带来很大问题，机器设备、系统软件、应用软件不兼容，电子公文就无法读取，更不能交换使用。如果找不到适用的系统，那早期的电子公文就会失去价值。

（十）内容的易变性

纸质公文承载的信息，都被固定在载体上，两者构成不可分离的实体，任何更改变动都会轻而易举地被显现。而电子公文承载的信息都是数字化的，与其存储介质是分离的，这种分离特征使电子公文可以被复制更改而不留痕迹，内容很容易发生变化。

造成电子公文内容失真甚至破坏的原因有三个方面：首先是人为破坏所致，人为地对电子公文信息造成损害。其次是由于电子公文的载体和读写技术的不稳定性造成信息失真。载体材料的氧化和变质、磁场的影响、读写时的机械磨损（尤以磁盘为甚）、读写格式的变化等，很容易破坏甚至抹去电子公文上存储的信息。这些原因引起信息的丢失、失真、变异都是不可避免的。最后，来自网络黑客和病毒的破坏性影响也不可避免。

失真使电子公文的原始性与真实性难以得到确认,"原件"的概念变得很难定义,电子公文的证据性也难以得到保障。为解决此类问题,很多技术被开发运用到电子公文系统中以确保电子公文的安全性、正确性,如只读性技术、不可擦写性技术、数字认证技术、加密技术等。

(十一) 检索的高速性

电子公文可以被高速检索。计算机最显著的优点就是具有高速的运算能力和强大的逻辑判断能力,借助于这种优势,在计算机支持的信息系统中,能迅速、多方位地检索到所需要的信息。

(十二) 保存的高难性

电子公文的结构和形式都是虚拟的,所以常常会被忽视保管而无法反映文件的内容。

电子公文"虚拟"性质实际上由两方面因素决定:一是合成件的逻辑表达式;二是"动态"数据单元。比如数据库文件,往往是调用动态数据库中存储数据单元以逻辑关系组合在一起。数据库文件之所以有"动态"特征,主要是因为数据库的数据单元往往被输入的新数据所代替,如股票、债券、期货、贸易、天气预报、交通、金融等数据库,都是动态变化的,对于这些变值或增值业务活动中形成的电子公文的保存,成了一个必须解决的问题,也是一个令人棘手的问题。

对此解决的办法主要有两个:一是可以对每一次变动都记录下来并给予各种可能出现的组合都加以保存;二是通过建立元数据,建立健全容错和纠错的辅助系统及运行记录系统加以解决。

二、电子公文的作用

电子公文是公文的一种特殊形式,是公文载体以一种崭新的数字化形式出现的产物,两者在内涵上完全一致,在外延上则有很大区别。所以,电子公文与纸质公文既有共性也有个性。

(一) 电子公文与纸质公文相同的作用

1. 领导和指导作用

实现领导目的是公文的首要功能,这一作用尤其体现在党政机关工作中。如《党政机关公文处理工作条例》中明确指出:党政机关公文是党政机关实施领导、履行职能、处理公务的具有特定效力和规范体式的公文,是传达贯彻党和国家方针政策,公布法规和规章,指导、布置和商洽工作,请示和答复问题,报告、通报和交流情况等的重要工具。其中特别强调"实施领导"。一般来说,上级的电子公文对下级的工作具有领导和指导的作用。

2. 规范和准绳作用

公文的权威性使其具有相当的规范性和策令性,对下属部门或单位具有工作准绳的作用。有一些电子公文本身就是政策、法令,规范工作人员的行为,以强制力保证贯彻实施。有的公文是对已经发布的电子公文做出解释阐明,同样具有规范性,要求涉及部门、人员一样遵照执行。

社会管理是一个复杂的系统,为了保证系统内各项活动的协调统一,需要统一意志和统一指挥,这往往集中体现为公文执行与办理。电子公文能否在现实构建的电子政务中安全可靠地运行,是电子政务系统各环节能否实现党政机关、企事业单位、社会团体等行政管理职能协调统一的保证。

3. 计划和控制作用

党政机关、企事业单位、社会团体依据党和国家的方针政策和实际需要,通过制发公文,把握工作方向,提出工作任务,确定工作措施,指导下属部门或单位的具体工作。运用电子公文实施工作计划组织和控制,不仅可以做到迅速及时,而且可以实现现场指导和即时反馈,增强工作的科学性和时效性。

在电子政务模式下,行政管理是借助现代信息管理技术将各个环节联结起来的链条。推动这个链条中每一个环节去做的信息流,主要就是电子公文,它贯穿于这个链条的全部过程,因而它的计划和控制作用是十分明显的。

4. 交流、联系和协调作用

任何一个单位、部门和个人的工作都不可能孤立进行,经常会与上下左右发生联系,相互之间要进行必要的交流合作,有时为了避免工作发生矛盾或者重复,保证形成良好的配合关系,相互还要进行协调。上级下达指示意见、总结推广经验,下级请示工作、汇报情况,同等级部门或者不相隶属单位之间就某些工作事项进行商洽等,都可以通过公文的形式进行。公文具有"统领"、"引导"整个行政管理的作用,贯穿于公务活动的各个环节。

5. 宣传和教育作用

公文的这一作用主要体现在下行文中,下级对上级的电子公文要贯彻执行,尤其是政策、方针性电子公文。此类公文通常都具有操作性,不仅指令要做什么,而且还说明该如何做,做到什么程度,以及为什么要这样做,理通气顺、以理服人,使受众心悦诚服地照着去做。

6. 依据凭证和档案史料作用

记录是公文的直接功能,各种公文都为各项工作开展留下大量文字记录。有的公文直接以历史记录的面目出现,如计划、方案、纪要、通知等。日后,这些电子公文就会成为珍贵的档案史料。

(二)电子公文的特殊作用

从概念范畴和应用上看,电子公文目前还仅仅局限于对传统纸质公文的替代。从电子公文所依赖的系统环境上看,电子公文是一个发展的概念,它将随着现代信息管理技术的发展而发展。

1. 提高公文处理的质量和效率

电子公文的一个显著优势是能突破时间与地域的限制,可即时发送或接收公文,使文职人员从长期繁杂的办公事务中解放出来,还可以全程监控每一份文件的流转情况,确保每项工作任务的落实,从而有效提高工作效率。例如过去送一份文件给领导批示,得先了解领导的行程,才知道该送到哪里去给领导。如果领导到外地出差了,就得等领导回来,大大影响了工作效率。如今使用电子公文,不管领导在哪里,都可直接发送电子文件给领导批示了。

2. 大幅度减少办公经费

一位常与公文打交道的工作人员算了一笔账:一份公文发至各个部门少则数十份多则数百份,每一份的页数或多或少,如果按每份5页计算,每一页的印刷费如果用0.2元左右来计算,发300份公文就需要花费300元左右。现实的情况是,党政机关、社会团体以及企事业单位每天都有大量的公文需印刷,至于邮寄费、人工费以及收发公文所需车辆的油费、人工补贴费等就更不在话下。这笔账如果细算一下,在每个单位的办公成本中都是一笔不小的支出,如果按全国来统计,费用将是惊人的。相比之下,采用现代技术手段的电子传输,成本最低也最具优势。

3. 推进政务公开和信息共享

随着公文电子化传输问题的解决,对电子公文的应用提出更高要求:信息脱密后的开放性应用。电子公文在脱密后可以更加方便地进行流转、编辑、批注和被不同的人员及各种不同的文档软件打开阅览使用,可以将不同层次、不同部门的公文信息进行交流与共用,更加合理地实现公文信息资源配置,提高公文信息资源利用,避免公文信息采集、存储和管理上的重复浪费。

三、电子公文与纸质公文的区别

本质上,电子公文与纸质公文一样,都是党政机关在行政管理活动中形成的原始记录,但因电子公文自身的技术特点,使其呈现出一些差异性,如不正视这些差异,仍然因袭传统的做法,将会使电子公文的发展陷入困境。

(一) 电子公文与纸质公文作者身份的确认方式不同

以行政公文为例,电子公文作者的表示方式与纸质公文不同,将影响对作为公文作者的行政主体的确认。如果行政主体不明确,则该行政行为自始至终无效,行政相对人可在任何时候请求有关国家机关宣布其无效。

纸质公文标识公文作者有两种形式:一是作为文头或版头,由发文机关的全称或规范化简称加"文件"二字构成，标识于公文首页上端；二是作为署名，在落款处标识发文机关名称或签上机关领导人职务及姓名。为证实公文作者的合法性、权威性，须用印章或签署，凡以机关名义制发的公文除纪要外均需加盖印章，凡以领导人名义制发的公文均须签署。印章与签署有两个功能：一是确定签署者身份；二是签署者确认对文件内容已认可。因此，纸质公文的作者很容易确认，行政主体明确，从而可以进一步审查其合法性。

在电子环境中，尽管可以设计出与纸质公文格式相同的电子公文模板，有发文机关标识、落款等，却无法为电子公文盖上传统的印章和亲笔签署。如果缺乏对电子文件操作权限的控制，公文作者的标识很容易被改动且不留痕迹，或者作者本人抵赖而无法证明；即使是由电子系统自动记录文件发送者的信息，这个发送者可能是文件的作者，也可能是任何建立、转换或传输数据的人、设备或程序。可见，电子公文作者的真实身份难以确认，这将构成其生效的障碍。

目前，电子印章已经应用到某些局部公文处理系统。如有的单位远程办公网络，专门有一个机要人员负责对电子公文进行最终审核，然后输入密码，系统确认其权限后自动调出后台存储的电子印模，在相应位置盖上"印章"。有的法院为提高办案效率，在网上对判决书盖章，只需要输入审判员或书记员的法徽号，并在指纹采集器上"摁下手印"，电脑便会自动在数据库中查找相关指纹信息，一旦确认这枚指纹确有权限，即从法院本部终端服务器里调出印模，在判决书上盖上"印章"，同时附上盖章时间。有一些机关已经初步实现了领导的电子签署，领导在审核完电子公文后，输入密码，系统确认权限后，在发文稿纸的相应位置自动添加后台存储的领导亲笔签名的图像。可见，通过电子签章可以实现与传统的用印、签署类似的功能。2004年颁布的《中华人民共和国电子签名法》确认了网络签名与传统物理签名具有相同的法律效力，为电子公文提供了合法性前提。该法通过确立电子签名的法律效力、规范电子签名行为、明确电子认证机构的法律地位及认证程序、规定电子签名的安全保障措施等法律规定，为促进电子公文的发展创造了有利的法律环境。

（二）电子公文与纸质公文的形成程序不同

电子公文应当既遵循与该行政行为性质相适应的行政程序，又遵循公文的一般处理程序，才符合程序合法的要求。

从公文的一般处理程序看，《党政机关公文处理工作条例》规定发文办理包括草拟、审核、签发、复核、缮印、用印、登记、印制、核发等程序，并对公文的拟制、审核、签发、复核环节作了严格规范。遵照该《条例》，各级党政机关一般会制定本单位的公文管理制度，以确保纸质公文严格按程序流转。机关制发电子公文是否应该遵循与纸质公文相同的处理程序呢？答案是否定的。由于电子公文的易变性和网络空间的信息共享性，电子公文管理系统的设计应考虑电子公文的整个生命周期，对传统的公文及其归档管理进行"业务流程重构"，将某些业务环节提前，某些业务环节合并，以有效地减少重复作业和滞后作业，最大限度地提高行政效率，并保证电子公文在其整个生命周期中受到严格的控制。然而，目前许多党政机关的办公自动化系统中，电子公文的管理流程基本上是模拟纸质公文的处理程序来设计，并没有考虑到电子公文自身的特点。这主要是因为《党政机关公文处理工作条例》虽然颁布，但并不完全适用于电子公文，至今又没有出台党政机关电子公文处理的相关规定。之前，国家档案局制发了《电子公文归档管理暂行办法》，于2003年9月1日起实施。国务院办公厅制发了《电子公文传输管理办法》，自2003年10月1日起施行。这两个《办法》加强了对电子公文的传输和归档管理，但主要是从部门和系统管理的要求出发，没有全面考虑党政机关提高行政效率的要求，并且其约束力也不如行政法律、法规。电子公文管理规范上的缺失，是电子公文程序合法的障碍之一。

（三）电子公文与纸质公文的真实性状况及其认证方法不同

电子公文的真实性比纸质公文更易受威胁，更难维护与认证。

从信息内容与载体的关系看，纸质公文的信息内容固化于纸张载体上，载体的原始性决定了信息内容的真实性，通过对字体、字迹、纸张性质、印刷方式、印章、印文等物理特性的鉴定，可以判断该份公文是否变造、伪造，在法学上已发展了一套专门的物证技术来鉴定纸质公文的真实性。电子公文的信息内容与载体的关系不如纸质文件紧密，仅仅保证载体（磁盘、光盘等）的完好无损并不能确保信息内容的真实，鉴定纸质公文真实性的一套方法对电子公文来说几乎不起作用。

从公文的传递过程看，纸质公文的传递渠道有普通邮寄、机要通信、机要交通、文件交换等，除第一种用于传递无保密要求的公开性、普发性公文以外，其他三种的安全性很高；电子公文通过虚拟的网络空间传递，具有信息共享性和易变性，如果没有良好的操作权限控制和系统安全措施，极易被修改、删除而不留痕迹。并且，电子公文具有系统依赖性，如果公文作者与受文者的计算机软、硬件平台不能互相兼容，电子公文的信息内容会读不出来或丢失部分信息，影响电子公文的真实性。

正因为如此，人们对电子公文的信息内容是否反映行政主体的真实意图发生疑惑，这将构成电子公文合法有效性的障碍。尽管维护和认证电子公文的真实性不是一件容易的事，但只要有技术、管理和法律三者为保障，电子公文的真实性是可以得到维护与认证的。技术上，对电子公文真实性、完整性的认证技术有数字签名技术、身份识别技术与消息认证技术、信息完整性校验技术等。管理上，必须对电子公文从形成、处理到利用的全过程进行控制，建立对电子公文的操作者进行可靠的身份识别、权限控制，由系统自动捕获对电子公文真实性、完整性具有重要价值的元数据，诸如关于文件内容、结构、背景、版本、文件生成环境、存在状态、使用权限等方面的具体数据。这一切都离不开电子公文管理规范和标准（如元数据标准）的制定。法律上，涉及计算机信息安全方面的法律法规有：《中华人民共和国计算机信息系统安全保护条例》、《计算机信息系统安全专用产品检测和销售许可证管理办法》、《计算机信息网络国际联网安全保护管理办法》、《计算机系统国际联网保密管理规定》等。我国《刑法》第二百八十五条、第二百八十六条和第二百八十七条对破坏计算机及其数据的犯罪行为作了规定。这些都对电子公文的真实性提供了一定的法律保障。

（四）电子公文与纸质公文的形式不同

公文的形式合法，有两层含义：一是指公文内容表示的形式；二是指公文的格式合法。

从公文内容表示的形式看，纸质公文以文字、图表等人可识别的记录符号直接记录于纸张上以表示作者的意图，属于书面形式；电子公文以二进制编码记录于磁盘、光盘等磁性载体上再转换成人可识别的记录符号显示在屏幕上以表达作者的意图，属于数据电文形式。对于非要式行政行为（指不需要一定的形式和程序，无论采用哪种形式都成立的行政行为），这两种形式都可以采用；对于要式行政行为（指必须具备法定的形式或遵守法定的程序才能成立的行政行为），在行政法中规定必须采用书面形式的，能否用电子公文替代纸质公文呢？我国《合同法》第十一条"书面形式是指合同书、信件和数据电文（包括电报、电传、传真、电子数据交换和电子邮件）等可以有形地表现所载内容的形式"将数据电文形式纳入了书面形式的范畴中。笔者以为，除非非常特殊的行政行为仍沿用传统的书面形式概念，对大多数行政行为都可以参照合同法的做法，将电子公文纳入书面形式中，以使电子公文在国家行政管理领域获得更广阔的空间。

从公文的格式看，作为抽象行政行为的各类规范性公文，行政法规定必须有规范的体式，即文体与格式。《党政机关公文处理工作条例》第三章规定了公文格式的要求，并指出公文中各部分的标识规则，参照《党政机关公文格式》（GB/T 9704—2012）国家标准执行。该标准涵盖了党政机关公文通用的纸张要求、印制要求、公文中各要素排列和标识规则，显然它们是针对纸质公文制定的。纸质公文的格式固着于载体上，一经形成就固定不变了，因此又可成为鉴别公文真伪的标志之一。电子公文的格式可分为物理格式和智能格式，物理格式指信息在载体上的存储位置，主要取决于载体及其状况，智能格式指公文信息内容的表示形式，主要取决于系统应用软件，两者在计算机中的处理是相对独立的，且只有在电子公文形成的时候，附着于特定的载体上才是稳定的，电子公文的格式显然不能成为鉴别其真伪的依据。目前我国各级党政部门使用的 OA（Office Automation，简称 OA）系统技术形态各异，数据格式千差万别，虽然 OA 系统中的公文模板基本上都是参照《党政机关公文格式》，打印出来的纸质公文格式基本相同，然而因数据格式的差异，使党政机关之间的电子公文交换与共享的信息鸿沟依然存在。因此，仅仅考虑电子公文的智能格式模板符合法定的体式是远远不够的，应该更多地关注电子公文的数据格式是否符合国家（乃至国际）通用标准。

综上所述，因电子公文的真实作者难以确认，构成其在行政行为成立要件上的障碍；因为电子公文的形成程序、信息内容的真实性和形式等方面与纸质公文有很大差异，且我国尚未出台电子公文管理的统一规范，电子公文的真实性认证技术有待发展，电子化的公布和送达方式有待规范等，构成其在行政行为效力要件上的障碍。作为文秘工作者，了解电子公文的现状和发展趋势，特别是了解对电子公文管理具有重要影响的法规和规章，可以提高对电子公文应用与管理的自觉性。

思考题

1. 什么是电子公文？具有哪些概念要素？
2. 电子公文有哪些种类？以哪些现代科学技术作为支撑？
3. 公文发展过程中都经历了哪些载体形式？各有什么特点？对公文的发展做出了哪些贡献？
4. 电子公文具有哪些特性？比传统公文具有哪些优点和缺点？
5. 电子公文在实际工作中具有哪些特殊作用？
6. 电子公文与纸质公文有哪些区别？

第二章 电子公文发展概况

进入信息社会后,传统意义上的公文制作、传输、存储、归档发生革命性变化。伴随着现代信息管理技术的出现和发展,电子公文的出现和发展成为历史必然。面对全球国际竞争和知识经济的挑战,世界各国政府都把电子公文作为发展电子政务的重要环节。在世界各国尤其是发达国家推进电子政务建设的同时,电子公文系统的建设得到快速发展。

第一节 国际电子公文发展概况

从 2001 年起,联合国经社部对联合国成员国的电子政务进程进行调查,并发布年度电子政务调查报告,以帮助各国更好地了解全球电子政务发展现状,了解各国电子政务相对其他国家所处的位置,为各国决策者在推动综合性、可持续性的电子政务政策和项目时提供决策参考,特别是对发展中国家推进信息化战略提供了重要参考。

一、各国电子政务发展概况

自 20 世纪 90 年代中后期以来,电子政务在促进世界各国、各级政府管理与服务模式创新及快速变革的同时,也对人类社会的进步和发展产生越来越重要和深远的影响,从全球范围来看,电子政务已经成为世界各国和地区经济和社会发展的重要推动力量。

《2012 年联合国电子政务调查报告》以面向公众的电子政务为主题,对 193 个成员国政府近两年的电子政务发展进行了评估。成员国的评选名次是以电子政务发展总指标为依据,该总指标包括四个方面:在线服务的范围和质量、电信基础设施的发展状况、人力资源开发以及电子公众参与。表 2-1 是 2012 年电子政务指数排名前 20 的国家名单。

韩国政府继续保持了 2010 年在电子政务方面所获排名第一的位置。荷兰排名第二,比 2010 年提前了三个位置。英国向前进了一位,成为世界上电子政务第三的先进国家。丹麦、美国、法国和瑞典仍保持在全球电子政务领先国家的行列。

表 2-1　　　　　　　　2012 年全球电子政务发展领导者

排名	国家	电子政务发展指数
1	韩国	0.9283
2	荷兰	0.9125
3	英国	0.8960
4	丹麦	0.8889
5	美国	0.8687
6	法国	0.8635
7	瑞典	0.8599
8	挪威	0.8593
9	芬兰	0.8505
10	新加坡	0.8474
11	加拿大	0.8430
12	澳大利亚	0.8390
13	新西兰	0.8381
14	列支敦士登	0.8264
15	瑞士	0.8134
16	以色列	0.8100
17	德国	0.8079
18	日本	0.8019
19	卢森堡	0.8014
20	爱沙尼亚	0.7987

2012 年的调查表明，各国已经从分散的单一用途电子政务模式向方便公众使用的"一体化"政府模式过渡。欧洲多数国家的做法是对信息、服务和公共参与设立不同的门户网站，韩国、新加坡、美国、以色列、澳大利亚、挪威、丹麦和新西兰则将信息、服务和公共参与集中于一个统一的网站，它们是采用一站式门户网站的少数先行国家。

就电子政务发展的四个阶段（初始阶段、强化阶段、业务办理阶段和一体化阶段）来看，多数国家目前尚处于初始阶段和强化阶段，而能达到业务办理阶段或一体化阶段的国家仍是少数。

报告指出："在信息时代，政府需要思考如何运用信息和通讯技术工具来优化法律框架、规章制度、机构重组和业务办理程序以及人力资源开发，从而顺应公民新的需求，接受新的挑战，真正做到以公众为中心来提供服务"。从 2012 年电子政务调查的结果来看，那些特别重视公众所关心的服务内容和用户满意度的国家，通常都在该调查中获得了不错的排名。

2012年联合国电子政务调查报告列出了世界上人口大国的电子政务发展指数排名,如表2-2所示。中国在电子政务的整体发展中稳步前进。中国电子政务发展指数为0.5359,排名第78位。报告认为"这是不小的壮举,因为中国有着多达13亿人口和辽阔的国土面积——这使得政府必须比人口少、地域小的国家付出更大的努力,特别是它的人口分布很广,益发增加了发展难度"。

表2-2 电子政务在人口众多国家中的发展

国家	电子政务发展指数		全球电子政务发展排名		人口(百万)
	2012年	2010年	2012年	2010年	
中国	0.5359	0.4700	78	72	1341
印度	0.3829	0.3567	125	119	1225
美国	0.8687	0.8510	5	2	310
印度尼西亚	0.4949	0.4026	97	109	240
巴西	0.6167	0.5006	59	61	195
巴基斯坦	0.2823	0.2755	156	146	174
尼日利亚	0.2676	0.2687	162	150	158
孟加拉国	0.2991	0.3028	150	134	149
俄罗斯	0.7345	0.5136	27	59	143
日本	0.8019	0.7152	18	17	127
墨西哥	0.6240	0.5150	55	56	113

2012年的调查表明,电子政务在确保提高人民的生活质量和实现长期、公平的发展方面能起到非常大的作用。而提高服务质量的关键还在于政府能够不断地改进管理和运行水平。调查报告建议各国政府更加重视电子政务,发展和推进政府一体化,并提高公共服务的质量。其最终目标是开展合法、有效的公共治理,为今世后代实现包容、公平和可持续发展做出贡献。

二、电子公文与在线服务

2012年世界在线服务排行榜前三名的国家分别是韩国、新加坡和美国。排名靠前的国家中欧洲占了很大比例,包括荷兰、英国、芬兰、瑞典及俄罗斯等。

2012年全球电子政务调查报告对四个方面进行评估:第一,教育、医疗、金融、社会福利以及就业领域的法律法规以及政策等;第二,税收、罚款、颁发许可等公共服务;第三,电子参与信息服务;第四,作为政务向公民提供信息与服务渠道的技术手段,如音频、视频、聚合阅读器等。在这四类调查中,属于公文性质的在线服务占了很大比例。

欧盟委员会2011~2015年电子政务行动计划中规定,欧洲电子政务发展的主要目标是提供更多的公共服务信息，提高政府透明度，采取有效措施使公众参与到政府决策的过程中来，以此扩大公众和商界的权利。

调查显示，尽管在线服务取得了重大进展，但发展中国家与发达国家还是有很大差距。许多发展中国家的在线服务往往以政府法规文件的公开透明为主要应用，发达国家的在线服务则以提供更多的公共信息并与公众进行更多的交流与沟通，为公众提供全面的电子参政渠道为目标，其先进程度令排名后40位的国家望尘莫及。只有78个国家使用facebook、twitter、youtube或其他第三方社交网站提供在线服务。从地区角度看，公众针对环境问题在线参与程度最好的是欧洲，其次是美洲和大洋洲。整体来看，各国试图通过政府门户网站提供一站式在线服务是发展趋势，目前，做得最好的应用是包含公文在内的政府信息公开。

第二节 国内电子公文发展及现状

我国电子政务从办公自动化起步，经过20余年的发展，技术形态和应用形态几经变迁，发展态势良好，其中尤以电子公文发展十分迅速，已经进入一个相对成熟稳定的发展时期。

电子公文在我国的发展大体可以归结为三个阶段：

一、普通电子邮件时期

1988年年底，国务院办公厅秘书局开发完成了以"国务院公文管理系统"、"国务院档案管理系统"、"国务院信息管理系统"及"国务院要事数据库"为标志的基于小型计算机的大型应用系统，并于1989年1月21日正式投入使用。

1989年6月至1990年10月，国务院办公厅秘书局组建了全国第一代数据通信网，在全国范围正式开通了"全国政府系统第一代电子邮件系统"。各地方政府与国务院之间及各地方政府之间，利用电子邮件实现了全国政务信息报送的计算机网络化。

1992年，国务院办公厅下发《关于建设全国政府行政首脑机关办公决策服务系统的通知》，有力地推进了各地政府机关办公自动化发展。在这一文件精神的指导下，各省、自治区、直辖市、地级政府、县级政府纷纷成立了办公自动化技术支撑机构。

从1993年始，国务院办公厅秘书局每年下发《全国行政首脑机关办公决策服务系统年度建设指导书》，具体部署当年的建设工作，为各地办公自动化工作指明方向、目标、策略和任务，大大推动了此后十余年全国政府系统信息化建设。

1995年，国务院办公厅秘书局开始规划和论证全国政府系统第二代数据交换网和第二代电子邮件系统的建设方案。1998年确立了建设"全国政府系统第二代电子邮件系统"和建立"全国政府系统办公业务资源网"的技术框架。1999年年底，建成了连接全国47个副省级以上地方政府办公厅和国务院各部委办公厅的"全国政府系统第二代电子邮件系统"。

这一时期又被称为"邮件公文"时期，特点是公文单纯以邮件形式传送。1989～1999年，我国大多数地级以上政府先后建立了基于Lotus CCmail和Notes邮件技术的政务信息传输系统，分别称为政府"第一代电子邮件系统"和"第二代电子邮件系统"，简称"一邮"和"二邮"。

这一时期各地邮件系统的主要功能是用来传送政务信息，电子公文的概念还处于萌芽状态，本质上就是电子邮件，采用的网络平台是一个单纯的、开放的邮件平台，公文正文作为邮件附件形式传送。这种纯粹作为邮件附件被传输的电子公文，只是在内容上实现了电子化，缺乏对发文单位、收文单位的身份认证，也无法确保公文内容的完整性和有效性，缺乏制度和法规保障，未确立与纸质公文等同法定效力的地位。

二、政府上网工程时期

1999年全国人大办公厅、国务院办公厅、全国政协办公厅及国务院八十余个部（委办局）共同倡导发起"政府上网工程"，对政府办公自动化建设和随后的电子政务建设影响深远。

2000年5月，国务院办公厅下发《关于进一步推进全国政府系统办公自动化建设和应用工作的通知》，促成各级政府电子公文建设的高潮。

2000年7月，书生公司与国家主管部门指定的有关单位合作开发，推出安全型电子公文系统。该系统采用多项安全措施，全程数字化加密，直接控制硬件操作，具有防篡改功能，使被攻击的可能性降到最低。以电子红头和电子公章的形式保留了传统红头和公章特点，保证了电子公文所具备的有效性、规范性、严肃性和安全性。书生安全型电子公文系统的推出，标志着我国电子公文发展有了可靠的安全技术保障。

这一时期电子公文经历了爆炸般的成长，推进速度之快、应用范围之广是技术进步和政府信息化快速发展的反映。国家实施"政府上网工程"之后，各级政务信息网络得到大规模扩展，办公自动化系统大范围内被应用。文档管理、电子邮件、公文流转、流程审批、会议管理等功能成为新一代OA系统的核心功能。我国电子公文发展的系统环境（包括组织环境、技术环境、应用环境）已经初具规模，安全型电子公文系统逐渐取代普通电子邮件系统。

截至2001年1月，我国县市级以上政府基本上全部实现明文网络传输，部分地区还实现请示件的网络上报和网络答复。随着电子公文应用规模的扩大，人们发现，单纯基于邮件平台的电子公文的安全得不到有效保障。一方面巨大的电子公文市场需求激活了国内OA市场，书生、方正、浪潮等一大批OA软件企业开始围绕公文流转问题，研发文件起草、签发、压缩、分发、盖章等各个环节的安全技术，书生软件安全型电子公文系统先后在银行和国办率先试用并得到推广；另一方面，电子公文越来越成为政府OA系统的主体功能，电子公文作为纸质公文的替代品，已被各级政府信息化工作人员和文秘人员所接受。电子公文大范围的规模化应用亟须在国家层面制定统一的规章制度，电子公文的法定地位和效用亟须确定。

三、确定法定地位时期

至2001年，政府电子公文经过十余年发展，80%的县级以上政府部门开通电子公文系统，这时电子公文在技术上已达到实用程度，在应用规模上已具备全国推广的基础，在管理运行机制上积累了一些好经验。一批商品化的电子公文系统产品相对完善、成熟和实用，国家电子政务总体框架初步确立，国家电子政务总体标准开始制定，电子公文成为国家电子政务总体框架中的重要组成部分。电子公文立法的时机已经成熟。

2002年1月，国务院信息化工作办公室和国家标准化管理委员会成立电子政务标准化总体组，全面启动电子政务标准化工作，其中包括电子公文的标准化；3月，《深圳市机关电子公文交换技术规范》发布，同年5月1日实施，为电子公文的推广和国家标准的制定提供示范和经验；7月，中共中央办公厅、国务院办公厅联合下发《国家信息化领导小组关于我国电子政务建设的指导意见》，提出电子政务建设规划指导性意见，电子公文是其中重要组成部分；12月，中华人民共和国国家标准GB/T 18894—2002《电子文件归档与管理规范》发布，2003年5月1日实施。

2003年，国家档案局制发了《电子公文归档管理暂行办法》，就电子公文的生成、发送、接收、归档、管理等作出具体规定，于当年9月1日起实施；国务院办公厅制发了《电子公文传输管理办法》，正式确立电子公文在政府机关的法定地位，规定电子印章的管理等同实物印章，自2003年10月1日起施行。

2004年8月28日《中华人民共和国电子签名法》颁布，这项法令的实施进一步促进电子公文的发展和制度环境的完善，从法律上保证了电子公文的合法、有效地位。

一系列有关电子公文和电子政务的文件下发，既反映电子公文发展快速，又为其进一步发展奠定基础，提供保障。电子公文已经在某些办公领域、办公环节确立纸质公文不可替代的地位和优势。目前我国电子政务总体结构从"三网一库"演变为"政务内外网"，结构更趋合理健全。在此过程中，电子公文系统作为电子政务这个大系统的一个子系统，起到决定性的基础作用，同时电子政务整体结构的发展也促进电子公文的发展。目前，在迅猛发展的现代网络技术、通信技术等高科技技术的强力推动下，在公文学学科体系越来越健全、理论越来越完善的氛围内，在国家方针、政策和资金投入的大力支持下，我国电子公文发展越来越迅速，可以预见电子公文将会在更深更广的领域内被应用并影响着人们的政治经济生活状态。

第三节　我国电子公文发展存在的问题与对策

电子公文正在成为处理公务和管理事务的重要工具，依靠网络信息技术对电子公文进行高效有序处理，对电子政务的建设以及社会管理、行政管理改革具有相当重要的意义。这就必须正视电子公文发展中的问题，及时采取相应对策，保证电子公文的健康发展。

一、电子公文发展存在的主要问题

电子公文的发展面临许多技术上的困难和理论上的缺陷，应该加深对电子公文理论的探索，设计相应策略，有效推动电子公文技术的发展。

（一）电子公文格式取舍问题

据不完全统计，现行电子公文的格式有 20 余种，如 DOC、WPS、PDF、CEB、XML、PS、S2、PS2、S72、TXT、TIFF 等。文件格式过多导致文件交换、管理过于复杂，成本大幅增加。电子公文格式问题引起广泛关注，学界和业界存在若干争论，这些争论在实践中体现为不同的技术形态，理由各异。

主张采用 PDF 格式的理由是，2005 年 12 月国际标准化组织正式颁布《ISO 19005—1 文件管理—电子文件长期保存格式　第一部分　PDF 的使用（PDF/A-1）》，作为电子文件长期保存格式最新国际标准。以山东省为例，自省政府至各县级政府的电子公文全部采用 PDF 文件格式。

主张采用 XML 格式的理由是，Open Office 是国际开放文档格式的代表（支持 XML）。Open Office 包含文字处理、工作表、绘图、演示、数据图形和公式编辑等，功能非常完善。除了支持 Windows 系统外，还支持 Linux、Solaris 等平台，是一种开放、开源的文档格式。深圳市政府便是 XML 格式公文的倡导者和实践者。

实践层面上，从国办至各省级政府的电子公文交换方式一度采用了书生公文传输系统。还有一些部门采用了方正 CEB 电子公文系统。书生公文系统和方正公文系统的特色是拥有独立的文件编辑软件和浏览软件，提高了公文的安全性，但是电子公文格式上的这种异构性限制了公文的交流与共享。

《基于 XML 的电子公文格式规范》（国家标准，GB/T19667，以下简称《规范》）为电子公文标准化问题的解决指明了方向。这个《规范》包括七部分内容：总则、公文体、显现、办理、交换、归档和安全。总则部分规定了基于 XML 的电子公文的通用要求和基本原则，对电子公文进行了定义和分类，分析了电子公文的基本组成要素。公文体部分对公文的层次结构、公文体 UML 结构模型作了详尽说明。

（二）电子公文工作流程再造问题

政府电子公文处于我国电子政务总体框架的顶层设计，地位重要，应用广泛。从我国政府信息化发展历程看，公文处理作为办公自动化的核心内容，经过20余年的发展，已在制作、传输、存储、检索等方面取得重要进展，但其工作流的自动化仍是一个薄弱环节。在国务院各部委至各乡镇政府这个庞大的应用体系中，政府公文主要在远程传输方面实现了电子化，而在公文处理的最后"一公里"（即单位内部）却进展缓慢。

为什么公文处理的诸多环节难以实现自动化，既有制度的原因、人员操作能力的原因、技术成熟度的原因，以及系统好用与否的原因。还有一个重要原因，即政府的公文处理是一项非常灵活的工作，其"随需随地随时而变"的处理特点，导致工作流建模的复杂性大大增加。从仍在使用的一些办公系统看，工作流通性差、灵活性差是不争的事实，经常面临领导要改改不了，网管要改也改不了的尴尬局面。

（三）电子公文立卷归档管理问题

电子公文与纸质公文存在若干质的差异，纸质公文立卷归档具有直观性，电子公文却不相同，许多对纸质公文简单易行的办法对电子公文并不适用。例如，如何对电子公文生命周期全过程进行踪迹保全并立卷归档，如何让立卷归档工作与前期信息采集、整理、存储、检索、传递、保管、保护、利用、鉴定、统计等工作无缝隙衔接等，都是电子公文系统建设过程中有待解决的问题。

如果说，国家档案局 6 号令《电子公文归档管理暂行办法》和国家标准《电子文件归档与管理规范》是电子公文真实性、完整性、有效性、可读性归档要求的指导框架，那么电子公文的归档管理工作还需重点解决以下问题：

一是对电子公文归档模式、归档原则、设备要求、格式要求、保管要求、归档内容、归档方式、归档时间和归档方法等框定可操作的规范；二是解决电子公文归档元数据设计问题，包括定义应归档的元数据项和档案室向档案馆移交的元数据项。这些数据项是从电子公文开始起草到最后永久保管或销毁的运转过程中对文件及文件管理活动的记录，它们能否被完整地收集与保存是关系到电子档案能否持续利用的关键；三是电子公文具有数字性、易复制性、高密度性、非直读性、易破坏性和系统依赖性等特点，必须解决长期保管的有效性和安全性等问题。

（四）电子公文制度跟进建设问题

制度往往滞后于实践需要，这也是我国20多年电子公文发展历程中折射出的一条规律。电子公文作为信息时代的新事物，制度滞后于实践既有实践上的必然性，也有技术自身发展变化的规定性。电子公文制度的滞后性主要表现在以下几个方面：

第一，规范标准的制定落后于实践。《党政机关公文处理工作条例》和《党政机关公文格式》，这两个最新的规范标准的服务对象是纸质公文。所有相关文件中，针对电子公文区别于纸质公文的特性所做的特殊规范还十分简单、粗疏，并不能完全适应公文处理电子化的需要。

第二，人员素质的提高落后于技术发展。公务员的信息技术能力和水平往往落后于技术发展，特别是对于县处级以上的公务员领导来说，其岗位能力重点强调概念技能，弱化操作技能，其信息技术技能水平普遍不高。而他们又往往是阅批公文的主体，操作技能的不足限制了电子公文在最后"一米"的电子化进程。

第三，理论认识水平落后于现实工作。由于长期对电子公文不重视，电子公文管理在整个机构中处于边缘化位置。对电子公文认识不到位、岗位责任被淡化的现象大量存在。岗位人员缺乏培训，单位领导甚至不知道有哪些电子公文管理规定，电子公文管理由谁负责和由谁监管等，这些问题都需要在制度上加以规范和明确。

第四，法律效力的确定落后于实际需要。党政公文的电子签名、电子签章、电子指纹等从技术上讲，已经不成问题，但其法律地位还没有确认。从网络上下载的公文，权威性不强、可信度不高，尤其是作为法律、法规、政策依据时，效力难以认定，另外，如果仅仅是电子公文，在归档时也不被认可。这些问题如果迟迟不解决，电子公文将继续停留在现有水平，难以有根本性突破，电子公文与纸质公文"双轨"运行，无纸化运行就难以实现。

因此，跟踪技术和实践变化，及时反映电子公文发展需求以创造合理的制度环境，是今后电子公文健康持续发展的根本保证。

（五）电子公文技术标准统一问题

虽然电子政务和电子公文建设在实践中发展迅速，并在政府行政管理中发挥越来越重要的作用,但是由于电子公文没有权威、强有力的规范,所以至今没有形成全国统一的技术标准。一些机关、单位在管理电子公文、设计公文处理软件时,往往各行其是,自成系统,采用的标准也各不相同,造成重复建设,资源不能共享。

在各地的电子政务实践中,有的地方采用邮件技术平台,有的采用 Web 技术平台,技术架构缺乏科学规划;电子公文的登记、签收、审核等处理流程缺乏规范;手写签名技术和手写批文技术不够成熟、不够稳定;电子印章技术需要进一步改善;数字版权技术在电子公文中的应用还处于初级阶段;公文的制作版式、传输、办理、归档等技术还不完善,这些都给电子公文传输和系统整合留下难题。"随时随地应变"的设备环境要求和领导"随需应变"的办公要求,决定了电子公文"技术跟着应用跑"的发展常态,也是技术标准难以成形、成熟、稳定的重要原因。

(六) 电子公文物理安全策略问题

公文作为"经国之枢机",安全问题异常重要。公文载体由纸张发展为电子,使信息传播从"有形"走向"无形",容易使人产生思想麻痹,过去的"锁好柜"、"关好门"、"看好人"的保密措施已难以适应时代需要。一些机关、单位对纸质公文的保密工作很重视,而对储存在软硬盘上的电子公文却保密意识淡漠,大量存在随意处置的现象。另外,电子公文行使政府职能的特点,在网络环境中传播和存储时,可能导致来自外部或内部的各种攻击,比如黑客组织、犯罪集团或信息战时期国家间的信息对抗攻击等。攻击的手段主要包括基于侦听、截获、窃取、破译、业务流量分析、电磁信息提取等技术的被动攻击和基于修改、伪造、破坏、冒充、病毒扩散等技术的主动攻击,会造成公文失密、信息被盗、被删除或被改写等严重后果。对电子公文安全性的担忧,在很大程度上遏制了公文处理电子化的推广。

目前,网络硬件设备和大部分电子公文系统本身都存在安全隐患,危害网络的可靠性。操作平台的弱点和漏洞(如操作系统、数据库系统、通用软件系统等)可能构成系统隐患。应用软件系统的脆弱性、网络的脆弱性、网络协议的开放性、系统的相互依赖性导致网络存在安全风险。安全设计本身的不完备性可能构成网络新的安全风险。新的风险点、漏洞被发现、新的攻击技术手段被利用使电子公文系统面临大量安全问题。在网络建设和应用中要注意研发自己的核心技术产品,尽量采用自己的安全技术,并随时注意反馈,保持弹性和应变能力。

(七) 公文系统建设投资平衡问题

目前我国对电子公文的开发和利用还缺乏正确的认识,重硬件、轻软件,重建设、轻应用,重网络、轻信息的现象仍然比较突出。电子公文系统的构建需要软件设备和硬件设备齐头并进。但是长期以来政府信息部门的大量建设资金投入到硬件设备上，片面追求硬件设备的先进性，贪多求全，结果投资过大，浪费严重，缺乏信息收集、更新、深加工的专项资金和技术，系统持续发展后劲不足。

例如，公文处理电子化要求对传统公文处理业务规范化、数字化，这需要做大量基础性工作，如规范办文流程，对现有的一些公文处理格式化、标准化，制定系统代码、系统分类等。管理者、应用者、技术员三者之间缺乏业务沟通、协调和融合，以至于出现有些系统开发出来后因偏离实际，无法应用的现象，造成投资浪费并影响到后续发展。

（八）电子公文学科发展问题

电子公文是信息技术时代的产物，是纸质公文在信息技术时代的必然发展。因此厘清电子公文与传统公文的异同，从研究对象、范围、任务等方面加以区分是很有必要的。用历史方法看，"电子"与"纸质"分别代表公文的两种不同载体形态，同属于公文学的载体方法研究范畴，具有公文的一般属性和规律。然而正像纸质公文对更早公文具有变革性一样，电子公文与纸质公文的巨大技术落差必然导致公文在内涵和外延上的新发展。从这个意义上讲，电子公文学是公文学的一个分支学科，因此在构建公文学学科体系基本框架中应包括公文自动化学，即电子公文学。

然而，尽管公文有很长的应用史，但研究史很短，学术性著作少之又少，缺乏理论研究。虽然公文在社会实践中有着广泛的应用需求，最近20多年公文学研究也取得很大进展，但是至今没有取得应有的学科地位，在国家有关权威部门所列示的学科目录中找不到公文学的位置，这不能不说是公文学发展的尴尬。可见，只有竖起公文学这面旗帜，将电子公文发展面临的一系列问题纳入学科理论体系框架之中，电子公文学等子学科的发展才能真正走上理论的破冰之旅。

随着公文在社会生活中应用领域越来越广泛，随着公文学研究不断深入，要求公文学确立学科地位的呼声越来越高。尤其是公文经历载体由纸张发展为电子这一重大变革，电子公文发展迅速，理论与技术发展逐渐丰富庞杂，相信在未来发展中公文学及电子公文学会伴随着现代信息技术的发展而不断发展，不但技术进步，理论也会逐步深入，学科体系会越来越完善。

二、电子公文建设的对策与措施

任何事物在发展过程中都会遇到困难和阻碍，电子公文的发展也不例外。作为纸质公文更新换代的电子公文，是个十足的新生事物，它的发展当然不可能一帆风顺，我们必须采取措施积极应对发展中遇到的各种困难。

（一）加快公文格式统一

电子公文的生命力在于速度和共享，多样的文件格式显然与这一要求背道而驰，因此，文件类型越少越好。在众多文件格式的大浪淘沙进程中，哪种会最终被实践保留下来，需要正确把握技术发展方向，确保在未来赢得主动。电子公文绝不是对纸质公文的"机械翻版"，而是在内涵和外延上有所扩大。在多媒体文档技术日益盛行的今天，或许那种把视频、声音和图像集成在同一文档的"多媒体公文"也会很快进入应用领域。今后发展应合并同类项，约束文件类型数量上的增长，追随多媒体文档主流技术以精简电子公文文件类型。

目前，在现有的主流文档技术中，Word 排版、WPS 排版、方正排版、华光排版可以相互替代。个人桌面排版以 Word、WPS 为主，专业排版领域以方正和华光为主，网络多媒体文档则以 XML 和 PDF 为主。这些文档技术均可以轻易地嵌入或链接多种媒体元素，多媒体文档日益成为多媒体时代的一种重要集成应用。长远来看，多媒体文档是文档逻辑、超媒体、时域与空域四个维度构建的结构化模型，能够进行实时语音识别、索引与检索技术，实现文本与语音的双向实时变换。一个支持多媒体数据混排的文件类型若不能在各媒体元素间建立可编程的参考，就不满足媒体集成的标准，就不能被视作多媒体文档。例如像 Word、WPS 等文档类型尽管可以实现图文数据混排，但这些数据之间缺乏时间、空间和内容上的同步关系，因此不是真正的多媒体文档。PDF 文档可以看作多媒体文档，因为 PDF 可以建立多媒体数据间的同步关系，支持多媒体数据的有机集成。总之，多媒体文档技术的超强能力是电子公文最有可能采用的技术形式，电子公文格式的归一将是一个长期过程。

（二）引导工作流程再造

目前，电子公文相对于纸质公文的最大优势是传输环节的高效性，事实上这也是电子公文较为成熟的一项应用。公文处理涉及党政机关工作的各个层面，许多环节还难以实现自动化。为此，应当努力做到：

第一，围绕公文处理业务，规范收发文流程，正确引导业务流程再造。例如，收文流程要对电子签收、电子登记、电子分发、电子拟办、电子批办、电子承办、电子催办、电子查办、电子立卷、电子归档、电子销毁、收文待办、收文跟踪等子过程在国家电子公文处理办法中给予明确定义；发文流程要对电子拟稿、电子审稿、电子签发、电子缮印、电子校对、电子盖章、电子登记、电子分发、电子立卷、电子归档、电子销毁、发文待办、发文跟踪等子过程给予明确定义。

第二，以随需应变为导向，重视公文处理技术创新。2006 年，青岛市政府正式将方正 Apabi 手写批示功能纳入 OA 系统，成为我国率先将"手写批示"全面应用到电子公文管理的政府之一。在手写板、手写屏、平板电脑上进行批阅，类似纸质公文的批示习惯。在批示效果上相对以往手写批示软件有极大改观，能全真显现字迹的笔锋,在破解电子公文最后一米电子化进程的道路上前进了一大步。

(三) 加强踪迹归档保全

电子公文归档的复杂性在于文件类型的复杂性和专用软件的复杂性。以书生电子公文系统为例,书生电子公文的格式包括 GW 格式和 GW2 格式。GW 格式的文件是在书生电子公文系统中由书生加密卡加密生成的密文格式电子公文,属于特殊(即非通用)电子文件格式。GW2 格式的文件是由其他加密设备(或加密软件)生成的密文格式的电子公文,也属于特殊(即非通用)电子文件格式。所以,可阅读和打印公文文件(.GW、.GW2)、归档文件(.GD)、书生安全版式文件(.SEP)、二扫文件(.S2、.PS2、.S72、.S92)以及书生 SepReader、Viewer 等软件的不同版本统统需要归档。应注意两点:

第一,重视并加强踪迹归档保全工作。电子公文的归档前提是有效地捕获电子公文从开始起草到最后永久保管或销毁过程形成的所有电子公文及元数据,实现电子公文和电子档案的平滑无缝链接,为各级档案部门解决电子公文的归档存储和利用问题提供技术保障。

第二,在《电子公文归档与电子档案管理办法》等相关文件基础上,加强归档元数据建设。电子公文的元数据是构成电子公文的基本单位,如标题、章、节、段落等。不同的文本版式,必须遵循电子公文数据的结构化定义。

目前电子公文传输管理通常要求接收单位接收电子公文后,通过彩色打印机,打印成纸质公文,再进入办文过程。实际上,传输来的电子公文应直接进入电子公文管理系统,实现公文要素转换,同时应实现文档一体化,电子公文办理完毕后,直接将公文的基本信息转换到档案管理系统,这样,可大大减少手工操作和重复劳动,避免人为失误。公文处理电子化要真正达到提高办公效率、降低办公成本的目的,各级党政机关必须实现公文处理全程电子化和无纸化,并实现上下左右互联互通。要实现公文处理全程无纸化,必须认可电子公文传输、电子批阅、痕迹修改、电子签名的法律效力。

(四) 搞好配套制度建设

制度带有根本性和长效性,离开制度保障的发展必然是无序和混乱的。目前,《电子公文传输管理办法》和《电子公文归档管理暂行办法》、《电子文件归档与管理规范》等是指导我国电子公文建设的基本制度框架。鉴于电子公文系统自身的复杂性和成长性,具体实施过程中还需要不断研究新情况,配以大量可操作性强的细化制度。为此,应在上述制度框架指导下,加快建设和完善以下三类配套制度:

第一类是确保电子公文和纸质公文一样得到科学保管和有效利用的制度,以立法的形式确立电子公文传输、批阅、修改、签名的法律效力；

第二类是规范电子公文业务流程、处理流程、实现文件流程和归档一体化的制度，对电子公文的形成、收集、积累、鉴定、归档及归档后的保管与利用实行全过程管理，从而确保电子公文的真实性、完整性和有效性；

第三类是提高从业人员技术技能素质的培训教育制度。

制度建设是让电子公文走上有法可依、有法必依的健康发展道路的必然选择。

（五）统一公文技术标准

电子公文以现代信息技术发展为基础，技术是关键，技术基因始终是电子公文的生命线。技术的不确定性决定电子公文实践的多样性和不确定性，进而决定电子公文未来的不确定性。可见，技术标准就是决定电子公文能否健康持续发展的那个"牛鼻子"和制高点。目前我国仍然没有形成合理的电子公文技术标准体系，一方面说明事情本身的复杂性；另一方面也说明研究与实践工作还要进一步加强。

电子公文处理的自动化、智能化离不开公文处理的标准化，如公文格式标准、电子公文处理标准、电子公文交换格式标准、电子公文处理系统软件设计技术标准等。实践中，许多电子公文处理系统中可自动生成各个文种的格式，可自动生成公文格式要素的位置、字体、字号，还可自动按规范化的顺序排列主送、抄送单位等。根据公文处理标准，在电子公文处理系统中可设置办理时限、到时催办、来文提示、急件提醒、退文警示等，在办文中可调阅相关的信息资料，辅助公文写作，还可实现自动校对、自动编写公文摘要等。

技术标准的缺失，是现行电子公文系统多样性的直接原因。为此，必须加快推进国家层面《电子公文技术标准体系》的研究工作，特别是在现有《基于XML的电子公文格式规范》的基础上，加快修订完善，争取早实践、早成熟、早推广、早受益。

（六）强化运行安全措施

电子公文的安全问题可以分为两条主线"过程主线"和"档案主线"，即处理过程的安全和归档后的安全。共享与保密历来都是一个矛盾问题。电子公文可以同时满足多用户共享要求，但公文的共享并不是没有限制的，只能给经过核准的人员使用，要解决好这个问题，必须加强安全保密工作。在电子公文处理系统中应建立安全可靠的加密机制和分级权限控制，并对登录的所有人员的工作时间、对象和操作过程、拟稿和修改内容进行全过程的跟踪记录。此外，不论任何公文数据，系统必须确保其安全，以防止由于硬件的偶然故障、人为损坏所引起的数据丢失。为确保数据安全，做好数据备份工作也是至关重要的。

确保电子公文安全采取的安全措施主要有制度安全和技术安全，其中技术安

全是重点也是难点。从实践情况看,当前应重点加强以下三类电子公文安全技术研究:

一是加强数字签名技术和"电子公章"在电子公文领域的应用研究。对于纸质公文来说,红色印章是公文生效的重要标志,没有红色公章的公文不被信任。这一习惯影响至深,以至于现在我国的电子公文普遍采用"电子公章"来体现公文的法定性和可信性。电子公章是通过专用软件生成的,并且需要较为昂贵的彩色激光打印机,才能打印出来。一方面,由于色彩和印制等原因,打印出的电子公章与纸质公文所用的公章并不完全相同,这样,就会出现同一发文机关有两种公章的现象;另一方面,电子公章是通过技术手段生成的,因而易于被人通过技术手段窃取或仿制。

实际上,问题的关键在于如何认证电子公文的真实性,即收文机关如何确认收到的电子公文是真实的发文机关所发,如果电子身份认证做好了,电子公章的作用无非是满足人们对红章、红头文件的习惯心理要求。电子公文并不一定非要那种刻意生成的带红色的电子公章不可,最重要的是有电子认证标志。《中华人民共和国电子签名法》的颁布与实施为电子公文的发展奠定了法律基础。从与国际接轨的趋势看,数字签名技术需要替代现行的"电子公章"技术。

二是加强数字水印技术在电子公文领域的应用研究。数字水印作为20世纪90年代诞生的一种新兴数字产品版权保护技术,经过20余年的发展,分别在文本、图像、音频、视频四个领域取得了进展。数字水印技术将是未来加强电子公文版权安全的一种有效技术。

三是系统平台技术。研制开发具有自主知识产权和中国特色的电子公文处理系统,是一项事关全局的战略性和基础性任务。国家应该继续鼓励和提倡每年一度的优秀办公自动化软件的评比工作,正确引导并加快推进国产安全办公软件的发展。

(七)注重实际和办公效益

网络建设需要投资,因此就必须做成本效益分析,要以最少的行政投入获得最高的办公效益。这种办公效益一方面指经济效益;另一方面指社会效益,社会效益是第一位的。电子公文系统的建设既需要大量的硬件设备,也需要大量的软件设备,在这方面我国许多党政机关部门存在资金不足和盲目投入的不统一现象。有的党政机关,尤其是人口稀少经济不发达的偏远地区的党政机关,资金有限,无力购买哪怕是基本的电子设备,多数党政机关只是象征性地购买几台电脑,通常也只做到电子公文的录入与输出而已;而有的经济发达地区党政机关在确定设备标准时,片面追求设备先进性,重复购进,浪费严重,设备的功能实际上只用了很少一部分。

党政机关在解决这一问题时应该以应用为主导，量体裁衣，通盘考虑主客观多种制约因素，如时间、空间、能力、技术、人力、物力等，坚持以应用为本、不用不建的原则，逐步推进电子公文系统的建设和电子公文的推广普及，争取做到投入最少的经济成本，获取最大的社会效益。

思考题

1. 目前电子公文是否具有与纸质公文同等的法律效力和法定地位？
2. 我国制度环境建设如何？是否跟得上电子公文的发展？我们还需要加强哪些方面的工作？
3. 电子公文在我国的发展大体经历了几个阶段？每个阶段分别具有什么特点？
4. 结合各国电子政务发展概况，说说电子公文发展趋势。

第三章　电子公文系统基础

电子公文是通过电脑进行操作、传输、存储的数字化公文，与纸质公文相比，具有存储体积小、检索速度快、传输速度快及满足公众资源共享等优点。电子公文从产生、传输到归档或者消亡，都是在一个系统中进行的，即电子公文系统。

第一节　电子公文系统构成

系统是一个实体概念、思想概念和技术概念的综合体，信息系统作为社会无数系统中的一个专门系统，在人类社会进步和发展中发挥着重要作用。从电子数据交换（EDPS）到管理信息系统（MIS）再到决策系统（DSS），这一发展路径显示了现代系统思想与现代信息技术结合发展的轨迹。系统的目的在于使系统的整体达到最优，而不是使系统的各个要素分别达到最优，电子公文系统的意义和作用正是如此。

一、电子公文系统要素

电子公文是运用计算机系统和现代信息管理技术制发的全数字化形式的公文。电子公文处理系统主要由以下要素构成：

1. 电子公文系统处理的内容

电子公文系统处理的对象既包括党政机关、企事业单位、群众团体等组织在办理公务中形成和使用的通用公文，也包含军事类、司法类、涉外类等专用公文，既有人们日常所称的党政机关"红头文件"，还有信息类、简报类、信函类、礼仪类和讲话类等非规范性公文。电子公文系统处理的内容包括收文处理、发文处理和公文管理。

收文处理是指收进外部送达本单位的公文和材料，一般有文件、电报、信函、内部刊物、资料等文字材料。收文可分为阅件、办件两种。阅件处理包括签收、登记、分发、存档过程；办件处理包括办件的签收、登记、分发、拟办、领导批示、办理、催办、存档过程。

发文处理系统实现单位内部发文的审批、签发过程的自动化，提高公文流转效率，是实现各级党政部门、企事业单位无纸化、自动化办公的重要环节。发文包括拟稿、审稿、会签、核稿、签发、编号、排版、用印、打印、发送、统计、查询、归档等环节。具备发文权限的人可以进行发文拟稿，在拟稿的过程中具备修改功能。在发文过程中还有公文监督和控制，即每个公文在办理过程中，都有一个指定的监控人员负责整个公文的办理流程，并可以随时对公文进行监控：(1) 可以从用户的待办公文表中撤回尚未办理的公文，撤销整个公文的办理过程。(2) 对尚未办理完毕的公文进行催办和督办。

公文管理包括公文整理、归档、保管、撤销等。

2. 电子公文系统的软件需求

公文交换、收文办理、发文办理系统和文档一体化管理系统环环紧扣；系统控制、安全防范软件系统和电子版式及电子印章软件系统缺一不可。

3. 电子公文系统的硬件需求

公文处理人员和相应的工作环节必须配置必要的计算机及打印、扫描、复印等办公设备，并具备键盘、语音、手写、扫描输入和网上直接下载、复制、粘贴等功能。机关内部的 OA 网和外部的传输网络应当互联互通。

4. 电子公文系统的制度需求

电子公文处理建立规范的收文、发文、交换和文档一体化等管理制度，并要针对电子公文的特点，制定相应的制作排版、电子用印、网络传输、加密控制、流程控制、权限控制和备份等技术规范。文秘人员和审核签发公文的领导不但需要熟悉公文处理的基础知识，还需要掌握基本的计算机操作技能和打印、复印、扫描、发送等技能，并应了解相应的网络、传输和安全保密等知识；开发、管理和维护等技术人员不但要懂技术，还应了解相应的公文种类、行文规则、收文、发文程序、方法和要求等公文处理基础知识。

总的来说，电子公文系统是一个人机结合的、复杂的信息系统，系统整体的功能和作用与每一部分都相关，我们可以将电子公文系统的构成要素作以下表示：

(1) S = {整个系统}；

(2) A = {电子公文本身}；

(3) N = {通讯网络}；

(4) C = {计算机相关设备}；

(5) O = {操作系统}；

(6) B = {系统安全技术}；

(7) E = {电子邮件系统}；

(8) D = {数据库系统}；

(9) W = {电子公文的制作系统}；

（10） P = ｛系统工作流程｝；

（11） R = ｛管理制度和规范｝；

（12） T = ｛系统目标｝；

（13） M = ｛信息系统人员 – 领导、开发、管理、维护、使用人员｝。

电子公文系统可以表示为 SM = ｛A，N，C，O，B，E，D，W，P，R，T｝，运用系统的观点来概括电子公文系统的结构，可这样描述：输入系统 = ｛M，R，C，A，W｝，系统组织 = ｛M，N，C，O，B，P，E，T，R｝，系统存储 = ｛C，D｝，系统输出 = ｛M，C，R｝，系统控制 = ｛M，N，C，B，E，P，R｝。

二、电子公文系统特点

根据对已有的各种公文处理系统的综合分析，我们认为公文处理系统应具有的基本特点如下：

1. 系统与网络支撑

电子公文采用数字代码记录，需要借助计算机及其程序才可能完成。电子公文的传输、查询和共享，也要依靠计算机通信网络及其硬件平台作支撑。目前，电子公文已经从单机公文管理时期和局域网、广域网办公自动化时期向信息高速公路时期发展，公文处理软件系统和电子版式、数字化印章等技术日趋成熟，安全型电子公文正在取代普通电子邮件公文，多媒体信息一体化、公文格式标准化、安全认证规范化、阅读设备智能化，多层次、大范围"无纸化"公文处理的基础条件已经具备。

2. 大容量与智能化

随着现代信息存储技术的运用，电子公文已经实现高密度、大容量和文字、图形、数据、图像、语音等各种信息的有机组合和一体化处理，便于存放、检索、复制和传输，为公文的智能化处理提供了可能。现代信息管理技术的广泛运用，能够实现材料采集、文字图像输入、版式生成、要素标识、审核流程、数字印章、传递发送、整理归档、限时办理、来文提示、退文警示多节点、全过程的智能化自动处理。

在文件形成的过程中，任何修改均可保存，用不同颜色显示不同人的修改内容，并显示修改人姓名和时间，打印带有修改痕迹的文本。处理记录各环节用户姓名及其批示或修改意见。公文处理流程的流转环节可灵活调整，收文和发文的流转环节数和名称可根据用户需要增减和重新命名，换句话说，可以方便地修改和定制流程。还可以灵活组织流转批阅和并发传阅，公文处理流程的流转方向，除向前传递外，可根据用户需要回传或回撤。具体的电子公文都可以根据不同的要求指定以天为单位的处理期限，根据用户管理权限和指定的条件，可查知当前公文办理情况和办理过程，进行动态跟踪。在电子公文系统中，还可以实现逾期未办公文的自动搜索功能，并对逾期未办公文或指定文件进行催办，以及查看催办情况或答复催办。还可以具有其他如统计、备份等日常管理功能。

3. 便捷式与高效率

电子公文处理界面的一道程序、一次点击就能够完成纸质公文多道程序、多个人次才能完成的工作量。文字、表格、图像、数据可以手写、语音等多种方式输入、编辑和输出，方便具有不同计算机操作能力的人员使用。秘书部门通过计算机能对多个工作环节自动进行显示、排序、查询和流程跟踪；办文部门通过计算机可以完成多道程序，并对办文过程进行流程跟踪监控；发文部门可以利用网络实现全方位、远距离高速传送；文档管理部门可以采用数据库和检索技术，实现归档公文的自动编号和比对查询，在档案信息库中多条件高速检索，迅捷、准确地获取归档公文信息。

4. 集成与互联共享

通过计算机系统和信息技术，有效地把文字、数据、图表、图像和语音等图文信息、音频信息和视频信息等集成在同一个电子文档中，实现多种信息在同一公文中的数字化处理。同时，计算机网络系统可以对公文的全过程进行自动化、日常化管理。依赖现代计算机技术系统和信息网络以及有线、移动通信技术，上可联中央、国家机关，下可联地方党委、政府；党委、政府、人大、政协及其组成部门、直属单位联结为一体；机关内部，人员、单位、上下级之间，收文、办文、核稿、送审、签发、发文、归档等各个环节同处一个系统。随着信息技术的发展，人们既能在固定场所处理公文，又能在运动中从事公文处理，真正实现"无纸化"和"无址化"。通过公文数据库系统和计算机检索技术以及相应的权限，文秘人员能够在同一时间、同一地点或不同时间、不同地点共同检索、阅读和使用电子公文信息，办文时的征求意见、会签公文和联合行文变得简便易行，公文处理的效率明显提高。

电子公文系统建设是一个动态的过程，在电子政务 OA 平台中充分利用计算机和网络技术、复印、扫描和刻录等技术，逐步实现电子公文业务处理的网络化、智能化、规范化和"无纸化"管理，是开发设计和操作应用应当努力达到的目标。

第二节 电子公文系统结构

电子公文系统不仅可以传递、处理电子公文数据，稍加扩展还可以承载其他相关增值应用，并且可以实现与其他系统的"无缝"连接，因而具有开放性。电子公文系统是相关诸要素的有机集合体，系统自身各继承要素必须匹配得当，谋求整体效能。由于我国的行政区划具有层次性，相应的电子公文系统也具有层次性。充分认识电子公文系统建设在电子政务建设中的战略地位具有全局意义，建设好电子公文系统对于建设好其他电子政务系统具有实践意义。

电子公文系统整体结构和各子系统结构，可以表示为图 3-1、图 3-2、图 3-3 和图 3-4。

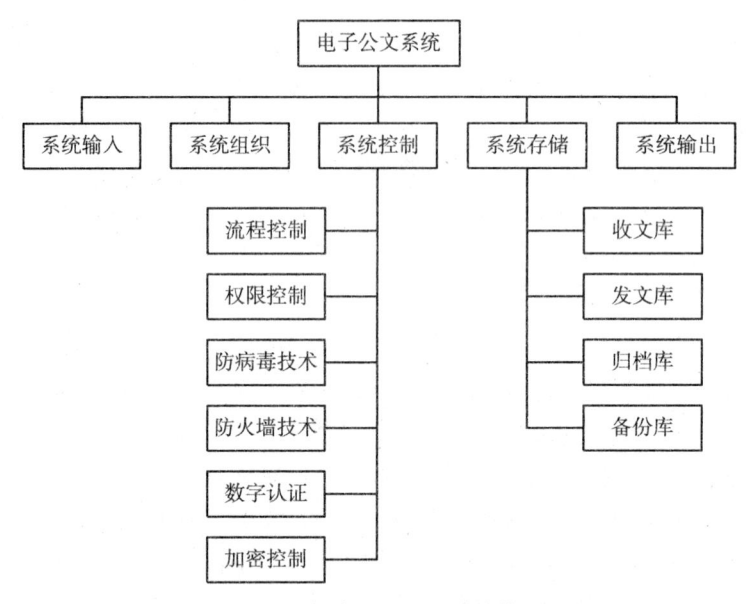

图 3-1 电子公文系统结构

如图 3-1 所示，系统存储和系统控制是电子公文系统最为核心的内容，也是最复杂的，是实现电子公文系统的关键。

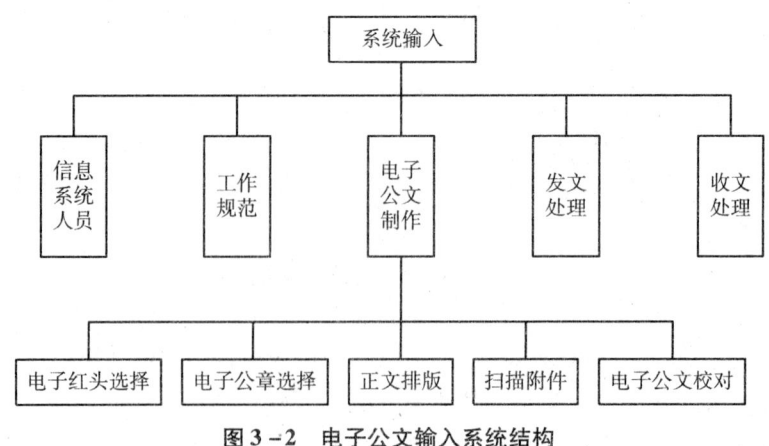

图 3-2 电子公文输入系统结构

如图3-2所示，电子公文的制作是构成电子公文输入子系统的核心模块。

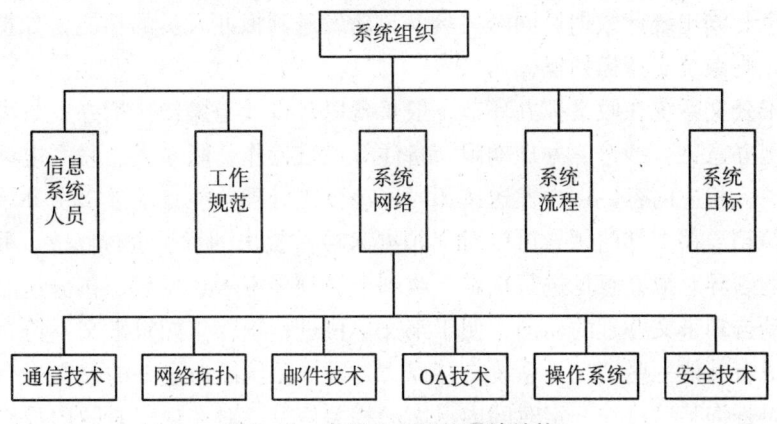

图3-3　电子公文组织系统结构

如图3-3所示，系统网络拓扑和规划以及系统流程的设计，是电子公文组织系统的关键模块。

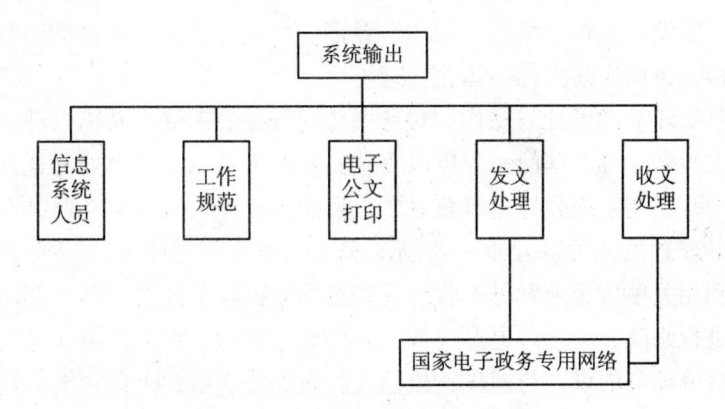

图3-4　电子公文输出系统结构

如图3-4所示，发文处理与收文处理，是电子公文输出子系统的核心模块，下面予以重点介绍。

一、电子公文收文处理子系统

电子公文收文处理子系统包括签收、登记、审核、拟办、批办、承办、催办、分发、归档等模块，各模块紧密配合实现文档一体化管理。

电子公文系统在收文签收登记环节一般具备以下设计与操作：系统能自动签

收、登记各个来文单位报送的公文，并支持手工登记和修改。来文经登记后，系统自动给来文单位一个回执，以通知对方来文已经收到；系统支持登记人员删除登记信息和修正统计数据。同时，具备自动发送到拟办人员的功能，如拟办人员未签收，则系统支持撤回操作。

电子公文系统在收文拟办环节一般具备以下设计与操作：拟办人员可在公文处理的拟办意见、抄送、办理期限、备注等栏目操作，联系人、联系电话等栏目能自动填入相应内容，点击发送按钮时，该公文处理单能自动进入主办单位和会办单位信箱。秘书部门领导可以对"拟办人员"提出的意见进行修改，并提请上一环节的领导对拟办意见进行审示，收到上级领导审示意见后，再分送办理。系统能自动告知来文办理的动向，便于来文单位进行跟踪。如果来文不符合公文处理规定或者其他一些情况，系统支持退文处理。系统能对退办的公文进行分类存放，可以查询某单位在一定时间内退文的相关信息，对在规定时间内没有办理完毕的公文，自动填写催办单或通过短信、邮件，并发送给办理单位进行催办。

二、电子公文发文处理子系统

电子公文发文处理子系统包括外来公文处理和自拟公文处理，具体包括草拟、审核、签发、复核、缮印、用印、登记、分发等模块，能自动与收文、归档环节相衔接，进而实现文档一体化管理。

办文草拟环节的设计与操作：对秘书部门分办的来件，系统自动记录签收时间、签收人姓名。办文部门领导可以直接签署办理意见，交由处室经办人员办理或签署意见、提请上级领导签署意见后，发送到经办人员办文。经办人员根据领导签署的办理意见，可以起草一份新的公文；也可根据来文内容及领导批示内容，分发到相关单位征求意见，收到反馈意见后再起草公文。办文部门领导审核时，可以进行修改、会签、退办、催办、作废、收回、撤办、统计等操作。

办文核稿环节的设计与操作：核稿人员收到公文后，应在系统内统一编制核稿登记号，进行修改、退办、催办、作废、收回、撤办、差错统计等操作。对需要补充材料的公文，可以退回办文部门；对提交办公厅分管领导审核的公文，在"公文处理单"上签署核稿意见之后，送交办公厅分管领导。

审核、签发、复核环节的设计与操作：上级领导审核文稿没有问题，签署意见后直接送复核。上级领导审核文稿发现有问题时，则退回业务处室重新办理，同时以回执方式通知中间环节的操作人员。秘书部门对上级领导签发后的公文进行复核，如发现签批手续不完备、材料不全时，复核人员可以将公文退回以上的任意环节，并以回执方式通知中间环节的操作人员。在这些环节，系统应支持退办、催办、作废、收回、撤办、统计等操作。

第三节 电子公文系统建设原则

电子公文处理系统建设是一个动态的过程，由于对电子公文认知程度和计算机操作水平的差异，以及市场利益驱动等原因，在电子公文的开发应用中很容易造成人力、财力、物力的浪费。电子公文的健康持续发展，离不开以下指导原则。

一、需求与技术相适应

一些单位存在着技术牵着需求走的现象，由技术部门先立项招标，应用部门后提出实际需求，导致需求与技术的脱节，电子公文的开发应用具有很大的盲目性。因此，应当先由应用部门提出实际需求，技术部门根据需求进行立项和招标，软件公司根据需求和招标要求进行具体开发。需求和技术的结合，一定要从实际需要出发，既要适应基本环节的高效便捷操作，也应满足各类个性化的服务要求，还要防止盲目采购、不切实际地安装现成的商业软件和应用系统的现象。

二、开发与应用相互促进

开发的目的在于应用，只有通过应用才能发现问题，促进电子公文系统不断完善。应用的关键在于领导带头。各级领导特别是秘书部门的领导应当学习和掌握电子公文操作技能，成为电子公文处理的行家里手。当然，电子公文的开发应用也应从实际出发，一些单位为因公务繁忙等原因不能从事电子公文操作的领导同志配备电子秘书或提供便捷的操作工具，都是行之有效的办法。

三、双轨向单轨逐步过渡

电子公文应用和推广是一个渐进的过程，在电子公文应用和管理法律法规尚不完善、电子印章还未推广、信息化知识和操作技能高低不一的情况下，要做到完全单轨运行还不现实。电子公文必然要经过双轨向单轨过渡的阶段，某些部门、某些工作环节工作消耗增加不可避免。一些单位电子公文处理系统形同摆设。国家应抓紧制定相应的法律或规章，建立电子公文应用培训、考核机制，为电子公文的处理和单轨运行提供法律保障。

四、统一版式与印章

实际工作中电子公文主要采用 PDF、CEB、SEP 这几种格式，但这些电子格式形成的公文版式和电子印章兼容性不强，大多不能互相转换和匹配，还需国家权威部门进行规范和统一。无论将来国家规范使用哪种公文版式，它都应向纸质化方向发展。由于工作习惯、阅读习惯的问题，纸张比显示屏更能迎合人类的视觉需要，要比电脑显示屏阅读速度快，阅读效果好，便于领导批示批阅。在心理上，大家觉得纸质公文更放心，这也是多数领导要将电子公文打印成纸质公文再进行阅读、批示的主要原因。电子公文虽然由初期以 Word 文档和 WPS 文档为主要公文形式发展到现在以方正 CEB 版式和 Adobe PDF 版式为主，在技术上取得很大进步，更容易保障公文格式的规范性、内容的完整性、传播拷贝的授权性，但仍然存在不足，即无法像纸质公文那样使纸张、文字、印章等公文要素形成有机的整体。从应用诉求上看，电子公文制作版式、显现版式的"纸质化"是必然趋势，像纸质公文那样"易读、易阅、易用"仍是未来电子公文追求的目标。

五、资源合理配置与共享

电子公文处理系统的开发应用，要十分注意与电子政务的其他方面，如电子会务、电子督办、电子信息等系统资源的整合利用，而不应该各自另起炉灶，互不兼容。同时，党委、政府、人大、政协和中央、地方所属部门的办文网络应当互联互通，只有上下左右全方位沟通，相互匹配，才能真正做到资源共享。电子公文处理系统应依托现代计算机技术和有线、移动通信技术、设计具有综合功能的平台，做到中央、国家机关，各省区市县乡镇，各级党委、人大、政协、直属单位联结为一体，各部门内部人员之间、处室之间、处室与领导之间、收文、办文、核稿、送审、签发、发文、存档等各个环节同处一个系统，既能收得了、发得出，又能改得了、退得回，既能在固定场所处理公文，又能在移动中从事公文处理，真正实现公文处理的"无纸化"和"无址化"。

六、处理流程规范化

电子公文处理流程的规范化是电子公文实现党政机关跨平台、跨部门交换的基础。在电子公文传输和归档管理方面，我国已经做了许多工作，起草、修订、改进了一系列电子公文规范性公文，如《中文办公软件文档格式规范》（UOF：Uniform Office Format）和《基于 XML 的电子公文格式规范》。目前，相关技术标准还在继续修订和完善中，还需要假以时日进一步试点检验。但是有一点不容忽视，国家只出台了电子公文传输管理办法和归档办法，在电子公文办理（发文办理和收文办理）方面至今没有相关制度出台，各地应用水平参差不齐，缺乏制度约束。主要表现在：发文办理的草拟、审核、签发、复核、缮印、用印、登记、分发等环节和收文办理的签收、登记、审核、拟办、批办、承办、催办等环节不规范、不完整。电子公文法规在这些关键环节上的缺失和功能缺位，制约了电子公文行政作用的发挥，同时也说明电子公文处理流程规范化的重要性。

规范化有助于电子公文系统自动化功能的设计和开发。例如收文阶段，秘书部门能够通过计算机对来自各方的公文登记、分发、审阅、办理、归档五个环节自动进行显示、排序、查询和流程跟踪。办文阶段，可以通过计算机对秘书处等有关处室、上级领导和有关部门传来的办件进行拟稿、审核、会签、签发，并对办文过程进行流程跟踪监控；发文阶段，利用政务网络实现全方位传送。归档阶段，按照档案部门的规定建立数据库，能够按年度、性质、文号等进行多种归档、查询。各个阶段环节，设计错件追回、工作移交、工作授权等功能。

在电子公文生命周期的每一个阶段，都应该能够做到痕迹保全、全程监控。全方位的监控是公文处理自动化高效运作的基础。依赖于先进的技术保障，电子公文系统应该能够达到痕迹保全、全程监控的技术要求。首先，计算机应该能够对进入公文处理自动化系统进行操作的所有人员的工作日期、对象、操作过程、修改的内容等进行全过程的跟踪和登录，自动记录其修改痕迹，上级领导和有关人员通过计算机可以随时掌握公文的动态。能够有效地避免公文流转中因工作移交、授权不及时而带来的办文不及时、责任不清等现象的发生，对增强文秘人员的工作责任心，提高公文处理的质量和工作效率起到保证作用。

七、内涵外延扩大发展

德国哲学家拉普曾断言："技术是复杂的现象，它既是对自然力的利用，同时又是一种社会文化变迁过程。"人类文化变迁与技术进步之间存在着紧密关系，纸质公文的电子化不仅体现了传统公文载体的工具性变革，也体现了文化属性和功能变化，包含着丰富的文化内涵。电子公文改变了公文表达、传播的工具、手段和方式，集文字、图像、声音、视频于一体，具有高时效性，能够将信息多维、全方位展示，具有特殊的时空存储特征。例如，下级发给上级的请示，除文字描述以外，还可以采用多媒体手段，让上级不用亲临现场即可全方位了解情况，作出决策。未来的电子公文将不再仅仅局限于纸质公文的替代品，而是适应社会需要的、信息多维化的新公文，发生质的飞跃。这种对传统公文属性、存储、传输、处理等形态形式的变革必然导致公文内涵外延扩大化。因此，研究跟踪电子公文的这些新变化新发展，及时反映其技术需要和实践需要，是一项重要课题。

八、多元模式高度集成

电子公文的多元模式主要体现为技术多元化、制度环境多元化、应用多元化、地方标准多元化。技术多元化体现在各地电子公文传输平台的多样性，体现在单位内部OA和工作流程设计上。有的沿用"二邮"系统模式，有的建立基于"WEB"的公文交换平台，有的网络实现了物理分隔，有的在Internet网上运行。在电子公文办理环节方面，各地的技术实现程度差异也很大。制度环境多元化体现在各地根据国家规定或在缺乏国家标准参照的情况下，探索制定差异化的地方规章制度，具有突出的地方特色。应用多元化体现在各地电子公文应用水平的差异上。地方标准多元化主要是由技术多元化造成的。毫无疑问这些多元化造成了"信息孤岛"效应和重复建设，可以预见，随着国家标准的出台和完善，多元模式必然向单一方向发展。对电子公文的制作、加密、传输、全真显示、打印控制等进行了很好的支持，另外还集成了公务邮箱、电子公文柜、即时消息、短消息、视频点播、决策支持、PDA移动办公等众多方便实用的功能。

九、技术标准国际化

随着社会的发展，人类生活越来越密切，国际社会间的交流与合作越来越频繁，党政机关、社会团体、企事业单位间大量公文交换成为发展需求。可以预见，党政机关、各类机构间电子公文往来将会成为未来公文往来的主要形式。跨国家、跨地域的电子公文往来，涉及许多问题，最重要、最基本的是技术标准问题。电子公文技术标准是规范电子公文发展的重要技术制度。尽管国家标准还在修订中，但随着各国电子政务的发展，随着全球经济、政治、文化一体化的交流需求，各国在国际社会事务处理中交换"国际化规格"电子公文的这一天不会很遥远，电子公文走上国际化发展轨道是大势所趋。

从各国的电子公文发展趋势可以看到，电子公文发达国家越来越重视立法在国际范围内的统一性和标准化。中国在推动电子公文立法的过程中也应该注意与国际接轨的问题，应当积极借鉴和吸收世界各国和国际组织在电子公文方面的立法，既要尊重国际标准和惯例，又要体现中国特色和国情。要加强与国际标准化组织信息与文献技术委员会档案/文件管理分技术委员会（ISO/TC46/SC11），以及西方发达国家的文件管理标准化组织的交流与合作，积极采纳国际标准，同时努力增强我国标准在国际上的影响力和话语权。据悉，中国人民大学安小米教授作为ISO/TC46/SC11的重要成员全程参与了许多重要的文件管理国际标准的制定；而且我国已经准备等同采用2个重要的文件管理国际标准，即《ISO 15489—1 信息与文献：文件管理 第1部分：总则》、《ISO 23081—1 文件元数据：原则》。

思考题

1. 什么是电子公文系统？电子公文系统共有几个部分组成？
2. 我国的电子公文框架包括哪几部分？分别具有什么特点？发展趋势如何？
3. 我国电子公文建设的重点有哪些方面？
4. 根据系统的观点，试描述本单位电子公文的系统构成。

第四章 规范性电子公文版面格式

电子公文版面格式目前沿用规范性公文的版面格式，在视觉效果上也是基本一致的，因此掌握规范性公文的版面格式，是学习电子公文版面格式的基础。

《党政机关公文处理工作条例》是改革开放以来首次统一的党政机关公文处理规范标准。在"文种"方面，将原《中国共产党机关公文处理条例》和原《国家行政机关公文处理办法》的文种进行了统一整合，在原国家行政机关公文文种的基础上，增加了党的机关公文"决议"和"公报"两个文种，由此党政机关公文统一为 15 种。在公文格式方面，也与时俱进引入若干新变化。本章探讨公文的格式，既可以使公文的制作更加规范化、标准化，从而增强公文外在形式的美学效果，也便于指导电子公文的制作，使其符合通行惯例，被受文者接受和认同，使受文者更加准确、快速地了解公文精神，从而大大提高公文办理的效率和质量，提高工作效率。

第一节 规范性电子公文格式的一般规定

公文格式的严谨规范是其他文体所不具备的。撰制公文是一项十分严肃的工作，撰写时，必须考虑对格式的如下要求：

第一，准确规范。公文写作与文学创作最大的区别在于格式的规范，撰写任何公文，都必须严格遵守公文的格式要求，从语言到内容，从格式到语体均不能自行其是、天马行空。《党政机关公文处理工作条例》规定：公文一般由份号、密级和保密期限、紧急程度、发文机关标志、发文字号、签发人、标题、主送机关、正文、附件说明、发文机关署名、成文日期、印章、附注、附件、抄送机关、印发机关和印发日期、页码等要素构成。

第二，完整齐全。格式是公文的门面，一份完整美观的公文，给人以赏心悦目的感受，令阅者愉快地读完全文。否则，公文格式零乱无序、蓬头垢面，则令人顿生恶心，从而削减了公文应有的效力。公文格式是由公文的组成部分（要素）及其在公文中的位置、文字规范、书写方式等构成的法定体式，也是公文外形规范化、标准化、区别其他文体的显著标志。按格式就能直接识别公文种类、处理要求，有利于公文的归档、立卷与检索。

第三，合理适用。公文格式的组成部分较多，这些格式不是每份公文都必须具备，有的格式是必有格式，如公文的标题、主送机关、正文、落款。有的格式是或有格式，根据不同公文的需要分别对待，合理使用，如签发人、密级、紧急程度、附件、附注等。公文的作者在写作时，应根据需要合理使用，而不是不分情况，一律把公文的所有组成部分都安到公文中去。如有些普发性公文，全部标上密级，不仅失去了密级应有的效果，使应当标注密级的公文失去了应有的"待遇"，而且也使阅文者无所适从、难以处理。因此，公文的格式在使用时还必须遵循合理、需要、适用的原则。

第四，方便操作。为便于管理，提高公文的质量，使公文处理工作规范化、制度化、科学化，党和国家对公文的格式作过多次规定和改革，使公文格式不断改进，提高了党政机关单位的工作效率。《党政机关公文格式》将版心内的公文格式各要素划分为版头、主体、版记三部分。公文首页红色分隔线以上的部分称为版头；公文首页红色分隔线（不含）以下、公文末页首条分隔线（不含）以上的部分称为主体；公文末页首条分隔线以下、末条分隔线以上的部分称为版记。页码位于版心外。公文格式要素的划分大大方便了公文撰制与处理。

一、版头

（一）份号

如需标注份号，一般用6位3号阿拉伯数字，顶格编排在版心左上角第一行。

（二）密级和保密期限

如需标注密级和保密期限，一般用3号黑体字，顶格编排在版心左上角第二行；保密期限中的数字用阿拉伯数字标注。

（三）紧急程度

如需标注紧急程度，一般用3号黑体字，顶格编排在版心左上角；如需同时标注份号、密级和保密期限、紧急程度，按照份号、密级和保密期限、紧急程度的顺序自上而下分行排列。

（四）发文机关标志

由发文机关全称或者规范化简称加"文件"二字组成，也可以使用发文机关全称或者规范化简称。

发文机关标志居中排布，上边缘至版心上边缘为35mm，推荐使用小标宋体字，颜色为红色，以醒目、美观、庄重为原则。

联合行文时，如需同时标注联署发文机关名称，一般应当将主办机关名称排列在前；如有"文件"二字，应当置于发文机关名称右侧，以联署发文机关名称为准上下居中排布。

（五）发文字号

编排在发文机关标志下空两行位置，居中排布。年份、发文顺序号用阿拉伯数字标注；年份应标全称，用六角括号"〔〕"括入；发文顺序号不加"第"字，不编虚位（即1不编为01），在阿拉伯数字后加"号"字。

上行文的发文字号居左空一字编排，与最后一个签发人姓名处在同一行。

（六）签发人

由"签发人"三字加全角冒号和签发人姓名组成，居右空一字，编排在发文机关标志下空两行位置。"签发人"三字用3号仿宋体字，签发人姓名用3号楷体字。

如有多个签发人，签发人姓名按照发文机关的排列顺序从左到右、自上而下依次均匀编排，一般每行排两个姓名，回行时与上一行第一个签发人姓名对齐。

（七）版头中的分隔线

发文字号之下4mm处居中印一条与版心等宽的红色分隔线。

二、主体

（一）标题

一般用2号小标宋体字，编排于红色分隔线下空两行位置，分一行或多行居中排布；回行时，要做到词意完整，排列对称，长短适宜，间距恰当，标题排列应当使用梯形或菱形。

（二）主送机关

编排于标题下空一行位置，居左顶格，回行时仍顶格，最后一个机关名称后标全角冒号。如主送机关名称过多导致公文首页不能显示正文时，应当将主送机关名称移至版记。

（三）正文

公文首页必须显示正文。一般用3号仿宋体字，编排于主送机关名称下一行，每个自然段左空两字，回行顶格。文中结构层次序数依次可以用"一、""（一）""1.""（1）"标注；一般第一层用黑体字、第二层用楷体字、第三层和第四层用仿宋体字标注。

（四）附件说明

如有附件，在正文下空一行左空两字编排"附件"二字，后标全角冒号和附件名称。如有多个附件，使用阿拉伯数字标注附件顺序号（如"附件：1.×××××"）；附件名称后不加标点符号。附件名称较长需回行时，应当与上一行附件名称的首字对齐。

（五）发文机关署名、成文日期和印章

1. 加盖印章的公文

成文日期一般右空四字编排，印章用红色，不得出现空白印章。

单一机关行文时，一般在成文日期之上、以成文日期为准居中编排发文机关署名，印章端正、居中下压发文机关署名和成文日期，使发文机关署名和成文日期居印章中心偏下位置，印章顶端应当上距正文（或附件说明）一行之内。

联合行文时，一般将各发文机关署名按照发文机关顺序整齐排列在相应位置，并将印章一一对应、端正、居中下压发文机关署名，最后一个印章端正、居中下压发文机关署名和成文日期，印章之间排列整齐、互不相交或相切，每排印章两端不得超出版心，首排印章顶端应当上距正文（或附件说明）一行之内。

2. 不加盖印章的公文

单一机关行文时，在正文（或附件说明）下空一行右空两字编排发文机关署名，在发文机关署名下一行编排成文日期，首字比发文机关署名首字右移两字，如成文日期长于发文机关署名，应当使成文日期右空两字编排，并相应增加发文机关署名右空字数。

联合行文时，应当先编排主办机关署名，其余发文机关署名依次向下编排。

3. 加盖签发人签名章的公文

单一机关制发的公文加盖签发人签名章时，在正文（或附件说明）下空两行右空四字加盖签发人签名章，签名章左空两字标注签发人职务，以签名章为准上下居中排布。在签发人签名章下空一行右空四字编排成文日期。

联合行文时，应当先编排主办机关签发人职务、签名章，其余机关签发人职务、签名章依次向下编排，与主办机关签发人职务、签名章上下对齐；每行只编排一个机关的签发人职务、签名章；签发人职务应当标注全称。

签名章一般用红色。

4. 成文日期中的数字

用阿拉伯数字将年、月、日标全，年份应标全称，月、日不编虚位（即1不编为01）。

5. 特殊情况说明

当公文排版后所剩空白处不能容下印章或签发人签名章、成文日期时，可以采取调整行距、字距的措施解决。

（六）附注

如有附注，居左空两字加圆括号编排在成文日期下一行。

（七）附件

附件应当另面编排，并在版记之前，与公文正文一起装订。"附件"二字及附件顺序号用 3 号黑体字顶格编排在版心左上角第一行。附件标题居中编排在版心第三行。附件顺序号和附件标题应当与附件说明的表述一致。附件格式要求同正文。

如附件与正文不能一起装订，应当在附件左上角第一行顶格编排公文的发文字号并在其后标注"附件"二字及附件顺序号。

三、版记

（一）版记中的分隔线

版记中的分隔线与版心等宽，首条分隔线和末条分隔线用粗线（推荐高度为 0.35mm），中间的分隔线用细线（推荐高度为 0.25mm）。首条分隔线位于版记中第一个要素之上，末条分隔线与公文最后一面的版心下边缘重合。

（二）抄送机关

如有抄送机关，一般用 4 号仿宋体字，在印发机关和印发日期之上一行、左右各空一字编排。"抄送"二字后加全角冒号和抄送机关名称，回行时与冒号后的首字对齐，最后一个抄送机关名称后标句号。

如需把主送机关移至版记，除将"抄送"二字改为"主送"外，编排方法同抄送机关。既有主送机关又有抄送机关时，应当将主送机关置于抄送机关之上一行，之间不加分隔线。

（三）印发机关和印发日期

印发机关和印发日期一般用 4 号仿宋体字，编排在末条分隔线之上，印发机关左空一字，印发日期右空一字，用阿拉伯数字将年、月、日标全，年份应标全称，月、日不编虚位（即 1 不编为 01），后加"印发"二字。

版记中如有其他要素，应当将其与印发机关和印发日期用一条细分隔线隔开。

四、公文用纸、排版规格与标点符号

（一）度量单位

1. 字（word）

标示公文中横向距离的长度单位。在本标准中，一字指一个汉字宽度的距离。

2. 行（line）

标示公文中纵向距离的长度单位。在本标准中，一行指一个汉字的高度加 3 号汉字高度的 7/8 的距离。

（二）公文用纸主要技术指标

公文用纸一般使用纸张定量为 $60g \sim 80g/m^2$ 的胶版印刷纸或复印纸。纸张白度 80%～90%，横向耐折度≥15 次，不透明度≥85%，pH 值为 7.5～9.5。

1. 公文用纸幅面尺寸及版面要求

（1）幅面尺寸。公文用纸采用 GB/T 148 中规定的 A4 型纸，其成品幅面尺寸为：210mm×297mm。

（2）版面页边与版心尺寸。公文用纸天头（上白边）为37mm±1mm，公文用纸订口（左白边）为28mm±1mm，版心尺寸为156mm×225mm。

（3）字体和字号。如无特殊说明，公文格式各要素一般用3号仿宋体字。特定情况可以作适当调整。

2. 行数和字数

一般每面排22行，每行排28个字，并撑满版心。特定情况可以作适当调整。

3. 文字的颜色

如无特殊说明，公文中文字的颜色均为黑色。

4. 印制装订要求

（1）制版要求。版面干净无底灰，字迹清楚无断划，尺寸标准，版心不斜，误差不超过1mm。

（2）印刷要求。双面印刷；页码套正，两面误差不超过2mm。黑色油墨应当达到色谱所标BL100%，红色油墨应当达到色谱所标Y80%、M80%。印品着墨实、均匀；字面不花、不白、无断划。

（3）装订要求。公文应当左侧装订，不掉页，两页页码之间误差不超过4mm，裁切后的成品尺寸允许误差±2mm，四角成90°，无毛茬或缺损。

骑马订或平订的公文应当：

a) 订位为两钉外订眼距版面上下边缘各70mm处，允许误差±4mm；

b) 无坏钉、漏钉、重钉，钉脚平伏牢固；

c) 骑马订钉锯均订在折缝线上，平订钉锯与书脊间的距离为3~5mm。

包本装订公文的封皮（封面、书脊、封底）与书芯应吻合、包紧、包平、不脱落。

（三）页码和表格

1. 页码

一般用4号半角宋体阿拉伯数字，编排在公文版心下边缘之下，数字左右各放一条一字线；一字线上距版心下边缘7mm。单页码居右空一字，双页码居左空一字。公文的版记页前有空白页的，空白页和版记页均不编排页码。公文的附件与正文一起装订时，页码应当连续编排。

2. 公文中的横排表格

A4纸型的表格横排时，页码位置与公文其他页码保持一致，单页码表头在订口一边，双页码表头在切口一边。

（四）公文中计量单位、标点符号和数字的用法

公文中计量单位的用法应当符合GB 3100、GB 3101和GB 3102（所有部

分），标点符号的用法应当符合 GB/T 15834，数字用法应当符合 GB/T 15835。

第二节　规范性电子公文典型应用格式

上一节介绍的公文格式适用于一般应用，各文种在不同应用场合一般还有自己鲜明的格式特色和特殊格式规定。现将常用公文的典型应用格式以图示形式归纳如下。

A4 型公文用纸页边及版心尺寸如图 4-1 所示；公文首页版式如图 4-2 所示；联合行文公文首页版式 1 如图 4-3 所示；联合行文公文首页版式 2 如图 4-4 所示；公文末页版式 1 如图 4-5 所示；公文末页版式 2 如图 4-6 所示；联合行文公文末页版式 1 如图 4-7 所示；联合行文公文末页版式 2 如图 4-8 所示；附件说明页版式如图 4-9 所示；带附件公文末页版式如图 4-10 所示；信函格式首页版式如图 4-11 所示；命令（令）格式首页版式如图 4-12 所示。

一、公文用纸页边及版心尺寸

公文用纸采用 GB/T 148 中规定的 A4 型纸，其成品幅面尺寸为：210mm×297mm。

公文用纸天头（上白边）为 37mm±1mm，公文用纸订口（左白边）为 28mm±1mm，版心尺寸为 156mm×225mm。页码一般用 4 号半角宋体阿拉伯数字，编排在公文版心下边缘之下，数字左右各放一条一字线；一字线上距版心下边缘 7mm。单页码居右空一字，双页码居左空一字，如图 4-1 所示。

二、公文首页版式

公文的常见首页版式如图 4-2 所示。首页一般包括完整的版头、主体部分的标题、主送机关和正文等。图 4-3 和图 4-4 分别给出了两种常见的联合行文首页版式。

三、公文末页版式

公文的常见末页版式如图 4-5 所示。末页一般包括正文、附件、发文机关署名、成文日期、印章和完整的版记等。图 4-6 给出了不带印章的末页版式。图 4-7 和图 4-8 分别给出了两种常见的联合行文末页版式。

四、附件说明页版式

图 4-9 描述的是附件说明页的版式。图 4-10 描述的是带附件的公文末页版式。

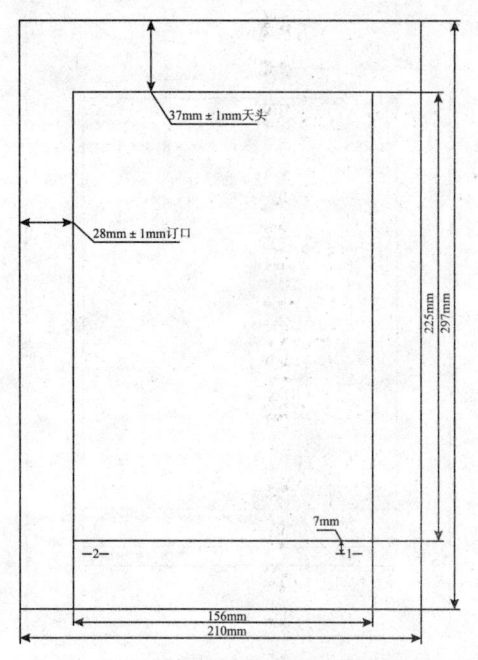

图4-1　A4型公文用纸页边及版心尺寸

图4-2　公文首页版式

图4-3　联合行文公文首页版式1

图4-4　联合行文公文首页版式2

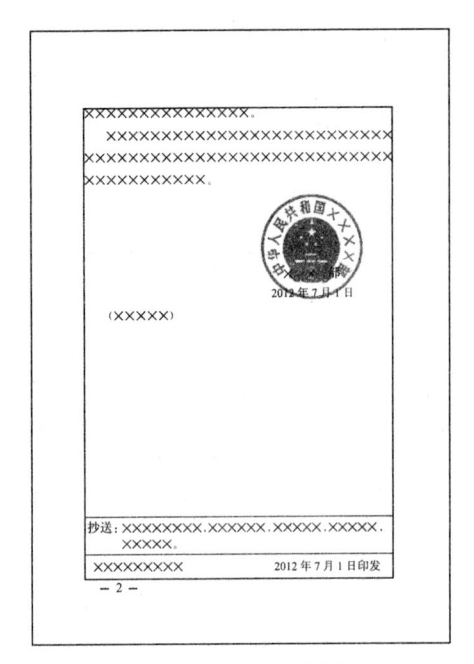

图 4-5　公文末页版式 1

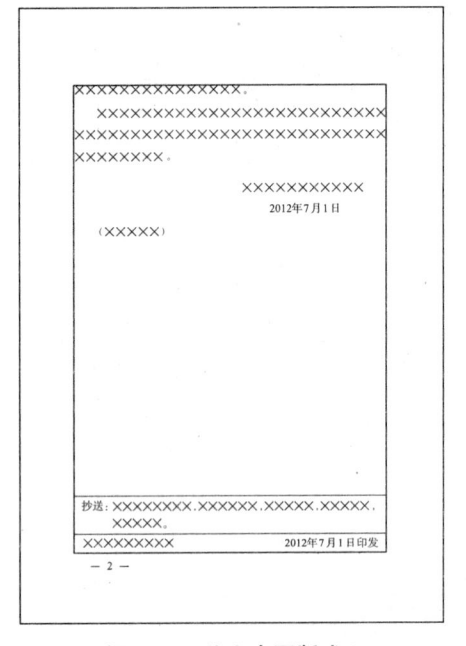

图 4-6　公文末页版式 2

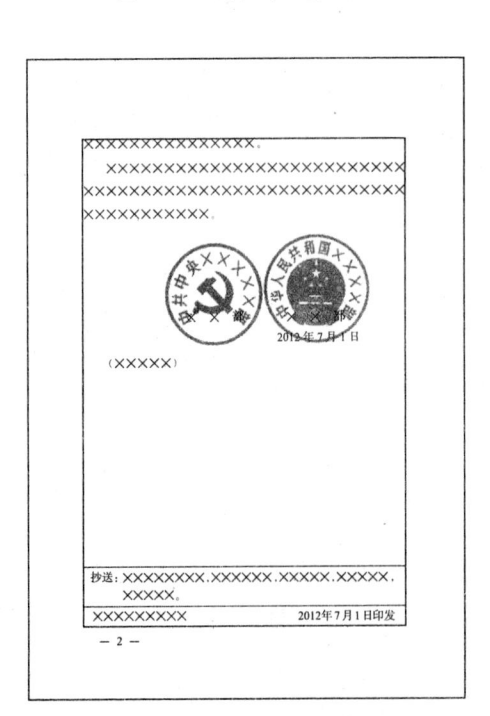

图 4-7　联合行文公文末页版式 1

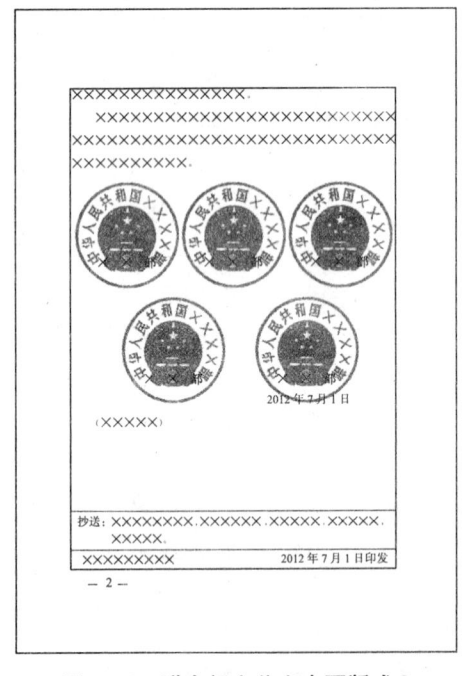

图 4-8　联合行文公文末页版式 2

五、信函首页版式

信函首页版式如图4-11所示。发文机关标志使用发文机关全称或者规范化简称，居中排布，上边缘至上页边为30mm，推荐使用红色小标宋体字。联合行文时，使用主办机关标志。

发文机关标志下4mm处印一条红色双线（上粗下细），距下页边20mm处印一条红色双线（上细下粗），线长均为170mm，居中排布。

如需标注份号、密级和保密期限、紧急程度，应当顶格居版心左边缘编排在第一条红色双线下，按照份号、密级和保密期限、紧急程度的顺序自上而下分行排列，第一个要素与该线的距离为3号汉字高度的7/8。

发文字号顶格居版心右边缘编排在第一条红色双线下，与该线的距离为3号汉字高度的7/8。

标题居中编排，与其上最后一个要素相距两行。第二条红色双线上一行如有文字，与该线的距离为3号汉字高度的7/8。首页不显示页码。版记不加印发机关和印发日期、分隔线，位于公文最后一面版心内最下方。

六、命令（令）首页版式

命令（令）的首页版式如图4-12所示。发文机关标志由发文机关全称加"命令"或"令"字组成，居中排布，上边缘至版心上边缘为20mm，推荐使用红色小标宋体字。

发文机关标志下空两行居中编排令号，令号下空两行编排正文。

签发人职务、签名章和成文日期的编排规定如下：

（1）单一机关制发的公文加盖签发人签名章时，在正文（或附件说明）下空两行右空四字加盖签发人签名章，签名章左空两字标注签发人职务，以签名章为准上下居中排布。在签发人签名章下空一行右空四字编排成文日期。

（2）联合行文时，应当先编排主办机关签发人职务、签名章，其余机关签发人职务、签名章依次向下编排，与主办机关签发人职务、签名章上下对齐；每行只编排一个机关的签发人职务、签名章；签发人职务应当标注全称。

（3）签名章一般用红色。

图 4-9　附件说明页版式

图 4-10　带附件公文末页版式

图 4-11　信函格式首页版式

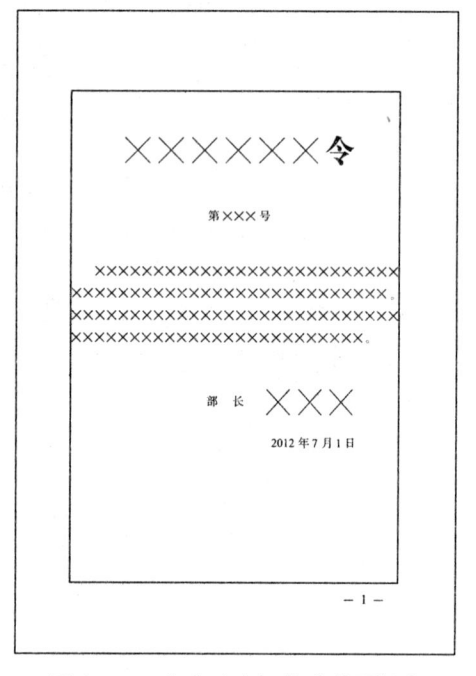

图 4-12　命令（令）格式首页版式

七、纪要版式

纪要版式的规定相对灵活，可以根据部门实际需要灵活制定。《党政机关公文格式》（国家标准 GB/T 9704—2012）中对纪要的版面格式作出的指导性规定如下：

纪要标志由"×××××纪要"组成，居中排布，上边缘至版心上边缘为 35mm，推荐使用红色小标宋体字。

标注出席人员名单，一般用 3 号黑体字，在正文或附件说明下空一行左空两字编排"出席"二字，后标全角冒号，冒号后用 3 号仿宋体字标注出席人单位、姓名，回行时与冒号后的首字对齐。

标注请假和列席人员名单，除依次另起一行并将"出席"二字改为"请假"或"列席"外，编排方法同出席人员名单。

思考题

1. 公文的一般格式包括哪些内容？
2. 公文印刷的纸张有什么要求？
3. 试述《党政机关公文处理工作条例》关于电子公文的表述。
4. 试述联合行文的首页版式和末页版式的特点。
5. 试述《党政机关公文格式》（国家标准 GB/T 9704—2012）与《党政机关公文处理工作条例》的区别。

第五章　电子公文数据库基础

自 20 世纪 60 年代后期以来，信息技术发展日新月异，信息技术的应用领域和应用规模爆炸式增长，迫切需要解决海量数据的存储和管理问题。在这种背景下，以文件系统作为数据管理的手段已经不能满足日益增长的应用需求。为了解决多用户、多应用共享数据的问题，提高数据管理、开发和使用效率，数据库技术应运而生，出现了统一管理数据的专门软件系统——数据库管理系统（DBMS）。目前市场上应用较为成熟的大中型关系数据库有 DB2、Oracle、Sybase、MS SQL Server、MySQL 等。各领域、各行业、各部门信息系统的核心无不以数据库系统为基础，了解和掌握数据库系统的基本原理，具备数据库操作和管理的基本技能，已经不仅仅是专业技术人员的工作，也是各级文秘工作者与公文信息库打交道需要具备的信息素质。

第一节　数据库系统概述

考察数据库系统的体系结构有不同的视角。数据库领域有自身的显著特点，涉及若干理论新概念。对许多读者来说，此前可能知道一些数据库知识，但大多可能停留在桌面小型数据库（如 Access）的层面上，还不能适应公文数据库的规划和设计要求，下面从数据库的一些基本概念入手，帮助读者建立对数据库系统的整体框架性认识。

一、数据库基本概念

1. 数据

数据（Data）是描述现实世界各种具体事物或有明确意义的抽象概念的信息。如公文是数据，公文中的文字、图表是数据，各元素显现格式是数据，人为定义和抽象的操作权限也是数据。

2. 数据库

数据库（Data Base，简称 DB）是按照一定组织方法长期存储的相互关联数据的集合。数据库中的数据按照一定的数据模型存储和组织，具有较少的冗余度，较高的数据独立性和易扩展、可共享的特点。

3. 数据库管理系统

数据库管理系统（Data Base Management System，简称 DBMS）是一个能对数据库实施有效管理的软件系统，包括数据库的创建管理、存储管理、安全性管理、完整性管理，为数据库的访问提供强大的处理功能，如查询处理、并发控制、故障恢复等，为数据库管理人员和开发人员提供人机友好的操作界面等。

4. 数据库系统

数据库系统的构成如图 5-1 所示。数据库系统（Data Base System，简称 DBS）一般由数据库、数据库管理系统（及开发工具）、应用系统、数据库管理员构成。数据库的建立、使用和维护需要掌握数据库理论并能熟练使用 DBMS 的管理人员，这些人员被称为数据库管理员（Data Base Administrator，简称 DBA）。在一些不引起混淆的特定场合或语境下，数据库系统简称为数据库，数据库指的就是数据库系统。

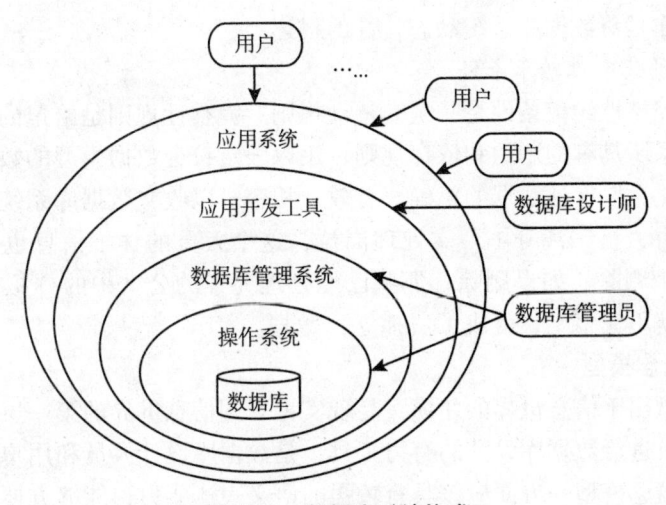

图 5-1 数据库系统构成

二、数据模型

数据模型（Data Model）是用来描述数据、组织数据和对数据操作的特征抽象。例如公文体的数据模型在概念层次上可以描述为：公文体 = 版头 + 主体 + 版记。现有的数据库系统均是基于某种数据模型的。数据模型是数据库系统的核心和基础，因此，了解数据模型的基本概念是学习数据库的基础。

（一）数据模型的组成要素

数据模型一般由数据结构、数据操作和数据的完整性约束条件三部分组成。

1. 数据结构

数据结构描述数据库的组成对象以及对象之间的联系。数据结构的描述一般借助数据字典。数据字典（Data Dictionary，简称 DD）是 DBMS 中的一个特殊文件，用于存储数据库的结构信息，这些信息被称为元数据（Meta Data）。数据库中的数据结构、数据关系等均由 DBMS 来管理和描述。如数据结构中每个成员的名称、数据类型及长度、数据文件的名称、存放的物理位置、文件长度、日期等信息。

数据结构是对数据库系统静态特性的描述。

2. 数据操作

数据操作是对数据库中各种对象的实例允许执行的操作的集合。包括操作及操作规则。数据库主要有查询、插入、删除、修改（增删改查）这四类操作。数据模型必须定义这些操作的确切含义、操作符号、操作规则（如优先级）以及实现操作的语言。

数据操作是对数据库系统动态特性的描述。

3. 数据的完整性约束条件

数据的完整性约束条件是一组完整性规则。完整性规则是给定的数据模型中数据及其联系所具有的制约和依存规则，用以限定符合数据模型的数据库状态以及状态的变化，以保证数据的正确、有效、相容。以收文数据库系统为例，假设有某位"拟办人员"离开了公文处理岗位，这个人员的详细信息也不能从"办理人员"表中删除。如果删除，那些已经办理完毕的公文中的"拟办人"数据项相关信息就不完整了，就成了"孤立"数据。

（二）概念模型

概念模型用于信息世界的建模，是现实世界到信息世界的第一层抽象，是数据库设计人员进行数据库设计的有力工具，是数据库设计人员和用户之间进行交流的桥梁。概念模型一方面应该具有较强的语义表达能力，能够方便、直观地表达应用中的各种语义知识；另一方面它还应该简单、清晰、易于被用户理解。概念模型涉及的主要构成要素有：实体、属性、码、域、实体型、实体集、联系等。

1. 实体

实体（Entity）是指客观存在并可相互区别的事物。可以是具体的公文文档，也可以是公文中的一个要素，如发文字号、标题、正文、各要素的版式位置等，还可以是公文之间的联系，如文种与公文体之间的关系（公文必须属于某一文种）等都是实体。

2. 属性

实体所具有的某一特性称为属性（Attribute）。一个实体可由若干属性来刻画。例如版头可由份号、密级和保密期限、紧急程度、发文机关标志、发文字号、签发人等属性来描述。

3. 码

码（Key）是能够唯一标识实体的一种属性。例如发文字号能够唯一标识一份发文。标识码（标识码＝全宗号＋类别＋时间＋保存期限＋流水号）能够唯一标识一份归档的公文。

4. 域

域（Domain）是一组具有相同数据类型的值的集合。属性的取值范围来自某个域，例如抄送机关的域为字符串集合，性别的域为（男，女）。

5. 实体型

实体型（Entity Type）是有相同属性的实体所具有的共同特征和性质。如公文体（标题，主送机关，正文，附件，公文生效标识，成文日期，印发传达范围，附注）就是一个实体型。

6. 实体集

实体集（Entity Set）是同一类型实体的集合。例如发文库中所有的发文就是一个实体集。

7. 联系

联系（Relationship）反映的是实体内部属性间的关系和实体之间的关系，实体之间的关系通常指不同实体集之间的关系。两个实体型之间的联系可以分为三种：一对一联系（1∶1），一对多联系（1∶n），多对多联系（m∶n）。两个以上实体型之间的联系也存在着一对一、一对多、多对多联系。同一个实体集内的各实体之间也可以存在一对一、一对多、多对多联系。

8. 概念模型的 E-R 图表示法

最常用的概念模型表示法是 P. P. S. Chen 于 1976 年提出的实体—联系方法（Entity-Relationship Approach）。该方法用 E-R 图（E-R Diagram）来描述数据库的概念模型。

E-R 图提供了表示实体型、属性和联系的方法。

（1）实体型：用矩形表示，矩形框内写明实体名。

（2）属性：用椭圆形表示，用无向边将其与对应的实体型联系起来。

（3）联系：用菱形表示，菱形框内写明联系名，用无向边分别与有关实体型连接起来，同时在无向边旁标上联系的类型（1∶1，1∶n 或 m∶n）。如果一个联系也有属性，则这些属性也要用无向边与该联系连接起来。

图 5-2 为用 E-R 图表示的发文处理中拟稿的概念模型。涉及的实体有拟稿人、公文体、文种。

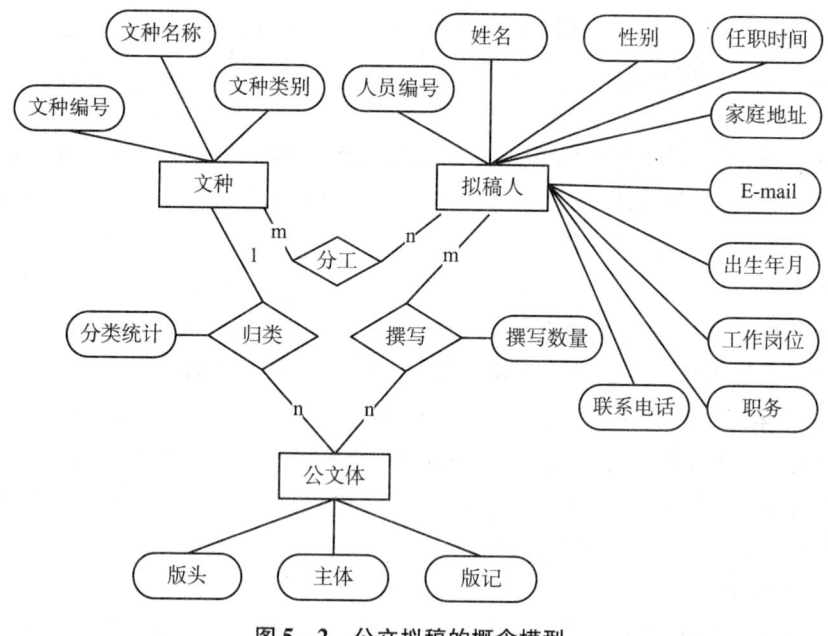

图 5-2　公文拟稿的概念模型

（三）常用的数据模型

目前，数据库系统中常用的数据模型有层次模型（Hierarchical Model）、网状模型（Network Model）、关系模型（Relational Model）、面向对象模型（Object Oriented Model）、对象关系模型（Object Relational Model）。其中关系模型的应用最为成熟和广泛。

1. 层次模型

层次模型是数据库系统最早出现的数据模型。层次数据库系统的典型代表是 IBM 公司的 IMS（Information Management System）数据库管理系统，是 IBM 公司 1986 年推出的第一个大型商用数据库系统。层次模型用树形结构来表示实体以及实体之间的联系。现实世界中的若干事物本身就呈现出一种很自然的层次关系，如物种分类、组织结构、家族关系等。

层次模型的定义有两个约束条件：（1）有且只有一个节点没有双亲节点，这个节点称为根节点。（2）根节点以外的节点有且只有一个双亲节点。

层次模型的突出优点是结构简单清晰，查询效率较高。缺点是对非层次型数据的表达能力弱，对于具有多个双亲的数据关系描述能力弱。

2. 网状模型

针对现实世界中的非层次关系，层次模型不易表达的数据结构，用网状模型则可以克服。网状数据库系统采用网状模型作为数据的组织方式，典型代表是

DBTG 系统，也称 CODASYL 系统，是 20 世纪 70 年代数据系统语言研究会（Conference On Data System Language，CODASYL）下属的数据库任务组（Data Base Task Group）开发的模型方案。后来一些公司的数据库产品采用或简化了这一模型，如 HP 公司的 IMAGE 等。

网状模型是一种比层次模型更具普遍性的结构，它也有两个约束条件：(1) 允许一个以上的节点无双亲。(2) 一个节点可以有多于一个的双亲。

网状模型的主要优点是能够更为直观地描述现实世界，具有良好的存储性能。主要缺点是结构比较复杂，实现复杂，语言语义逻辑复杂，编程困难。

3. 关系模型

关系模型是目前应用最广、最成熟、最重要的一种数据模型。1970 年美国 IBM 公司研究员 E. F. Codd 首次提出了数据库系统的关系模型，开创了数据库关系方法和关系数据理论的研究，为关系数据库奠定了理论基础，并因其杰出工作于 1981 年获 ACM 图灵奖。20 世纪 80 年代以来，几乎所有主流数据库系统都支持关系模型，非关系型数据库系统也加上了关系模型接口。

关系模型与层次模型、网状模型不同，它是建立在严格的数学概念、理论和方法之上的。从用户角度看，关系模型由若干关系组成。每个关系的数据结构是一张规范化的二维表格。有意思的是，前述的 E-R 图方法几乎就是关系模型中的关系、元组、属性、码、域、分量、关系模式等要素的概念抽象。因此，关系数据库系统特别适用 E-R 图来建模。

关系模型的主要优点是有严密的数据理论方法支撑、基于二维表的数据结构简单清晰易懂、数据独立性、安全性均有保障，主要缺点是查询效率往往不高，为了提高性能，经常需要对查询操作优化，增加了管理难度。

面向对象模型、对象关系模型都是在关系模型基础上结合面向对象技术的进一步发展。

三、数据库系统结构

正确理解和把握数据库系统的结构，是学习数据库相关技术的关键。从数据库管理系统的角度看，数据库系统通常采用三级模式结构。对于一个具体的数据库应用系统来讲也包括三部分，DBMS 实现数据库的运行维护，为外界提供操作及应用平台；数据库设计的目的是将现实系统的数据通过数据模型组织起来，实现概念模型的建模；应用开发部分则实现表现层、业务逻辑层和数据访问层的架构设计。下面重点介绍数据库的模式结构。

1. 数据库模式

在数据模型中有"型"（Type）和"值"（Value）的概念。型是对某一类数据的结构和属性描述，值是一个具体的赋值。例如公文文种记录定义为（文种编号、文种名称、文种类别）这样的记录型，而（005，通知，国家行政机关公文）则是该记录型的一个记录值。

模式（Schema）是数据库中全体数据的逻辑结构和特征的描述，它仅仅涉及型的描述，不涉及具体的值。模式的一个具体的值，称为模式的一个实例（Instance）。同一个模式，可以有很多实例。模式是相对稳定的，而实例是相对变动的，因为数据库中的数据是不断更新的。模式反映的是数据的结构及其联系，实例反映的是数据库某一时刻的状态。

2. 数据库三级模式

数据库系统的三级模式是指外模式、模式和内模式。虽然实际数据库系统千差万别，但在体系结构上却如出一辙，具有相同的三级模式结构和两级映像特征。如图5-3所示。

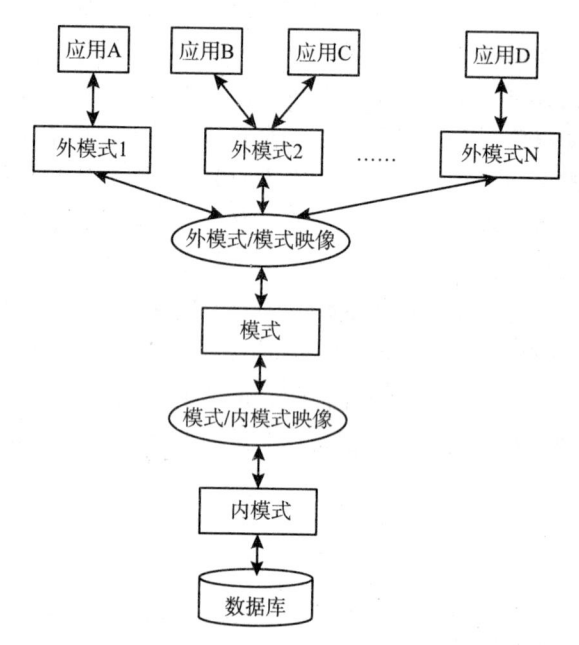

图5-3 数据库三级模式和两级映像结构

（1）模式（Schema）。模式也称逻辑模式，是数据库中全体数据的逻辑结构和特征的描述，是所有用户的公共数据视图，它是数据库系统模式结构的中间层，既不涉及数据的物理存储细节和软硬件环境，也与具体的应用程序、所使用的开发工具及开发语言无关。一个数据库只有一个模式。定义模式时不仅要定义数据的逻辑结构，例如数据实体由哪些数据项构成的，数据项的名字、类型、取值范围等，而且要定义数据之间的联系，定义数据的安全性、完整性规则。DBMS 提供模式描述语言（模式 DDL）来严格地定义模式。

（2）外模式（External Schema）。外模式也称子模式（Subschema）或用户模式，它是数据库用户（包括系统程序员和终端用户）能够看见和使用的局部数据的逻辑结构和特征描述，是数据库用户的数据视图，是与某一应用有关的数据的逻辑表示。外模式通常是模式的子集，一个数据库可以有多个外模式。外模式是保证数据库安全性的一个有力措施。每个用户只能看见和访问所对应的外模式中的数据，数据库中其余数据是不可见的。DBMS 提供子模式描述语言（子模式 DDL）来严格地定义子模式。

（3）内模式（Internal Schema）。内模式也称存储模式（Storage Schema），一个数据库只有一个内模式。它是数据物理结构和存储方式的描述，是数据在数据库内部的表示方式。例如，记录的存储方式是堆存储还是按照某个（些）属性值的升降序存储或是按照属性值聚簇存储；索引按照 B + 树索引还是 Hash 索引；数据按照何种压缩存储，使用何种加密算法，数据的存储记录采用定长结构还是变长自适应结构，一条记录能否跨物理页存储等。DBMS 提供内模式描述语言（内模式 DDL，或称存储模式 DDL）来严格定义内模式。

3. 数据库二级映像

数据库系统的三级模式是对数据库系统的 3 个抽象级别，它把数据的具体组织留给 DBMS 管理，使数据库设计人员能逻辑地、抽象地处理数据，而不必关心数据在系统中的具体表示方式与存储方式。为了能够实现这 3 级模式之间的联系转换，数据库管理系统在这三级模式之间提供了两层映像功能，即外模式/模式映像和模式/内模式映像（见图 5 - 3）。三级模式加上这两层映像共同保证了数据库系统中的数据能够具有较高的逻辑独立性和物理独立性。

4. 数据独立性

（1）外模式/模式映像保证数据逻辑独立性。当模式改变时（例如增加新的关系、新的属性、改变数据的类型等），由数据库管理员对各个外模式/模式的映像作相应改变，可以使外模式保持不变。应用程序是依赖数据的外模式编写的，所以模式变化了，应用程序不必变化，保证了数据与程序的逻辑独立性，简称数据的逻辑独立性。

（2）模式/内模式映像保证数据物理独立性。数据库中只有一个模式，也只有一个内模式，所以模式/内模式映像是唯一的，它定义了数据全局逻辑结构与存储结构之间的对应关系。例如模式中定义了某一字段在内部的表示方法。当数据库的存储结构发生改变，由数据库管理员对模式/内模式映像作相应改变，可使模式保持不变，从而应用程序也不必改变。保证了数据与程序的物理独立性，简称数据的物理独立性。

数据与程序之间的独立性，使得数据的定义和描述可以从应用程序的业务逻辑中分离出去，提高了整个信息系统的开发设计效率和系统的健壮性、可维护性和可扩展性。

第二节 关系数据库

关系数据库应用数学方法来处理数据库中的数据。关系数据库系统与非关系数据库系统的明显区别是，关系系统只有"表"这一种数据结构，而非关系系统还有其他结构。最早将这类方法用于数据处理的是 1962 年数据系统语言研究会（CODASYL）发表的"信息代数"，1968 年大卫·查尔德（David Child）在 IBM7000 机上实现集合论数据结构，系统严密地提出关系模型的是 IBM 公司的 E. F. Codd。半个世纪以来，关系数据库的研究和开发取得了巨大的成就。关系数据库是当今应用最广泛、最重要的数据库。

一、结构及形式化定义

关系数据库系统以关系模型的理论方法为基础。关系模型由关系数据结构、关系操作和关系的完整性三部分组成。

（一）关系数据结构

关系模型的数据结构非常简单，只包含"关系"这一单一的数据结构。

从用户的角度看，关系模型中数据的逻辑结构是一张扁平的二维表。在关系模型中，现实世界的实体以及实体之间的联系均以单一的结构类型"关系"来表示。关系的严格定义用关系代数来描述。

在关系数据库中，关系实质上是一张二维表，表的每一行为一个元组，每一列为一个属性。关系是元组的集合，因此，必须定义元组的集合结构，即它由哪些属性构成，这些属性来自哪些域，以及属性与域之间的映像关系。

（二）关系操作

关系模型中常用的关系操作包括查询（Query）、插入（Insert）、删除（Delete）、修改（Update）。关系的查询表达能力很强，是关系操作中最主要的部分。查询操作分为选择（Select）、投影（Project）、连接（Join）、除（Divide）、并（Union）、差（Except）、交（Intersection）、笛卡尔积等。其中选择、投影、并、差、笛卡尔积是 5 种基本操作。

关系操作的特点是集合操作，即操作的对象和结果都是集合。这种方式又称一次一集合（set-at-a-time）的方式。相应地，非关系型模型的数据操作方式为一次一记录（record-at-a-time）的方式。

早期的关系操作通常用关系代数语言来表示，如 ISBL 语言。关系代数是用对关系的运算来表达查询要求的。之后发展的关系演算语言是用谓词来表达查询要求的。如 ALPHA、QUEL 语言。关系演算分为元组关系演算和域关系演算。第三种关系操作语言是介于关系代数和关系演算之间的结构化查询语言 SQL（Structured Query Language）。SQL 不仅具有丰富的查询功能，而且具有数据定义和数据控制功能，是集查询、DDL、DML 和 DCL 于一体的关系数据语言，是关系数据的标准语言，能够嵌入高级语言使用。

（三）关系的完整性

关系的完整性是对关系的某种约束条件。关系模型中有三类完整性约束：实体完整性、参照完整性和用户定义的完整性。实体完整性和参照完整性是关系模型必须满足的约束条件。用户定义的完整性是根据具体系统的需求定义的语义约束。

1. 实体完整性

若属性 A 是基本关系 R 的主属性，则 A 不能取空值。例如对公文体数据表来讲，若发文字号是主属性，则发文字号不能取空值。

2. 参照完整性

实体之间往往存在某种联系，在关系模型中实体之间的联系都是用关系来描述的。而且同一关系内部，各属性之间也可能存在联系。以公文体数据关系为例，公文体关系中包含"文种 ID"这个属性，"文种 ID"属性在文种关系表中定义。因此，公文体中的"文种 ID"属性必须参考文种表中的"文种 ID"属性，不能用文种表中不存在的"文种 ID"值。在公文体表中，"文种 ID"字段被称为外键。在文种表中，"文种 ID"字段被称为主键。这里参照完整性就是定义外码与主码之间的引用规则。

3. 用户定义的完整性

例如公文体关系中，要求发文字号中的年份必须用四位阿拉伯数码表示年份。

二、SQL 标准语言

SQL 是关系数据库的标准语言和主流语言。SQL 于 1974 年由鲍依斯（Boyce）和张伯伦（Chamberlin）提出，在 IBM 公司研制的关系数据库管理系统 System R 上实现。1986 年美国国家标准局 ANSI 批准了 SQL 作为数据库语言的美国标准。1987 年国际标准化组织 ISO 也通过了这一标准。SQL 简单易学，功能丰富，是一个通用的关系数据库语言，Oracle、DB2、MS SQLServer 等数据库系统对 SQL 基本命令集还进行了不同程度的修改和扩充。此后 ISO 陆续推出了

SQL/89、SQL/92、SQL99、SQL2003 等改进版本。

SQL 功能很强，设计巧妙，语言十分简洁，接近英语口语，高度非过程化，面向集合操作，完成核心功能只用了 9 个动词，如表 5-1 所示。

表 5-1　　　　　　　　　　SQL 的动词

SQL 功能	动　词
数据查询	SELECT
数据定义	CREATE、DROP、ALTER
数据操纵	INSERT、UPDATE、DELETE
数据控制	GRANT、REVOKE

在关系数据库的三级模式结构中，外模式对应于视图（View）和部分基本表（Base Table），模式对应于基本表，内模式对应于存储文件（Stored File）。SQL 语言可以直接对外模式和模式操作，集数据查询、数据操纵、数据定义和数据控制于一体。SQL 语言与三级模式的关系如图 5-4 所示。用户可以用 SQL 对基本表和视图进行查询或更新操作，基本表和视图一样，都是关系。

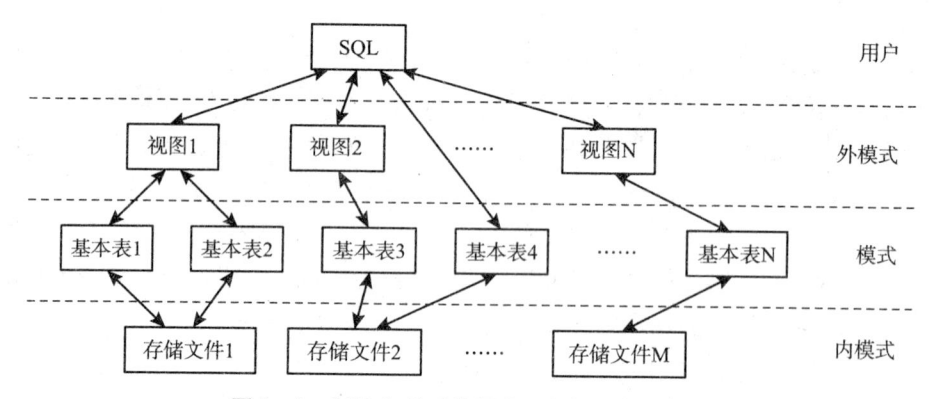

图 5-4　SQL 与关系数据库三级模式结构关系

基本表是本身独立存在的表，在 SQL 中一个关系就对应一个基本表。一个（或多个）基本表对应一个存储文件，一个表可以带若干索引，索引也存放在存储文件中。

存储文件的逻辑结构组成了关系数据库的内模式。存储文件的物理结构是任意的，对用户是透明的。

视图是从一个或几个基本表导出的表。视图本身不独立存储在数据库中，即数据库中只存放视图的定义而不存放视图对应的数据。这些数据仍存放在导出视图的基本表中,因此视图是一个虚表。视图在概念上与基本表等同,用户可以在视图上再定义视图。

关于 SQL 语句的功能、格式和用法,限于篇幅,这里不再详述。

三、数据库安全性

数据库系统的安全包括技术安全、管理安全和法律法规安全三个层面。这里只讨论技术安全。计算机信息安全标准最有影响的是 TCSEC 和 CC 两个标准。TCSEC 是 1985 年美国国防部正式颁布的可信计算机系统评估准则。1991 年 4 月美国 NCSC(国家计算机安全中心)颁布了《可信计算机系统评估准则关于可信数据库系统的解释》(Trusted Database Interpretation,简称 TDI),将 TCSEC 扩展到数据库管理系统。

1. 数据库安全等级

TCSEC/TDI 将数据库安全等级划分四组七个等级,从低到高的顺序是 D、C(C1、C2)、B(B1、B2、B3)、A(A1),如表 5-2 所示。

表 5-2　　　　　　　　　TCSEC/TDI 数据库安全等级划分

安全级别	定义	CC 评估级别
A1	验证设计。提供 B3 级保护的同时给出系统的形式化设计说明和验证以确信各安全保护真正实现	EAL7
B3	安全域。提供访问监控器,审计跟踪能力更强,提供系统恢复功能	EAL6
B2	结构化保护。建立形式化的安全策略模型并对系统内的所有主体和客体实施 DAC 和 MAC	EAL5
B1	标记安全保护。对数据施加标记、存取控制、审计等,是真正意义上的安全产品	EAL4
C2	受控的存取保护,在 C1 级保护的基础上细化安全细节。达到 C2 的产品往往不突出"安全"这一特色	EAL3
C1	提供非常初级安全自主保护,如设定用户权限等	EAL2
D	是最低级别,提供最小保护,依赖操作系统安全	EAL1

CC 标准也是目前国际上公认的表述信息技术安全性的标准,分为 7 个级别,它与 TCSEC/TDI 的对应关系可以参考表 5-2。

2. 数据库安全控制逻辑

图 5-5 展示了数据库的安全保护控制逻辑。在这个安全控制模型中,分为用户身份验证、DBMS 存取控制、操作系统安全保护、数据存储加密保护四个层次保护级别。

用户 ↔ DBMS ↔ OS ↔ DB
用户标识鉴别　数据库安全保护　操作系统安全保护　数据加密存储

图 5-5　数据库安全控制模型

（1）用户标识与鉴别。是系统提供的最外层安全保护措施。每次用户进入系统，需要核对提供的用户名和口令或数字证书等身份验证信息。

（2）DBMS 存取控制。DBMS 存取控制确保只授权给有资格的用户访问数据库特定数据的权限，同时令所有能够访问数据库但未被授权的用户无法接近数据。图 5-6 给出的是 MS SQLServer 数据库中定义的十级系统角色成员。用户也可以自主定义角色集合。配合视图机制和审计功能，及数据库备份和故障恢复功能等，使 DBMS 安全达到更高级别。

总之，DBMS 是数据库管理的核心，因此，DBMS 提供了一整套系统严密的防护机制。

图 5-6　MS SQLServer 数据库角色

（3）操作系统保护。主要借助操作系统的安全控制模型实现防病毒、防火墙、文件目录存取控制安全级别的防护。

（4）数据加密保护。对于高度敏感的数据，加密之后再传输和存储，可以进一步提高数据安全。对一般应用系统而言，数据加密解密较为费时费力，会降低系统性能，所以通常仅对用户密码这类敏感数据实施加密保护。

四、数据库完整性

数据库完整性是指数据的正确性和相容性。例如工作人员的编号必须唯一，性别只能是男或女，党政机关文种的取值范围必须是决议、公报、命令（令）、决定、公告、通告、通知、通报、议案、报告、请示、批复、意见、函和纪要这 15 种。数据的完整性和安全性是两个不同概念。完整性是为了防止数据库中存在不符合语义的数据，也防止存在不正确的数据。数据的安全是保护数据库防止恶意破坏和非法存取修改等。

1. 实体完整性

实体完整性在关系中是用主键来约束的。主键值必须唯一，不空，否则拒绝数据的插入或修改。

2. 参照完整性

参照完整性将两个表或更多表间的相应元组联系了起来，对被参照表和参照表进行增删改操作有可能破坏数据之间的联系完整性,为此,DBMS必须具有自动识别并拒绝删除、修改操作的安全机制。

3. 自定义参照完整性

根据需要由用户定义的完整性,目前的关系数据库管理系统都提供了检验这类完整性的机制,使用了和实体完整性、参照完整性相同的技术和方法来处理,而不必由程序来实现这些功能。在数据库的编程模型中,实现数据库完整性的一个重要方法是触发器。触发器是定义在关系表上的由事件驱动的特殊过程。它的功能非常强,不仅可以实现完整性检查,还可以实现数据库安全性和一些更复杂的业务逻辑的设计。

五、数据库恢复技术

信息系统运行过程中,软硬件系统的错误和故障是不可避免的,操作员的失误以及恶意的破坏也是可能存在的,这些情况轻则造成运行事务非正常中断,重则破坏数据库,丢失数据,因此数据库必须具备从错误状态恢复到某一已知的正确状态的能力,这就是数据库的恢复。恢复子系统是DBMS的重要子系统。数据库的恢复技术与数据库的"事务处理机制"密切相关。

1. 事务(Transaction)

事务是一系列的数据库操作,是数据库应用程序的基本逻辑单元。事务处理技术主要包括数据库恢复技术和并发控制技术。数据库恢复机制和并发控制机制是数据库管理系统的重要组成部分。事务不同于程序,事务和程序是两个概念。一个程序中通常包含多个事务。事务是用户定义的一个数据库操作序列,这些操作要么全部做完要么全部不做(回滚到起点),是一个不可分割的单位。在关系数据库中,一个事务可以是一个SQL语句,一组SQL语句或整个程序。事务的开始和结束可以由用户显式控制。如果用户没有显式定义事务,则由DBMS按缺省规定自动划分事务。在SQL中,定义事务的语句有以下3条:

(1) BEGIN TRANSACTION //定义事务开始;

(2) COMMIT //提交事务所有操作;

(3) ROLLBACK //在事务运行过程中发生故障,回滚事务,全部撤销已执行操作,回滚到事务开始状态。

通常以BEGIN TRANSACTION开始,以COMMIT或ROLLBACK结束。因此,事务是恢复和并发控制的基本单位。

2. 故障的种类

数据库系统可能发生各种各样的故障,以下是一些常见类型。(1)事务内部的故障。事务内部的故障通常是非预期的异常,如运算溢出、并发事务发生死锁、违反了完整性约束等。这时需要执行事务撤销操作恢复对数据的修改。(2) 系统故障。这是造成系统停止运转的任何事件，使得系统需要重新启动。例如特定类型的硬件故障、CPU 或 RAM 故障、操作系统故障、DBMS 存在的 BUG、系统断电等。恢复子系统必须在系统重启时让所有非正常终止的事务回滚，强行撤销所有未完成事务。(3) 介质故障。如磁盘损坏、磁头碰撞、瞬时强磁场干扰等，这类故障发生概率低，但破坏性大，有时需要人工的干预才能进行恢复操作。(4) 计算机病毒。病毒是信息系统的主要威胁，也是数据库系统的主要威胁之一。

总之，数据库的故障可能对数据库造成破坏，也可能数据库正常，但内部数据不正确。恢复的原理很简单，可以用一个词概括：冗余。即数据库中的任何一部分被破坏，可以根据存储在系统别处的冗余数据来重建。当然这个重建的细节是很复杂的。

3. 恢复技术

恢复涉及两个关键问题：第一，如何建立冗余数据；第二，如何利用这些冗余数据实施数据库恢复。建立冗余数据最常用的技术是数据转储和登记日志文件。这两种办法一般一起使用。在对数据库操作时，都是先写日志文件，再对数据库操作。对于事务故障的恢复，一般步骤是反向扫描日志文件，对中断事务的操作执行逆操作。对于系统故障的恢复，正向扫描日志文件，至断点处找到未完成事务标识记入撤销队列，然后逐个执行撤销处理。对介质故障的恢复是装入最近的数据库后备副本和日志文件副本，重做日志文件中的已完成事务。介质错误是对系统影响极为严重的一种故障，恢复起来操作复杂，费时费力。这时可以使用数据库镜像（Mirror）技术用于数据库恢复，根据 DBA 的设定，数据库系统运行时自动地把数据库复制到另一磁盘上。在没有故障时，数据库镜像还可以用于并发操作。当然，频繁的数据复制操作也会降低系统性能。

数据库允许多用户共享数据操作，数据库管理系统必须提供并发机制来协调并发操作，以保证事务的隔离性和一致性，保证数据库的一致性。数据库的并发控制以事务为单位，通常使用封锁机制实现并发控制。对数据对象施加封锁，会带来死锁和活锁问题，需要妥善处理和解决。

六、数据仓库与数据挖掘

数据仓库（Data Warehouse，DW）是信息领域中近年来迅速发展的数据库新技术。数据仓库的建立，能充分利用已有的数据资源，把数据转化为信息，从中挖掘出知识，提炼成智慧。数据仓库和数据库虽只有一字之差，但区别很大。数据仓库是为了构建新的分析处理环境而出现的一种数据存储和组织技术，区别于数据库的主要特征是：(1) 数据仓库的数据是面向主题的。(2) 数据仓库的数据是集成的。(3) 数据仓库的数据是不可更改的。(4) 数据仓库的数据是随时间不断变化的。

数据仓库的系统组成要素包括数据仓库服务器（相当于数据库的 DBMS）、数据仓库的后台工具（如数据抽取、清洗、转换、装载和维护）、OLAP 服务器（联机分析处理服务器）、前台工具（包括查询报表工具、多维分析工具、数据挖掘工具和分析结果可视化工具等）。其中 OLAP 即联机分析处理，是以海量数据为基础的复杂分析技术。

数据挖掘是从大量数据中发现并提取隐藏在内的、人们事先不知道的但又可能有用的信息和知识的一种新技术。数据挖掘的目的是帮助决策者寻找数据间潜在的关联，发现经营者忽略的要素。数据挖掘技术涉及数据库、人工智能、机器学习、统计分析等多种技术的融合碰撞，是决策支持系统的重要组成部分。数据挖掘的数据源可以来自数据库，也可以来自数据仓库。从数据仓库得到数据挖掘的数据有许多优势，因为数据仓库的数据已经被预处理过，数据的一致性较好。数据挖掘的主要技术特点是概念描述、关联分析、分类和预测、聚类、孤立点的检测、趋势和演变分析等。

数据仓库 DW、OLAP 和数据挖掘 DM 是作为三种独立的信息技术出现的，由于这三种技术的内在联系和互补性，三者有机合成即为一种新的 DSS 决策支持模型，这个模型又称商务智能（Business Intelligence，BI），可以表示为 DW + OLAP + DM = BI。

第三节　关系数据库设计

广义的数据库设计是指数据库及其应用系统的设计，即设计整个的数据库应用系统。狭义的数据库设计是指设计数据库本身，即设计数据库的各级模式并建立数据库，这是数据库应用系统设计的一部分工作。本节重点介绍狭义的数据库设计。好的数据库设计应该结合应用系统的设计需求，不同的设计阶段往往对应不同的数据库方法，常用的方法有：(1) 新奥尔良数据库设计方法把数据库设计分为若干阶段和步骤，并采用一些辅助手段实现每一过程，新奥尔良方法属于规范设计法。(2) 基于 E-R 模型的数据库设计方法，用 E-R 模型来设计数据库的概念模型，是数据库概念设计阶段广泛采用的方法。(3) 3NF（第三范式）设计方法是设计数据库时在逻辑阶段采用的一种有效方法。(4) ODL 方法是面向对象的数据库设计方法。数据库的设计工具也在不断发展，例如 Oracle 公司的 Designer 2000 和 Sybase 公司的 PowerDesigner 可以辅助完成数据库设计的大多数任务。

一、数据库范式

关系数据库中的关系是要满足一定要求的，满足不同程度要求的为不同范式。满足最低要求的为第一范式，即 1NF。E. F. Codd 在 1971~1972 年系统地提出了 1NF、2NF、3NF 的概念。1976 年，Codd 和 Boyce 又共同提出了一个新范式，即 BCNF，1976 年 Fagin 提出了 4NF，后来有人提出 5NF。各种范式之间的包含关系如图 5-7 所示。

图 5-7 各范式间包含关系

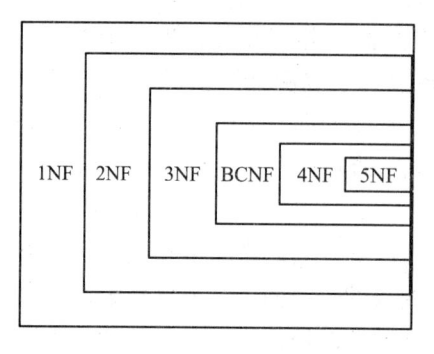

关于各范式的严格的形式化定义和各范式的相互转化，此处不再详述。

二、数据库设计步骤

按照规范化的设计方法，参考一般数据库应用系统的开发过程和生命周期，通常将数据库设计分为以下 6 个阶段，如图 5-8 所示。图中给出的设计步骤既是数据库的设计过程，也包含了数据库应用系统的设计过程。在整体设计框架中，把数据库与应用系统有机结合起来，将这两方面的需求分析、抽象、设计、实现、测试、运行维护同时进行，相互参照，相互补充，以完善整体设计。事实上，如果数据库设计不好或不了解数据库的设计，应用系统的设计也无从下手；同时，如果不了解用户的软件功能需求和应用环境要求，也不可能设计出适应环境的高质量数据库。参照图 5-8 给出的二者的对照关系，便于系统设计人员从全局角度思考软件工程设计的整体框架。

（一）需求分析阶段

数据库设计必须首先准确理解和把握用户真实需求，需求分析是整个设计的基础和起点，是最困难、最耗时的一个阶段。俗语说"基础不牢，地动山摇"，用来形容需求分析阶段的工作，非常贴切。需求分析做不好，不但影响后续设计进程，甚至面临推倒重来的尴尬局面。

1. 需求分析的任务

通过详细调查分析组织、部门原系统（手工或计算机系统）的原状况，理顺明确各级用户需求，重新设计业务流程甚至进行业务流程再造，新流程必须考虑系统的可扩展性和适应性，考虑用户的接受能力等。界定用户的信息数据内容要求、处理方式、质量、速度、便捷性要求，以及数据的完整性、安全性要求。

第五章 电子公文数据库基础

图 5-8 数据库设计步骤

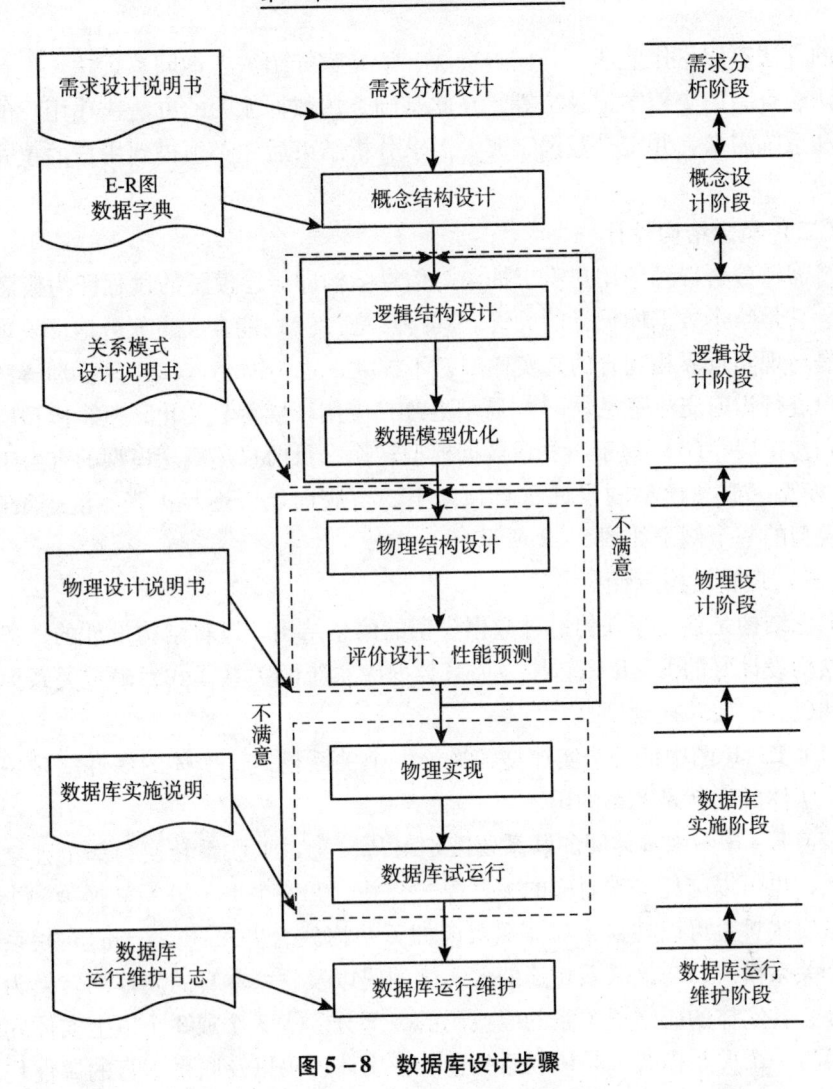

确定用户最终需求是一件困难的事，如果用户数据库知识薄弱的话，用户往往不知道数据库究竟能为自己做什么和做到的程度，另外，如果设计人员缺乏用户的业务知识，不了解用户的业务领域，往往不能很好地领悟用户的真正需求，甚至误解用户需求。因此，双方都需要高超的沟通技巧和表达能力，并且互相学习对方领域知识，才能最终拿出好的需求分析说明书。

2. 需求分析方法

（1）调查组织结构概况以及部门间行政和业务流程关系。（2）调查各部门数据输入模式和输出模式。（3）挖掘数据的内涵，明确数据完整性、安全性要求。（4）界定新系统的边界，即哪些工作手工做，哪些系统做。在双方互动中，常用的方法有跟班作业法、开调查会法、请专家介绍法、询问答疑法、设计调查问卷法、查阅历史档案记录法等。在此基础上用数据流图的方法描述用户的业务流程和系统需求，并定义数据字典。需求分析结束后，必须得到用户的正式认可方有效。

（二）概念结构设计

将需求分析得到的用户需求抽象为信息结构即概念模型的过程即为概念结构设计。它是整个数据库设计的关键。其特点是：(1) 能真实、充分地反映现实世界，是与现实世界相吻合的真实模型，不扩大，也不缩小。(2) 易于理解，便于与用户进行沟通交流意见。(3) 易于更改，应用环境容易变化，概念模型应该易修改和易扩展。(4) 易于向关系数据模型转换。目前描述概念模型的有力工具是E-R模型。概念模型的设计有自顶向下、自底向上、逐步扩张、混合策略等。概念模型的一个例子如图5-2所示。

（三）逻辑结构设计

概念结构是独立于任何一种数据模型的信息结构。逻辑结构设计的任务是把概念结构设计好的E-R图转换为关系数据库系统的关系模式，确定关系模式的属性和码。一般转换规则是：

(1) E-R图中的一个实体型转换为一个关系模式，实体的属性就是关系的属性，实体的码就是关系的码。

(2) E-R图中实体间的联系要区别对待。①1:1联系转换为一个独立的关系模式，也可以与任一端对应的关系模式合并。②一个1:n联系转换为一个独立的关系模式，也可以转换为与n端对应的关系模式合并。③一个m:n联系转换为一个关系模式，与该联系相连的各实体的码以及联系本身的属性均转换为关系的属性，各实体的码组成关系的码或码的一部分。④3个或3个以上实体间的联系转换为一个关系模式，与该联系相连的各实体的码以及联系本身的属性均转换为关系的属性，各实体的码组成关系的码或码的一部分。⑤具有相同码的关系模式可合并。

将概念模型转换为全局逻辑模型后，还应该结合系统的局部应用要求，设计用户的外部模式。目前关系数据库管理系统都提供了视图工具，可以灵活多变地定义符合各部门、各级用户需求的视图（外模式）。数据库逻辑设计的结果往往不是唯一的，一般需要在全面考量系统效率的基础上，根据数据库的范式理论进一步优化逻辑结构。

（四）数据库的物理设计

数据库在物理设备上的存储结构与存取方法称为数据库的物理结构，它依赖于选定的DBMS。物理设计一般分两步：(1) 确定数据库的物理结构，主要指存取方法和存储结构,常用的存取方法有三类:第一是索引方法,目前主要是 B+ 树索引法;第二类是聚簇方法;第三类是 HASH 方法;(2)对物理结构进行评价,重点是时间和空间效率。如果符合要求,则进入实施阶段,否则重新修改物理结构,甚至回到逻辑设计阶段修改逻辑设计。

物理设计的内容方法和性能评价需要结合具体的 DBMS 进行,不再详述。

(五)数据库的实施和维护

完成物理设计后,设计人员就要借助 DBMS 管理工具和 SQL 语言,将数据库逻辑设计和物理设计结果描述出来,成为 DBMS 可以执行的源代码,再经过调试产生目标模式,就可以组织数据入库了,这就是数据库实施阶段。

1. 数据的载入和程序调试

面对大量的初级数据,一般都要开发数据录入模块,提高数据入库效率。

2. 数据库的试运行

在一小部分模拟数据入库后,就应该及时对应用系统调试运行,测试数据库设计是否满足应用需求,如果不满足,需要返回程序设计任务调整业务逻辑或程序代码。待试运行合格后,再大量组织数据入库。

3. 数据库的运行和维护

数据库试运行合格后,数据库开发工作基本完成,可以投入正式运行。在这个阶段,DBA 要做好以下工作:(1)数据库的转储和恢复;(2)数据库的安全性、完整性控制;(3)数据库性能的监测、分析和优化;(4)数据库的重组织与重构造。

三、数据库编程

建立数据库后就可以开发应用系统。无论采用哪种高级语言编程,都要间接或直接与数据库中的数据打交道,通常采用将 SQL 语言嵌入高级程序设计语言中,被嵌入的语言如 Java、C、C++、C#、VB 等称为宿主语言,简称主语言。

除了借助宿主语言—嵌入式 SQL 语言访问数据库外,还可以根据 SQL99 标准编写存储过程和函数。PL/SQL 是编写数据库存储过程、触发器、函数的一种过程语言,它结合了 SQL 的数据操作能力,增加了过程化语言的流程控制能力。存储过程是由 PL/SQL 语句书写的过程,这个过程经编译和优化后存储在数据库中,能够在数据库服务器上直接运行,因此运行效率很高。存储过程还具有降低客户机和服务器之间的通信量,提高数据库访问安全性等优点。

第四节 XML 数据库

XML 被广泛用来作为跨平台之间交换数据的标准,XML 设计用来传送及携带数据信息，说明数据是什么，而不是用来表现或展示数据。HTML 语言则用来表现数据。

XML 数据库是一个能够在应用中管理 XML 数据和 XML 文档集合的数据库系统。XML 数据库不仅是结构化数据和半结构化数据的存储库，像管理其他数据一样，持久的 XML 数据管理包括数据的独立性、集成性、访问权限、视图、完备性、冗余性、一致性以及数据恢复等。

与传统数据库相比，XML 数据库具有以下优势：（1）XML 数据库能够对半结构化数据进行有效的存取和管理。如公文内容就是一种半结构化数据，而传统的关系数据库对这类半结构化数据无法进行有效的管理。（2）提供对标签和路径的操作。传统数据库语言允许对数据元素的值进行操作，不能对元素名称操作，半结构化数据库提供了对标签名称的操作，还包括了对路径的操作。（3）当数据本身具有层次特征时，由于 XML 数据格式能够清晰表达数据的层次特征，因此 XML 数据库便于对层次化的数据进行操作。公文文档也是一种层次清晰的非结构化文档，便于用 XML 语言描述和表达。

一、XML 概述

可扩展标记语言（eXtensible Markup Language，简称 XML）是一种标记语言。于 1998 年成为 W3C 的标准（XML1.0）。XML 的前身是 SGML（The Standard Generalized Markup Language），IBM 从 20 世纪 60 年代开始研究 GML（Generalized Markup Language），1978 年，ANSI 将 GML 加以整理规范，发布成为 SGML，1986 年起为 ISO 所采用（ISO 8879）。

（一）XML 主要特点

（1）XML 是一种可扩展标记语言。
（2）XML 作为一种标记语言，类似 HTML。
（3）XML 的设计宗旨是传输数据，而非显示数据。
（4）XML 标签没有被预定义，需要用户自主定义标签。
（5）XML 具有自我描述性。
（6）XML 是 W3C 的推荐标准。

XML 与 HTML 的主要区别：
（1）XML 不是 HTML 的替代。
（2）XML 和 HTML 为不同的目的而设计，XML 被设计为传输和存储数据，其焦点是数据的内容。HTML 被设计用来显示数据，其焦点是数据的外观。HTML 旨在显示信息，而 XML 旨在传输信息。

下面是公文体结构的 XML 描述：

```
<? xml version = "1.0" encoding = "utf-8"? >
<xs: element name = "公文体">
  <xs: complexType>
    <xs: sequence>
      <xs: element ref = "版头"/>
      <xs: element ref = "主体"/>
      <xs: element ref = "版记"/>
    </xs: sequence>
  </xs: complexType>
</xs: element>
```

上面的这段 XML 数据具有自我描述性。它拥有公文体这个父节点以及版头、主体和版记三个子节点。但是，这个 XML 文档仍然没有做任何事情。它仅仅是描述包装在 XML 标签中的纯粹的信息。用户需要编写软件或者程序，才能传送、接收和显示出这个文档。

（3）XML 允许创作者定义自己的标签和自己的文档结构。XML 不是对 HTML 的替代，而是对 HTML 的补充。

（二）XML 语法规则

XML 的语法规则很简单，且很有逻辑。这些规则容易学习，也很容易使用。

（1）所有 XML 元素都须有关闭标签。

（2）XML 标签对大小写敏感。

（3）XML 元素使用 XML 标签进行定义。

（4）XML 必须正确地嵌套。

（5）XML 文档必须有根元素。

（6）XML 的属性值须加引号。

（7）实体引用。在 XML 中，一些字符拥有特殊的意义。

如果把字符"<"放在 XML 元素中，会发生错误，这是因为解析器会把它当做新元素的开始，为了避免这类错误，建议用实体引用来代替"<"字符。

在 XML 中，有 5 个预定义的实体引用，如表 5-3 所示。

表 5-3　　　　　　　　　预定义实体引用

实体引用符号	实体符号	符号含义
&lt;	<	小于
&gt;	>	大于
&amp;	&	和号
&apos;	'	单引号
&quot;	"	引号

在 XML 中，只有字符 "＜" 和 "&" 确实是非法的。大于号是合法的，但是用实体引用来代替它是一个好习惯。

（8）XML 中的注释。在 XML 中编写注释的语法与 HTML 的语法很相似：

＜！——This is a comment——＞

（9）在 XML 中，空格会被保留。

在 XML 中，文档中的空格不会被删节。

（10）XML 以 LF 存储换行。

（三）XML 相关技术

1. XML DOM

XML DOM 定义了一种访问和操作 XML 文档的标准方法。XML DOM 独立于语言和平台，可被任何编程语言使用，比如 Java、JavaScript 以及 VBScript。

2. XSLT

XSLT 是一种针对 XML 文件的样式表语言。通过 XSLT，可以把 XML 文档转换为其他格式，比如 XHTML。

3. DTD 和 XML Schema

DTD 规定在 XML 文档中什么元素、属性以及实体是合法的。通过 DTD，每个 XML 文件均可携带有关其自身格式的描述。DTD 可用于验证数据的有效性。XML Schema 是一种基于 XML 的 DTD 替代物。与 DTD 不同，XML Schema 已经开始支持数据类型，同时 XML Schema 使用 XML 语法。

4. XQuery

XQuery 相对于 XML，等同于 SQL 相对于数据库。XQuery 被用来查询 XML 数据，又称 XMLQuery。

二、XML 数据模型

XML 文档的数据模型是一种树结构，它从"根部"开始，然后扩展到"枝叶"。以图书信息描述为例，XML 文档内容如下：

```
＜？xml version = "1.0" encoding = "UTF - 8"？＞
＜bookstore＞
＜book category = "COOKING"＞
  ＜title lang = "en"＞Everyday Italian＜/title＞
  ＜author＞Giada De Laurentiis＜/author＞
  ＜year＞2005＜/year＞
  ＜price＞30.00＜/price＞
＜/book＞
```

```
< book category = "CHILDREN" >
  < title lang = "en" > Harry Potter < /title >
  < author > J. K. Rowling < /author >
  < year > 2005 < /year >
  < price > 29.99 < /price >
< /book >
< book category = "WEB" >
  < title lang = "en" > Learning XML < /title >
  < author > Erik T. Ray < /author >
  < year > 2003 < /year >
  < price > 39.95 < /price >
< /book >
< /bookstore >
```

第一行是 XML 声明。它定义 XML 的版本 (1.0) 和所使用的编码 (UTF－8)。

第二行描述文档的根元素 < bookstore >。文档中的所有 < book > 元素都被包含在 < bookstore > 中。本文档的树形层次结构如图 5－9 所示。< book > 元素又有 4 个子元素：< title >、< author >、< year >、< price >。最后一行定义根元素的结尾：< /bookstore >。

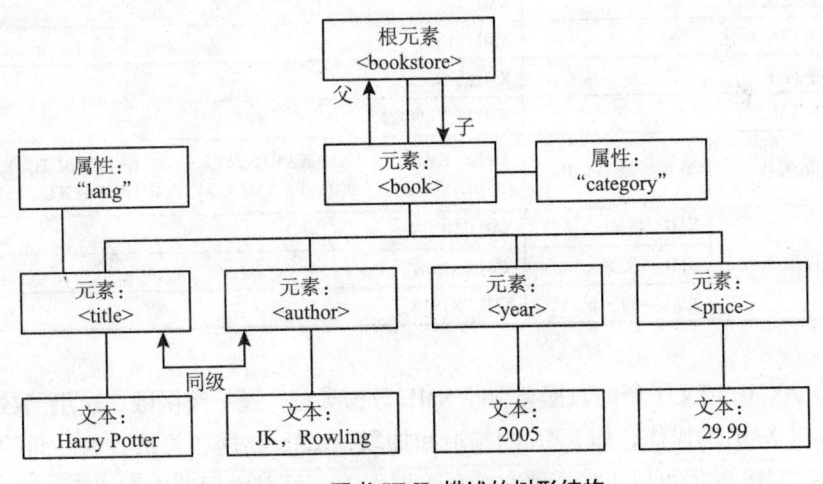

图 5－9 图书 XML 描述的树形结构

从本例可以看出，XML 具有出色的自我描述性。XML 文档形成一种树结构，XML 文档必须包含一个根元素。该元素是所有其他元素的父元素。XML 文档中的元素形成了一棵文档树。这棵树从根部开始，并扩展到树的最末端。所有元素均可拥有子元素：

< root >
  < child >
    < subchild >.....</subchild >
  </child >
</root >

父、子以及兄弟等术语用于描述元素之间的关系。父元素拥有子元素。相同层级上的子元素称为兄弟（或姐妹）。所有元素均可拥有文本内容和属性。

三、SQL/XML

SQL2003 标准扩展了 SQL 语法，增加了对 XML 的支持，定义了数据库语言 SQL 与 XML 结合的方式方法，标准中的这一部分称为 SQL/XML，表 5-4 列出了 SQL/XML 中的主要命令关键词及其功能分类。XML 日益普及，各大数据库巨头 Oracle、DB2、MS SQLServer 等在 SQL/XML 规范的基础上扩充修改实现了对 XML 数据类型的支持，但方法、术语、语言规范都不统一。

表 5-4   SQL/XML 中的主要命令及功能

功能		SQL/XML 命令关键词
数据类型定义		XML
强制数据类型转化		XMLCAST
XML→字符串		XMLPARSE
字符串→XML		XMLSERIALIZE
XML 发布函数	关系数据→XML	XMLELEMENT, (XMLNAMESPACES, XMLATTRIBUTES), XMLFOREST, XMLCONCAT, XMLAGG, XMLCOMMENT, XMLPI
XML 提取函数	XML→XML	XMLQUERY
	XML→关系	XMLTABLE
	XML→布尔值	XMLEXISTS

SQL/XML 定义了新的数据类型即 XML 数据类型，及一组函数。这组函数实现了 SQL 对 XML 的操作，如 XML 的构造和抽取，XML 数据和关系数据之间的相互转换等。XML 数据可以直接存储在关系数据库中，可以用标准查询语言 XQuery 从中提取信息，也可以将关系数据转换成 XML 的格式呈现给用户，图 5-10 描述了 XML 数据和关系表之间的存储、呈现及转换，转换过程用 SQL/XML 命令关键词表示。

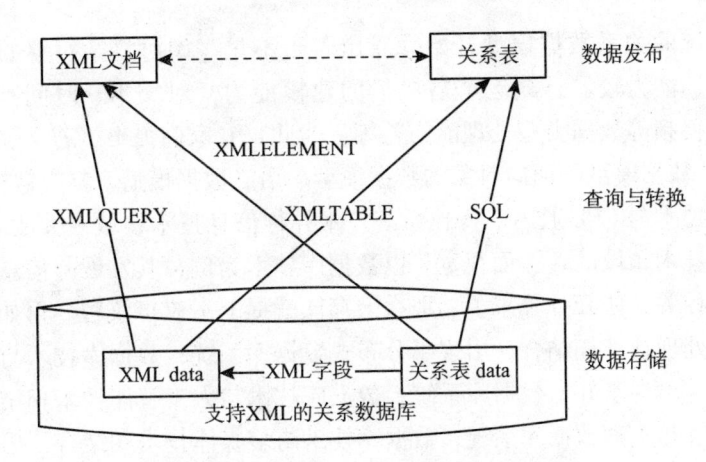

图 5-10 XML 和关系数据间的双向转换

图 5-10 揭示了 SQL/XML 三方面的操作内容：XML 数据类型、XML 发布函数和 XML 提取函数。

（一）XML 数据类型

SQL/XML 定义了一个原生 SQL 数据类型，用"XML"表示。XML 数据类型与 INTEGER、DATE、CLOB 等数据类型一样，都是 SQL 数据类型的一种，可以使用 XML 数据类型来定义变量、参数以及关系的列类型等。当使用 XML 定义关系的列时，关系数据库可以直接将一个 XML 文档当成单独的数据存储在列中。例如公文体的 XML Schema 描述文档可以直接存储入库中的 XML 列中，就像存储一个数字数据或字符串数据一样简单。但是要从数据库中读出 XML 数据，还原 XML 文档的数据格式，则需要借助发布函数和提取函数。

（二）XML 发布函数

SQL/XML 允许在 SQL 表达式中使用 XML 发布函数从关系数据库创建 XML 结构。SQL/XML 提供了一组发布函数，一共 8 个。使用这组函数可以构造还原 XML 数据结构。

（三）XML 提取函数

XQuery 是 XML 数据的查询语言。SQL/XML 提供将 XQuery 嵌入 SQL 的机制，对存储在关系数据库中的 XML 数据可以用 XQuery 进行查询，XMLQuery 返回的数据类型为 XML。

SQL/XML 提供了完成 XML 和关系数据间的各种转换机制，各大数据库巨头 Oracle、DB2、MS SQLServer、Sybase 都参与了 SQL/XML 标准的制定，又都在各自产品的基础上进行定制、扩展，实现 SQL/XML 的更多更易使用的功能。

数据库技术的核心是数据管理。随着新应用领域的不断涌现，数据对象趋于多样化，传统的关系数据模型开始暴露出若干不足，如对复杂对象的描述能力差，语义表达能力较弱，缺乏丰富灵活的建模能力，对文本、时间、空间、声音、图像、视频等数据类型处理能力差等。为此，专家们提出了若干新的数据模型，如 XML 数据模型、面向对象的数据模型、语义数据模型、复杂数据模型等。

数据库技术与 CPU 技术、操作系统技术并称信息技术领域三大战略性技术，这些战略性技术领域的覆盖面很宽。以数据库技术为例，其发展与信息技术各分支领域密切相关，如云计算来了，那么云存储就提上了议事议程。再如，数据库技术与分布处理技术相结合，出现了分布式数据库系统；数据库技术与并行处理技术相结合，出现了并行数据库系统；数据库技术与人工智能技术相结合，出现了知识库系统和主动数据库系统；数据库技术与多媒体技术相结合，出现了多媒体数据库系统；数据库技术与模糊技术相结合，出现了模糊数据库系统；数据库技术与移动通信技术相结合，出现了移动数据库系统。适应不同数据库应用领域的需要，还出现了数据仓库、工程数据库、统计数据库、控件数据库、科学计算数据库等多种应用型数据库。

第五节　电子公文数据库设计举例

目前在 GB/T 19667《基于 XML 的电子公文格式规范》这个国家标准框架下，规划了电子公文相关技术标准共七个部分，分别是：第 1 部分：总则；第 2 部分：公文体；第 3 部分：显现（样式）；第 4 部分：办理；第 5 部分：交换；第 6 部分：归档；第 7 部分：安全。鉴于此，公文数据库的设计分为公文体库、显现库（样式库）、办理库、交换库、归档库、安全库六个部分。由于安全部分已经融合进公文从创建到销毁的整个生命周期，所以本章内容不对安全部分提供单独设计。在公文信息系统的设计中，安全部分往往与权限、角色、数字签名、加密解密、流程定义等结合在一起。下面重点介绍公文体库、公文样式库、公文办理库的设计要点。

一、公文体库设计

公文体库是存储公文主体内容的主库，是公文数据库系统设计的起点数据库，也是公文显现、交换、办理、归档等过程处理数据的主要数据源。

（一）公文体要素

公文体由版头、主体和版记三部分组成。公文首页红色分隔线以上的部分称为版头；公文首页红色分隔线（不含）以下、公文末页首条分隔线（不含）以上的部分称为主体；公文末页首条分隔线以下、末条分隔线以上的部分称为版记。页码位于版心外。

公文体的基本组成要素一般包括：份号、密级和保密期限、紧急程度、发文机关标志、发文字号、签发人、公文标题、主送机关、正文、附件说明、公文生效标识、成文日期、印章、附件和附注等。基本结构如图 5-11 所示。

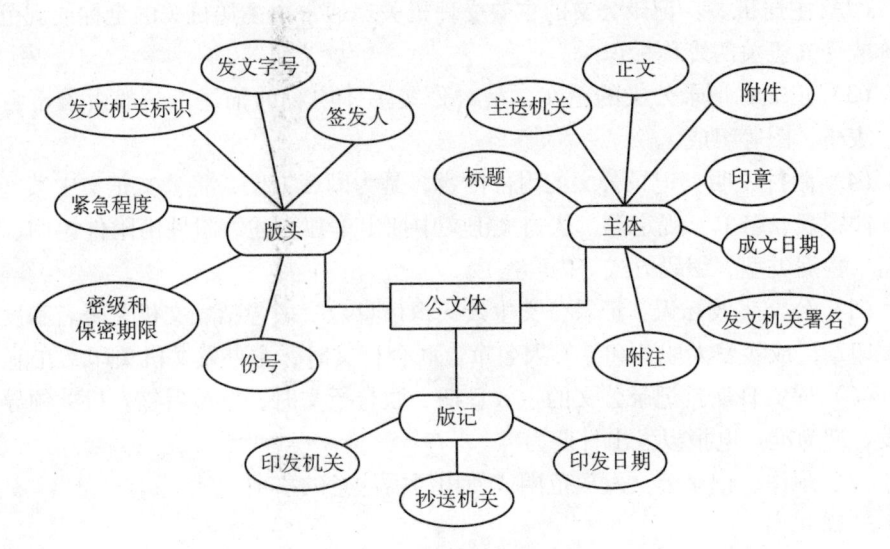

图 5-11 公文体结构要素

1. 版头

版头包括份号、密级和保密期限、紧急程度、发文机关标志、发文字号、签发人等。

（1）份号：记录每份公文的顺序编号（或称为流水号）。

（2）密级和保密期限：密级记录公文保密程度，保密期限记录公文的保密时限。

（3）紧急程度：记录公文的紧急程度，是对公文送达和办理的时间要求。一般用"特急"、"加急"、"急件"或"普通"表示。

（4）发文机关标志：通常由发文机关全称或规范化简称加相应的标识后缀组成，标识后缀一般为"文件"二字或公文种类名称。联合行文时，主办机关名称在前。

（5）发文字号：记录公文的发文字号，由发文机关代字、发文年度和发文序号组成。发文年度用表示年份的 4 位数字表示，发文序号记录公文发文的流水号。

（6）签发人：记录签发该公文的人员姓名。

2. 主体

主体主要包括标题、主送机关、正文、附件说明、公文生效标识、成文日期、附注等。

（1）标题：记录公文的标题。一般由发文机关名称、公文主题和文种构成。

（2）主送机关：记录公文的主要受理机关。通常由主送机关的全称或规范化简称或受文机关的统称标识。

（3）正文：记录公文的正文，是对公文主体内容的描述。一般由若干自然段、表格、图等组成。

（4）附件说明：记录公文的附件内容，是为阅读方便，将公文正文中某些内容，如图表、名单、规定等，从公文正文中抽出单独表述。附件由附件说明、文件名、数据类型、编码方式等内容组成。

（5）公文生效标识：记录公文生效标识信息。一般包括发文机关署名和发文机关印章，或签发人职务和签发人名章。联合行文时，主办发文机关印章在前。

（6）成文日期：记录公文的生效日期。联合行文时，以最后签发机关领导的签发日期为准。电报以发出日期为准。

（7）附注：记录公文发放范围或使用时需注意的事项。

3. 版记

版记主要包括抄送机关、印发机关和印发日期等。

（1）抄送机关：记录除主送机关以外的其他需要执行或知晓公文的其他机关名称。抄送机关一般需要指明抄送类别，依据公文抄送方向确定如抄报、抄送、抄发等。

（2）印发机关和印发日期：记录公文的印制版记，包括印发机关名称、印发日期等。

（二）公文体库定义

本书中约定公文数据库的名称为 DocumentStore，采用 MS SQLServer 2008 的数据规范设计。定义公文体数据表的名称为 Body，数据项定义如表 5-5 所示。字段的基本命名规则：字段中文含义的首拼音字母的缩写。对于外键字段，一般使用在主键表中的名称。例如"密级和保密期限"的字段名是 SecretRankID。

表 5-5　　　　　　　　　　公文体数据项定义

字段名	类型	长度	主键	可空	描述
BodyID	int	4	是	否	自动编号
CategoryID	int	4	否	否	公文种类

续表

字段名	类型	长度	主键	可空	描述
FSXH	nvarchar	50	否	否	份号
SecretRankID	int	4	否	否	密级和保密期限
JJCD	nvarchar	50	否	否	紧急程度
FWJGBS	nvarchar	50	否	否	发文机关标志
FWZH	nvarchar	50	否	否	发文字号
QFR	nvarchar	50	否	可以	签发人
BT	nvarchar	100	否	否	公文标题
ZSJG	nvarchar	100	否	否	主送机关
ZW	varbinary	MAX	否	否	正文
FJ	nvarchar	100	否	可以	附件说明
YZ	nvarchar	100	否	否	印章
CWRQ	nvarchar	50	否	否	成文日期
YFCDFW	nvarchar	100	否	否	印发传达范围
FZ	nvarchar	100	否	可以	附注
CSJG	nvarchar	200	否	可以	抄送机关
YZBJ	nvarchar	200	否	否	印制版记

公文体库设计还应包括若干附属表，如文种表设计（表名：Category，见表5-6），发文机关标志表设计（表名：Identification，见表5-7），密级和保密期限表设计（表名：SecretRank，见表5-8），附件文件保存路径表设计（表名：AttachmentPath，见表5-9）、印制版记表设计（表名：PrintMark，见表5-10）、传达范围机关表设计（表名：DepartmentName，见表5-11）等。

表5-6　　　　　　　　　　文种数据项定义

字段名	类型	长度	主键	可空	描述
CategoryID	int	4	是	否	自动编号
WZBH	nvarchar	10	否	否	文种编号
WZMC	nvarchar	20	否	否	文种名称

表 5 - 7　　　　发文机关标志数据项定义

字段名	类型	长度	主键	可空	描述
IdentificationID	int	4	是	否	自动编号
FWJGSM	nvarchar	50	否	可以	发文机关署名
FWJGYZ	nvarchar	50	否	可以	发文机关印章
QFRZW	nvarchar	20	否	可以	签发人职务
QFRMZ	nvarchar	50	否	可以	签发人名章

表 5 - 8　　　　密级和保密期限数据项定义

字段名	类型	长度	主键	可空	描述
SecretRankID	int	4	是	否	自动编号
DJBH	nvarchar	10	否	否	等级编号
DJMC	nvarchar	10	否	否	等级名称

表 5 - 9　　　　附件保存路径数据项定义

字段名	类型	长度	主键	可空	描述
AttachmentPathID	int	4	是	否	自动编号
BodyID	int	4	否	否	公文流水号
LJMC	nvarchar	100	否	否	路径名称

表 5 - 10　　　　印制版记数据项定义

字段名	类型	长度	主键	可空	描述
PrintMarkID	int	4	是	否	自动编号
BodyID	int	4	否	否	公文流水号
YFJG	nvarchar	50	否	否	印发机关
YFRQ	nvarchar	20	否	否	印发日期
YFFS	int	4	否	否	印发份数

表 5 - 11　　　　传达范围机关数据项定义

字段名	类型	长度	主键	可空	描述
DepartmentNameID	int	4	是	否	自动编号
JGDM	nvarchar	20	否	否	机关代码
JGMC	nvarchar	50	否	否	机关名称

续表

字段名	类型	长度	主键	可空	描述
JGXX	nvarchar	100	否	否	机关信箱
JGDH	nvarchar	50	否	否	机关电话
JGLXR	nvarchar	50	否	否	机关联系人
JGDZ	nvarchar	200	否	否	机关地址

（三）公文体表间关系

在设计公文体数据表时，很大一部分工作是将公文体基本数据元素合理分配到各个关系数据表中。一旦完成了对这些数据元素的分类，对于数据的操作将依赖于这些数据表之间的关系约束，通过这些数据表之间的关系，可以保障对公文体数据操作的完整性、规范性。

公文体库中的公文体表 Body、文种表 Category、发文机关标志表 Identification、密级和保密期限表 SecretRank、附件文件保存路径表 AttachmentPath、印制版记表 PrintMark、传达范围机关表 DepartmentName 基本关系可以用图 5-12 表示。

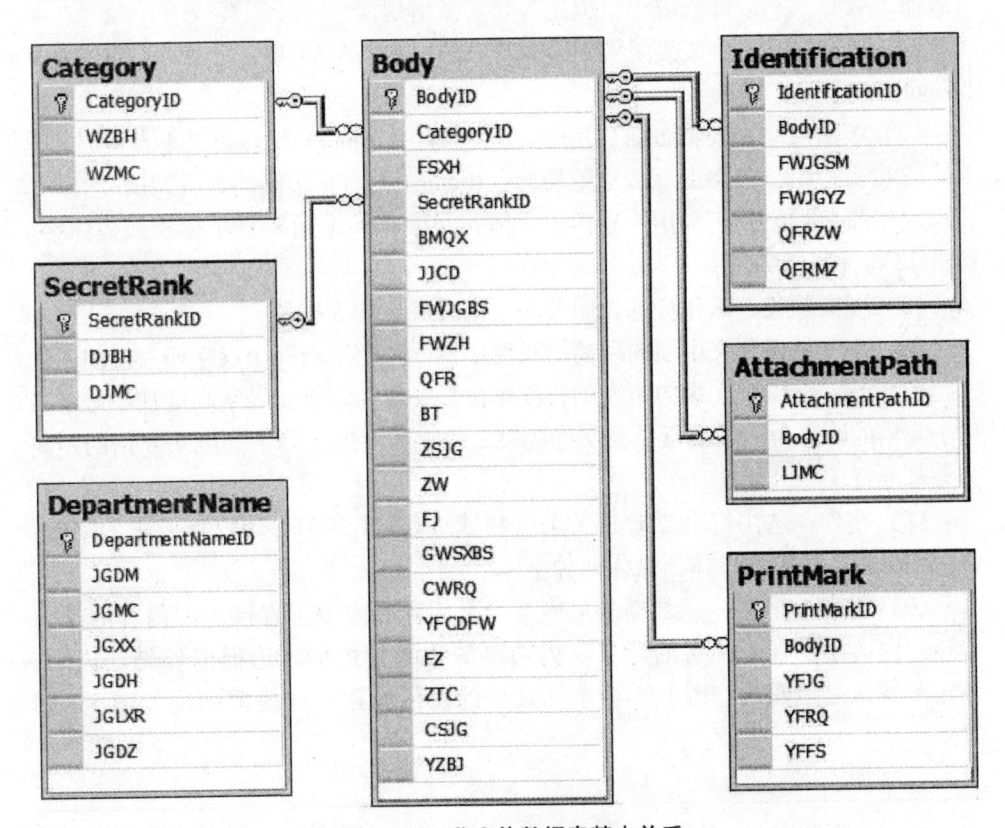

图 5-12 公文体数据表基本关系

上述公文体关系数据库的设计参照了国家标准 GB/T 19667.2—2005 中公文体模式的定义。该模式定义中对正文中的图表进行了分解描述。考虑到 MS SQLServer 可以较好地存储二进制数据，也可以直接存储 XML 文档。因此在公文体表设计中，将正文作为一个基本元素对待，不再细分。

二、样式库设计

公文样式库定义了从公文体到公文显示版面之间的映射关系，提供了一套从公文体元数据到公文版面布局样式的映射途径。包括公文体各要素的显示规则、版面规格、各要素排列顺序等。电子公文遵循的基本显现原则是：版面效果与纸质公文基本相同。电子公文的打印版本应该遵循纸质公文的相关规范。电子公文可以在显示介质上放大或缩小，但公文版面元素之间的相对位置关系保持不变。

（一）样式描述要素

为了适应公文版面布局和样式描述需要，特制定基本的样式描述要素规范，对版面、版心、字、行、边距、填充等要素做出规定。

（1）幅面尺寸：公文幅面采用 GB/T 148 中规定的 A4 型，尺寸为：210mm×297mm。

（2）版面尺寸：公文版面（版心）尺寸为：156mm×225mm（不含页码）。

（3）页边距：公文上下页边距均为：36mm。左右页边距均为：27mm。

（4）排版规格：正文用 3 号仿宋字体，文中小标题用 3 号小标宋或黑体字。每页 22 行，每行 28 字。

（5）图文颜色：未作特殊说明公文中图文颜色均为黑色。

（6）字：标识公文中横向距离的长度单位。一个字指一个汉字所占空间。

（7）行：标识公文纵向距离的长度单位。一般约定以 3 号字高度加 3 号字高度 7/8 倍的距离为一基准行；公文标题以 2 号字高度加 2 号字高度 7/8 倍的距离为一基准行。

（8）字库：选用符合党政机关公文格式（GB/T 9704—2012）要求的字库，使用小标宋、仿宋、黑体、楷体四种字体。

（9）元素框模型：元素框的最内部分是实际的内容，直接包围内容的是内边距。内边距呈现了元素的背景。内边距的边缘是边框。边框以外是外边距，外边距默认是透明的，因此不会遮挡其后的任何元素。框模型结构如图 5-13 所示。

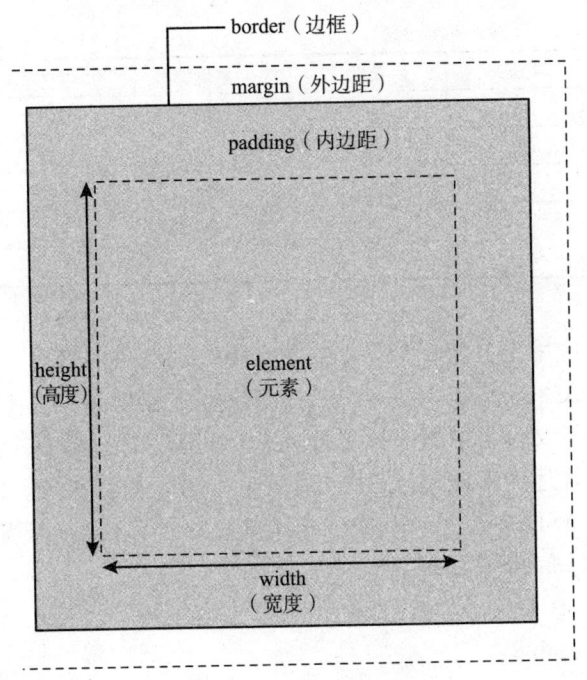

图 5-13 元素框模型

（二）公文样式库定义

为了规范公文体各要素的显示样式，参考 CSS 层叠样式描述语言的语法规范，设计样式描述要素表 ElementStyle（此处略），设计公文显现样式表 LayoutStyle（见表 5-12）。

表 5-12　　　　　　　　　公文样式库数据项定义

字段名	类型	长度	主键	可空	描述
LayoutStyleID	int	4	是	否	自动编号
ElementName	nvarchar	20	否	否	公文体要素名称
Position	nvarchar	20	否	否	元素位置
Font	nvarchar	10	否	可以	字体
Size	int	4	否	可以	字号
Color	nvarchar	20	否	可以	颜色
Width	int	4	否	可以	宽度
Height	int	4	否	可以	高度
Left-Padding	int	4	否	可以	左填充
Right-Padding	int	4	否	可以	右填充
Top-Padding	int	4	否	可以	上填充

续表

字段名	类型	长度	主键	可空	描述
Bottom – Padding	int	4	否	可以	下填充
Left – Margin	int	4	否	可以	左边距
Right – Margin	int	4	否	可以	右边距
Top – Margin	int	4	否	可以	上边距
Bottom – Margin	int	4	否	可以	下边距

在实际项目应用中，表5-12要根据文种区别对待。表5-12与表5-5具有数据关联约束关系。将表5-12形成的公文样式应用到表5-5的数据项，可以制作公文的电子文件显示版或打印版。在公文显现的过程中，会形成若干中间描述文档，文档描述的形式化过程由开发平台和开发语言实现。以版记的样式描述为例，若使用XSL（描述XML文档样式的一种语言），可以描述版记的位置、抄送机关的字体、间距等如下：

```
<xsl:template match="版记">
<xsl:for-each>
[HT]
[BHDFG2，WKZQW]
[KG1][HT3F]抄送[HT3F][BFQ]:[BF][ZK(]
<xsl:for-each select="抄送机关">
<xsl:value-of/>
</xsl:for-each>
[ZK)]
[BHDFG2，WKZQW][HT3F]
[KG1] <xsl:value-of select="印制版记/印发机关"/>
[JY,1] <xsl:value-of select="印制版记/印发日期"/>印发
[BG)F][FQ)][HJ]
</xsl:template>
```

三、办理库设计

办理元数据主要用来描述公文办理过程中每一环节、每一步骤形成的关键性数据项。包括办理类别、办理时间、办理地点、法律与行政授权和办理分类。办理类别包括发文办理与收文办理。

1. 发文办理元数据设计

以本单位名义制发公文的过程。需要记录对发文电子文件所进行的各种处

理、操作及管理的具体行为和事件。包括的要素有：交拟、起草、录入、校对、送核、审核、送修改、修改、送签、会签、签发、送复核、复核、给文号、定密级、定紧急程度、封发（电子纸张）、用印（电子印章）、署名（数字签名）、登记、打印、归档等。对这些要素操作的内容和引发的行为事件请参照表5-13的规定。

表5-13　　　　　　　　　发文办理元数据操作行为与事件

元素名称	操作行为	事件定义
交拟	将拟写文件的任务交给文件撰写人员	Send_ Jiaoni
起草	撰写文件初稿	Send_ Qicao
录入	将即将发出的文件登录入库	Send_ Luru
校对	对文件初稿进行校对	Send_ Jiaodui
送核	将文件初稿送领导审核	Send_ Songhe
审核	领导对文件的初稿进行核查	Send_ Shenhe
送修改	将审核过的文件送出进行修改	Send_ Songxiugai
修改	按修改意见进行修改。送核－修改可重复	Send_ Xiugai
送签	将修改好的文件送领导签署	Send_ Songqian
会签	几个单位共同对一份文件签发	Send_ Huiqian
签发	领导对发文进行签署名章	Send_ Qianfa
送复核	将文件送予原审核单位进行再审核	Send_ Songfuhe
复核	对重要文件，需要全方位重新审查复核	Send_ Fuhe
给文号	为文件制定文号	Send_ Geiwenhao
定密级	为文件制定密级	Send_ Dingmiji
定紧急程度	为文件制定紧急程度	Send_ Dingjinji
封发	将发文制成目标格式显现并发送	Send_ Fengfa
用印	为电子文件盖电子印章（发送前）	Send_ Yongyin
署名	为电子文件签署数字签名（发送前）	Send_ Shuming
登记	对发文进行登记入库留存	Send_ Dengji
打印	打印发文电子文件为纸质文件	Send_ Dayin
归档	按照档案部门要求将发文送档案部门归档	Send_ Guidang

2. 收文办理元数据设计

单位收到公文的办理过程。记录收文办理过程中对电子文件所进行的各种办理、操作及管理的具体行为与事件。包括的要素有：登记、分发、拟办、送签收、批办、送承办、承办、催办、注办、传阅等。对这些要素操作的内容和引发的行为事件请参照表5-14的规定。

表 5-14　　　　　　　收文办理元数据操作行为与事件

元素名称	操作行为	事件定义
登记	对收进文件全面登记相关信息入库并回执	Receive_ Dengji
分发	对收到文件按部门递送	Receive_ Fenfa
拟办	业务部门有关人员提出拟办意见	Receive_ Niban
送签收	将收到的文件送往签收单位签收	Receive_ Songqian
批办	单位领导人对文件办理提出批示性意见	Receive_ Piban
送承办	将收文送承办部门办理	Receive_ Songban
承办	对文件执行、处理、解决文件要求的工作	Receive_ Chengban
催办	文秘部门对文件办理进行督促与检查	Receive_ Cuiban
注办	文件办理完毕将承办情况和结果汇总总结	Receive_ Zhuban
传阅	将收文按一定顺序送不同部门或人员阅览	Receive_ Chuanyue

3. 办理者元数据设计

办理者元数据描述电子文件办理人员的相关信息。包括办理者类别、单位、部门、人员、职位、数字签名、电子印章等。办理者类别是对电子文件办理人员的分类，包括责任人员、操作人员、文件管理人员、系统管理人员等。对这些要素的操作和事件请参照表 5-15 的规定。

表 5-15　　　　　　　办理者元数据操作行为与事件

元素名称	操作行为	事件定义
办理者类别	对各种办理者所进行的类别和权限界定	Person_ Leibie
单位	对办理人员所属单位的信息描述	Person_ Danwei
部门	对办理人员所属部门的信息描述	Person_ Bumen
人员	办理人员个人姓名、联系方式等信息描述	Person_ Renyuan
职位	对办理人员所在职位职责等信息描述	Person_ Zhiwei
数字签名	办理人员身份确认，保证电子文件完整性	Person_ Qianming
电子印章	带数字签名的印章图片，保证不可篡改性	Person_ Yinzhang

4. 文件元数据设计

文件元数据描述电子文件的元数据。电子文件元数据包括文件类别、文件题名、文件编号、文件稿本、文种、密级和保密期限、紧急程度、格式、文件统计、电子文档号、提要、文件位置、文件内容法律与行政授权、关联和扩展元素等。主要用途是提供内容的真实性、可靠性、机密性信息，有助于确认电子文件和检索电子文件。对这些要素的操作和事件定义请参照表 5-16 的规定。

表 5-16　　　　　　　　对文件元数据的操作行为与事件

元素名称	操作行为	事件定义
文件类别	电子文件类别：文本、数据、图像、视频	File_ Leibie
题名	电子文件的标题	File_ Timing
文件编号	文件制发过程中形成的顺序号，又称文号	File_ Bianhao
文件稿本	电子文件的版本，草稿、修订稿、定稿、正式稿、副本、正本等	File_ Gaoben
文种	电子文件所属文种	File_ Wenzhong
密级和保密期限	电子文件保密等级和时限	File_ Miji
紧急程度	电子文件急缓等级	File_ Jinji
格式	电子文件逻辑格式	File_ Geshi
文件统计	对电子文件中字、句、段的统计	File_ Tongji
电子文档号	赋予电子文件一组具有物理唯一性的代码	File_ Wendanghao
提要	文件内容简介	File_ Tiyao
文件位置	描述电子文件存储的位置地点介质等	File_ Position
文件法律与行政授权	描述电子文件所依据的法律与行政授权	File_ Shouquan
关系	描述与其他电子文件的关系	File_ Guanxi
关联	描述与其他电子文件的联系	File_ Guanlian
扩展元素	用于自定义的元素	File_ Kuozhan

公文交换库设计可以参考本书第九章内容，归档库设计可以参考第十章内容。

关于公文安全部分的库设计和数据项定义，本章不再单独讨论。因为公文安全信息伴随公文生命周期的全过程。在公文体创建和显现阶段，电子公文生成方确定电子公文的内容及版式，形成正式的红头文件，并加盖电子公章。电子公章属于公文体和显现的一个组成部分，保障公文体和显现的完整性、真实性和可靠性。在公文的办理阶段，各级审批人员需要对公文进行审批和签批意见，并署电子签名，确保签批内容的有效性和不可抵赖性。在电子公文交换过程中，发送方将电子公文加密并电子签名后发送至接收方，接收方通过对电子签名的验证确保文件传输过程中没有被篡改。在公文被归档过程中，由归档机构对归档的内容进行数字签名，确认归档内容正确无误。

第六节　电子公文文献数据库设计原则

电子公文文献数据库是基于公文数据库技术，分门别类实现公文文献的海量存储和跨时空共享的公文信息仓库。电子公文文献数据库是公文的智囊总库，是关于公文的百科全书。电子公文文献数据库的建设与发展需要遵循一系列指导原则。

一、公文文献数据库分类原则

科学合理的分类是规划公文文献数据的重要指导原则。公文文献数据库的分类，按照地域可分为中国公文文献库和外国公文文献库；按照时代可分为现代公文文献库和古代公文文献库；按照适用领域可分为规范性公文库、法规规章性公文库、通用性公文库和专用公文库四种，如图 5-14 所示。

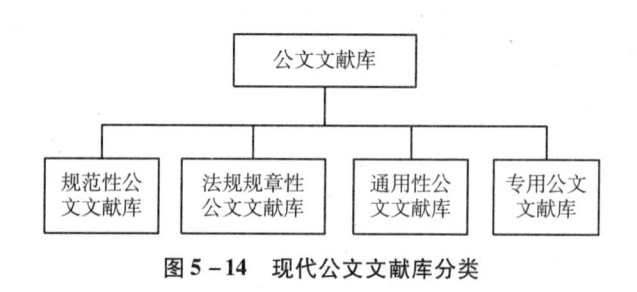

图 5-14 现代公文文献库分类

二、公文文献数据库文本格式设定原则

公文文献数据库搜集整理并录入与公文相关的各类电子文本，具有种类多、数量大、文件格式复杂的特点，与纸质公文文献单一、直观、固定等特点有所不同。这些文献的电子版，在格式上也具有多样性，如何科学地选择和处理文本格式，对数据库建设有重要影响。例如，文献格式多，专用阅览器也多；文献格式越多，文本标引技术越复杂，文献统计分析和提取以及全文检索等越困难。下面是应用较多的几种文件格式。

（一）TXT 文本格式

从形式、版面以及语料处理的角度来说，TXT 格式是最简单的文本格式，因为其不支持复杂的版面格式，所以很少被公文采用。但在公文文献数据库中进行语料分析或数据抽出时，TXT 文本则具有无法替代性，一些数据统计和分析软件，目前只识别 TXT 文本格式。

（二）DOC 或 WPS 文本格式

这是目前办公领域最常用的文本格式之一。主要优点是便于编辑和修订，排版功能强大。

（三）PDF 文本格式

PDF 作为归档和保存文件的国际标准格式（ISO/DIS19005-1），阅读需要 PDF 浏览器，各类公文多以 PDF 格式存储和传递。

（四）CAJ 文本格式

CAJ 是中国期刊网使用的一种文本格式，阅读需要 CAJ 浏览器，网络上电子图书文献多采用这种格式。

（五）JPEG、MP3、MPEG 等图片、音频、视频文件格式

随着电子公文中图片、音频、视频内容的增多，对公文文献数据库多媒体数据存储和管理提出了较高的技术要求。

（六）CEB 版式文件

CEB 是 Chinese E - paper Basic 的缩写，是方正公司开发的一种带语义的跨媒体版式文档技术，是目前我国党政机关和大型企事业单位内部普遍采用的官方电子公文文件格式。

CEB 版式文件是一种"文本+图像"的文件格式，使用页面描述语言的成像模型——文本、矢量图形和图像。CEB 版式文件的显示过程即是根据 CEB 页面描述指令在指定区域绘制页面，不受平台和设备分辨率的限制。可以二进制或 ASCII 编码，可方便地在各种平台之间传送。CEB 支持标准的压缩算法——JPEG、CCITT Group3、CCITT Group4、ZIP、LZW，以及一些扩展的压缩算法，如 Wavelet。支持字体内嵌和字体替代。在 CEB 版式文件中对所使用的每种字体均有一个字体描述项，记录了字体的名称、比例、变化等信息。CEB 版式支持全文检索，能够与 DOC、WPS 和 PDF 等众多文件格式兼容和转化。

（七）SEP 版式文件

SEP 是书生公司研发的新一代数字纸张技术，SEP 基于二进制 XML 技术、数据库技术、非结构化文档技术、全文检索和图像识别以及模式匹配技术，适合作为大型文献类数据库文件的存储格式，能够与 DOC、WPS 和 PDF 等众多文件格式兼容和转化。

总之，多种多样的文件格式，既体现了公文文献表现形式的多样性，也给数据库的规范设计提出了挑战。

三、公文文献数据库体例标注原则

对公文文献进行定性研究发现，数据库共有三类标注体：公文图书、公文论文、公文实文。每类标注体具有不同的属性和特点，需要采用不同的标注方式和标注内容。根据文献自身的属性和数据库服务对象的检索需求，确定不同标注体的标注条。图书文献的标注条有：书名、作者、出版社、出版日期；论文文献的标注条有：题名、作者、关键词、期刊/杂志名；公文实文文献的标注条有：标题、发文机关、发文日期、文种、朝代、国别等。

公文文献数据库的查询体例依照标注体例进行，文献查询分类同样为图书、

论文、实文。查询方式有六种：模糊、精确、前方一致、后方一致、中间一致、绝对一致。查询结果排序有六种：日期升序、日期降序、书名首字拼音升序、书名首字拼音降序、书名首字笔画升序、书名首字笔画降序。

公文文献数据库的标引应坚持三个原则：规范性原则、一致性原则、准确性原则，三者相辅相成，才能共同保障标引工作的顺利完成。

思考题

1. 简述数据库系统的构成与基本结构。
2. 简述关系数据库的设计步骤。
3. 电子公文数据库的设计包含哪些基本内容？试举例说明。
4. 试述电子公文文献数据库设计原则。

第六章 DOC（X）格式电子公文制作技巧

在电子公文编排软件中，方正书版、方正飞腾、Adobe InDesign、Adobe InCopy、Xpress 等软件由于操作上的专业性定位，并不适合在普及性的办公领域使用；而 Microsoft Word 软件在编辑排版方面功能上的全面性、使用上的普及性和操作上的易用性使其在桌面办公领域更具优势，大部分电子公文的前期制作都是在 Word 软件中完成。因此，掌握好 Word 软件编排电子公文技巧至关重要。

本章介绍 Word 2010 版本的一些和电子公文制作相关的技法，鉴于本书篇幅及 Word 常规操作技术比较普及，本章重点介绍与电子公文制作密切相关的特殊录入、编辑、排版功能的实现。

第一节 Word 操作基础

本节介绍 Word 2010 的电子公文编排的基本操作，如已经有这方面的技术基础，可跳过此节。

一、Word 中文件的操作

（一）新建文档

使用 Word 进行电子公文编辑的第一个步骤就是创建一篇新文档。启动 Word 时，Word 会自动创建一篇新文档，默认的标题是"文档1"，以表示这是在启动程序后建立的第一个文档，等待输入编辑。以后新建的文档将默认的标题名是"文档2"、"文档3"……

如已经进入 Word，又想新建一篇新文档的时候，就可以点击工具栏的"新建"按钮，或者按 Ctrl + N 组合键。

如想利用向导或模板新建一篇文档的话，或者想对新建的文档有更多的选择，请点击"文件"面板——"新建"命令，可基于模板创建文档。

（二）打开文档

要编辑一篇已经存在的 Word 文档，如还没有进入 Word，可以在"我的电脑"或"资源管理器"中双击想打开文件的图标，然后 Word 会自动启动，文档会在编辑窗口打开。

在 Word 编辑状态，想打开其他文档，可以点击工具栏上的"打开"按钮，或者用 Ctrl + O 组合键，也可点击"文件"面板—"打开"命令，调出图 6-1 所示对话框。

图 6-1 "打开文件"对话框

（三）保存文档

1. 第一次保存文件

新建一个文件后，在输入文档的标题后或者没有输入文字之前一定要保存一次文件。打开 Word 默认的文件名是"文档1"，保存位置是在桌面—库—文档中，文件路径是 C 盘的 My Documents 文件夹，第一次保存文件也可更改这两个设置。

点击"快速访问工具栏"上的 按钮，或点击"文件"面板的"保存"命令，或按下 Ctrl + S 组合键，都能调出"另存为"对话框（见图 6-2）。这个对话框类似于"打开文件"对话框，功能和操作基本一致。

在这个对话框上，要关注三个地方：

（1）文件名是否符合要求。默认情况下，Word 会把文档的第一句话作为标题，如果已经设定了文档正文的主标题，让它单独一行成段，文档名称就是主标题的名字。文件名可以修改。

（2）保存位置是否可接受。如果要更改到别的文件夹，在左侧窗格选择新的保存位置。

如果要将文件保存在新的文件夹中，可以点击"新建文件夹"按钮 新建文件夹 ，在随后出现的对话框中给出新文件夹的名称，"确定"，再双击打开该新文件夹，文件就可以存在里面了。

图 6-2 "另存为"对话框

2. "另存为"操作

"另存为"是一项常用的操作，常用此操作将文件换名存盘，或将文件重新保存在其他驱动器或文件夹中。凡是通过"另存为"存下的文件都是原文件的复制，也就是说，不管另存时是否对文件进行了换名、改文件类型和保存位置等操作，原 Word 文件不受影响。

点击"文件"面板—"另存为"命令，或按键盘的 F12 键，都将调出"另存为"对话框。

3. 更改 Word 默认的文件保存位置

Word 会有一个默认的文件保存位置。如果不符合需要，可以在其他位置上建立一个新的默认保存文件夹，把自己编辑的所有文档都存在这里。

点击"文件"面板—"选项"命令—"保存"，调出图 6-3 所示对话框。

在"默认文件位置"处点击"浏览",在出现的对话框中找到要保存文件的文件夹,双击。如果事先没有建立这个文件夹,点击"新建文件夹"按钮,"确定"。再按"确定"退出"选项"对话框。

图6-3 更改"文件位置"对话框

二、DOC(X)文件的基础编辑操作

(一)移动、复制、剪贴、删除文字

在公文写作时常需要经常调整结构、材料,移动与复制文字是常用的操作。结合Windows的剪贴板功能,可方便地进行这些操作。移动与复制的操作只有第一步是不同的。移动是原位置的文字删去,直接迁移到新的位置,而复制是原位置的文字依然存在,在新的位置做这些文字的复制品。

(二)撤销操作与重复操作

在公文编辑过程中,有时要撤销以前几步或几十步的操作,比如曾在前几步操作中删除了一大段文字,现在要恢复过来,Word的"撤销操作"功能为我们提供了这样的机会。

点击左上方快速访问工具栏上的"撤销"按钮，就可以撤销一步操作，点击"重复"按钮，就可恢复一步操作，它们的操作是互逆的。或者按 Ctrl + Z 组合键撤销一步操作，按 Ctrl + Y 组合键重复一步操作。

要想一次撤销很多步，可以点击"撤销"按钮旁边的下拉小箭头，上面保存着最近的几步或几十步操作，移动鼠标向下，鼠标经过的地方变色，到达要回到的步骤处，单击鼠标左键，就可以一次撤销几步或几十步操作。"重复"按钮没有下拉箭头。

（三）插入日期和时间

将光标停在要插入日期或时间的位置，点击"插入"面板—"文本"组—"日期和时间"按钮，调出图 6-4 所示对话框。

默认情况插入的是英文日期和时间，如果要插入中文的话，可以点击"语言"下拉列表框，选择"中文（中国）"；在对话框左部的"可用格式"列表中选择需要的日期和时间格式；如果要用全角的方式显示插入的日期和时间，即一个阿拉伯数码占用一个汉字的位置，选中使用"全角字符"；如果要使插入的时间能随时更新，也就是下次打开文档，这个插入时间自动调整到当前时间，选择"自动更新"。

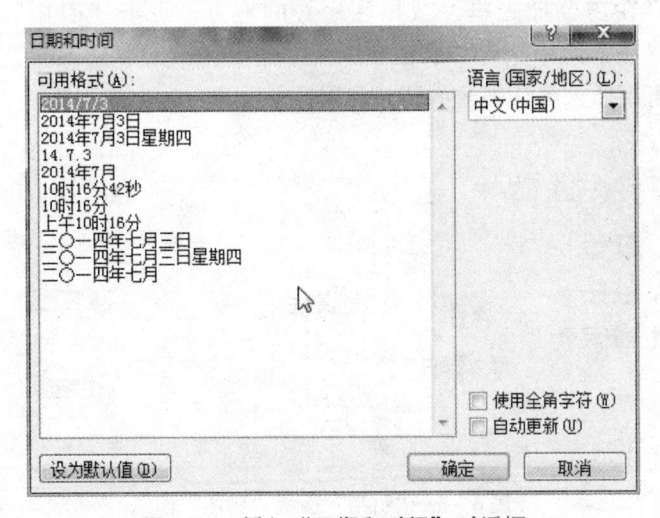

图 6-4 插入"日期和时间"对话框

按"确定"退出后，所选择的日期和时间就插入了正文。

（四）插入编号（数字）

数字的输入建议用键盘输入。如果有些数字的格式记不准，比如汉字大写数字，或者罗马数字，可用插入编号功能。

先将光标置于要插入数字的位置，点击"插入"面板—"符号"组—"编号"按钮，在图6-5所示对话框中，在"编号类型"列表框中选中数字的样式，然后点击"编号"输入框，输入需要的数字，点击"确定"按钮，退出后即可将此数字转换成需要的编号格式。

图6-5 插入"编号（数字）"对话框

（五）脚注和尾注操作

公文写作中我们常常要对术语等内容做解释，解释的方法有两种：一种是在正文中用括号的方式加注释，这种方法的不足之处在于：如果解释的术语比较多，或解释的内容比较长的话，往往会打断公文文脉，显得很零散。另一种常用到的是脚注与尾注，脚注是在一页纸的下边界处进行注释，有半长直线与正文隔开，尾注是在公文的结尾标注，尾注优点是比较集中，不足是不如脚注那样方便与正文内容对照。

将光标停在需要插入脚注或尾注序号的地方，点击"引用"面板（见图6-6）—"脚注"组中包含"脚注和尾注"命令。单击"插入脚注"、"插入尾注"按钮，可用插入默认格式的脚注和尾注。

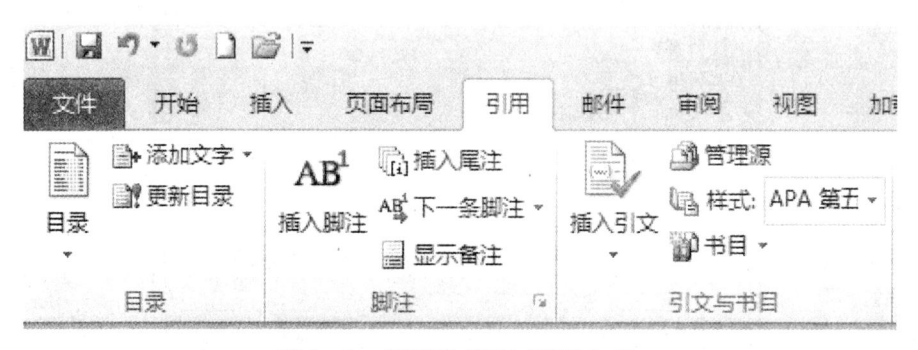

图6-6 "引用"面板"脚注"组

（六）将多篇公文合成一篇——插入文件

有时需要将多篇公文合成一篇公文，如一篇长公文，可能是先分几个部分分别输入，形成一个一个文件，最后将这些文件合成一个大文件进行统一的排版打印。这时涉及的操作就是"插入文件"。

首先打开第一个文件，将光标停在要插入第二个文件的地方，点击"插入"面板—"文本"组—"对象"按钮。

在图6-7所示的对话框中，选择"由文件创建"，点击"浏览"选中要插入的文件，点击"确定"按钮。

重复上面的操作，可在一个打开的文档中插入多个其他文档，也就是将多个文档合成一个。

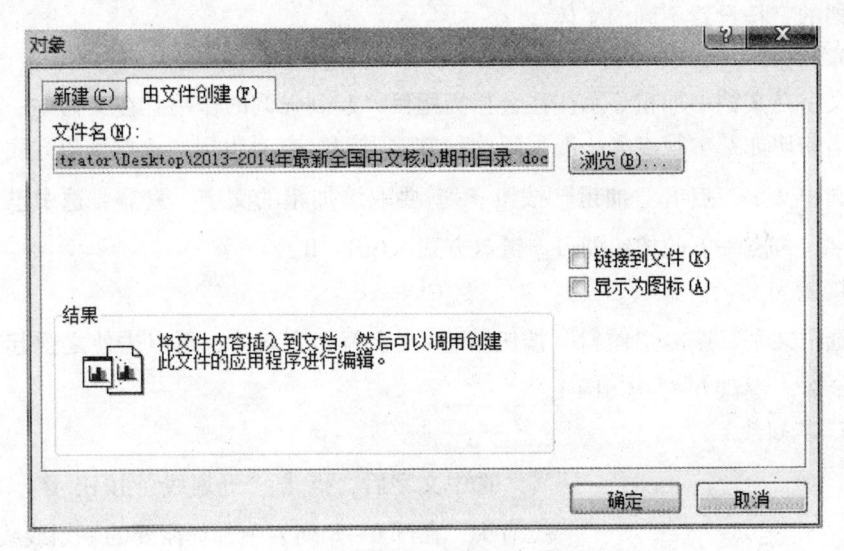

图6-7 插入"对象"对话框

三、字符格式化

（一）用工具栏和键盘快捷键进行字符格式化操作

以下操作主要是在"开始"面板—"字体"组中进行。

1. 改字号

在默认情况下，Word新建的文档用的是5号字，这和大多数书籍文章正文字体要求是一致的。如果需要改字号，先选中需要改字号的文字，再点击"字号"下拉列表框的箭头 五号 ，点击需要的字号。

在字号列表框中有两种表示字号的方式，一种是汉字的，一种是阿拉伯数字的；前者是中文表示字号的方式，后者是英文表示字号的方式，它是用字体的磅值表示的。在Word中会经常碰到磅这个度量单位，1磅约等于0.33毫米。中文八号字对应的大约是英文5磅……中文初号字对应的是英文42磅。

在系统中预置的最大字号是 72 磅,如果要打条幅的大字,可以手动设置。将鼠标在"字号"列表框中单击,再用手工键入新的字号的磅值,比如 500 等,然后敲一下 Enter 键,这时字号就会自动放大。从理论上讲,Word 支持打印的最大字号是 1638 磅(22 英寸),但要求先设置好足够大的页面,而且要求有足够的内存来显示这个字。同样也可以用这种方式设置特小字号,系统支持的最小字号是 1 磅。

2. 改字体

选中文本后,点击"字体"下拉列表框的箭头 宋体 ,在这里可以为文档的字符设置不同的字体。

3. 加粗

文字在文档中加粗显示往往会相当醒目,起到强调的作用。在文档中一些重要的语句比如基本观点等一般采用这种方式强调(有时也用加着重号的方式)。

选中文字,点击"加粗"按钮 B 。要取消加粗的文字,只需要选中已加粗的文字,再点一下此按钮即可。键盘方式:Ctrl + B。

4. 变斜体

选中文字,点击"倾斜"按钮 I ,文字就会变斜体,再点击使之弹起就会取消斜体。键盘方式:Ctrl + I。

5. 下划线

选中文字后,点击"下划线"按钮 U 的下拉箭头,在图 6 - 8 列表中选择需要的下划线线型。

如果内置线型不够用,可以点击"其他下划线"命令进行更多设置。

点击"下划线颜色"命令,在显示的子菜单中有调色板,点击需要的下划线颜色,不满意这些颜色的话,可以点击"其他颜色",点击色谱中的相应单元。如果要取消下划线的颜色,点击"自动"图标。

技巧:有些表格类公文有时需要用到类似试卷填空题的排版样式,如"姓名:___",这时需要用到下划线。如果这样的空格在文件中很多,可以在需要填空的地方先打出空格,然后选中第一组空格,加下划线,再用"格式刷"工具将所有填空处空格都刷遍。

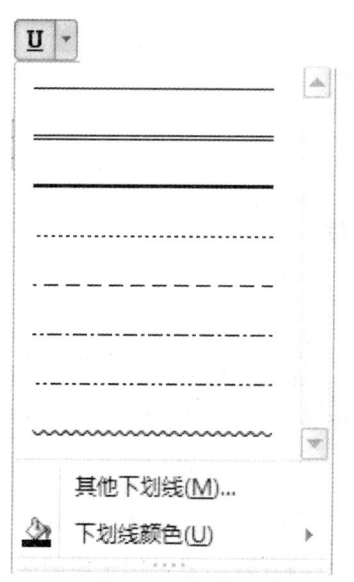

图 6 - 8 "下划线"列表

6. 字符加框

选中文字后,点击"字符边框"按钮 A 。取消加框的方法是:选中已加框的文字再次点击此按钮。

7. 给字符加底纹

选中文本后,点击"字符底纹"按钮 A ,可以给选中的文字加底纹,取消的方法是选中文字再次点击此图标。

技巧:工具栏上的这个图标加的底纹只有一种形式,如果需要更多样式的底纹,可到"边框和底纹"对话框中设置。

8. 给字符变颜色

选中文字,点击"开始"面板—"字体"组—"字体颜色"按钮 A▼ 旁边的下拉箭头,在调出的调色板中点击需要的颜色(见图6-9)。如果这些颜色都不符合要求,可以点击"其他颜色"命令,在调出的对话框中点击需要的颜色;单击"确定"按钮即可。

技巧:设置反白字。首先选中要设置反白字的文字,在"开始"面板—"段落"组中点击"边框和底纹"按钮—"底纹"标签,在"填充"中将底纹颜色设置为黑色,点击"确定"按钮。然后再点击"字体"组上"字符颜色"按钮,将字符颜色设置为白色。

9. 设置上下标

上下标(如 2^2)在很多技术类公文中使用频率很高。选中要变上标或下标的文字,点击"字体"组的"上标" x^2 或"下标" x_2 按钮;要取消,选中上标或下标文字,点击对应按钮。

(二)运用"字体"对话框栏进行字符格式的多样性设置

Word 的"字体"对话框为字符排版提供了更丰富的功能,这些功能中最常用部分被集成到了工具栏中使用。这些功能在上面都已经介绍到了,下面介绍"字体"对话框与字符格式化相关联的功能。

选中文字后,点击"字体"组旁的扩展箭头 字体 ,以调出"字体"对话框(见图6-10)。

1. "字体"标签的功能及操作

(1)加着重号。选中文字后,调出"字体"对话框,可在"着重号"列表框中选择圆点着重号,要取消只需要选择"(无)"。效果如下所示:

着重号

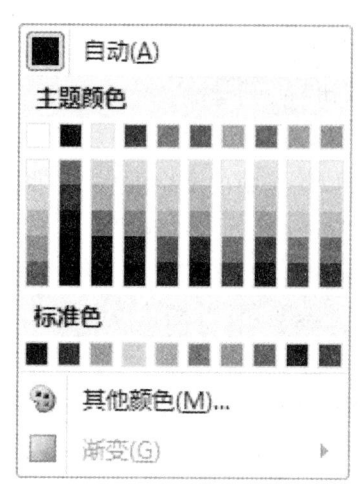

图 6-9　改变文本颜色对话框　　　　图 6-10　"字体"对话框

（2）删除线、双删除线、阴影、空心、阳文、阴文。当选中这些文字特殊效果后，将会有如下几种效果：

删除线、双删除线、阴影、空心、阳文、阴文

其中"删除线"按钮在"开始"面板—"字体"组有按钮 abc ，取消的方法是再次点击相应的选项，将复选框清空。

2. "高级"标签的功能及操作

点击"字体"对话框的"高级"标签，调出图 6-11 所示对话框。

"字符间距"的"间距"下拉列表框中有"标准"、"紧缩"和"扩大"三个选项。如果要把比较多的文字在一行中勉强显示开，又不想缩小字号，可考虑紧缩字符之间的间距，选中"紧缩"项后，在后面的"磅值"输入框中设置紧缩的数值。如果要把有着固定字数和字号的字符串长度拉长，可以考虑扩大字符间距，操作等同于紧缩操作。要撤销还原，可选中"标准"。

"位置"下拉列表有三个选项，即"标准"、"提升"、"降低"，选择相应的选项，再在"磅值"框中输入数值。这一操作主要能实现相对于基线提升或降低所选文字的功能。它和设置上下标的区别在于上下标的位置是固定的，而提升或降低字符位置是动态可变的。如果要恢复正常，选择"标准"。

四、段落格式化

（一）使用"段落"工具栏快速格式化段落

"开始"面板—"段落"组中使用频率最高的段落对齐方式

≡ ≡ ≡ ≡ ≡，分别代表左对齐、居中对齐、右对齐、两端对齐、分散对齐。操作时只需要将鼠标置于相应段落，或选中相应的段落，再分别点击需要的对齐方式。

选中文本或段落后，单击"行和段落间距"下拉箭头，在图6-12所示的列表中，选择相应的行距。如果需要更多的设置，可在"段落"对话框设置。

图6-11 "字体"对话框之"高级"标签

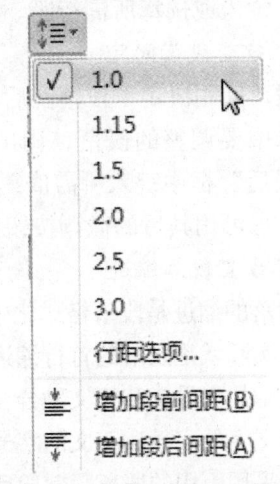

图6-12 "行和段落间距"列表

选中文本或段落，点击"底纹"按钮 ▼ 的下拉箭头，可以设置底色，操作方法与设置字符颜色类似。

（二）使用"段落"对话框格式化段落

1. 改变行间距

行距是指文本行与行之间的垂直间距，在默认情况下，Word采用单倍行距，所选行距将影响所选段落，包括插入点所在的段落中的所有行。

点击"开始"面板—"段落"组的扩展箭头 段落 ，调出"段落"对话框（见图6-13），单击"缩进与间距"标签。

点击"行距"的下拉列表：

图6-13 设置"段落"格式对话框

"单倍行距",每一行的行距为该行字体的高度加上一点额外的间距(额外间距值取决于所用的字体)。

"1.5 倍行距",每一行的行距为单倍行距的 1.5 倍。

"两倍行距",每一行的行距为单倍行距的 2 倍。

"最小值",能容纳本行中字体或图形的最小行距。Word 自动设置其值。

"多倍行距",允许行距以指定的百分比增大或缩小。例如,将行距设置为 1.8 倍,则行距增加 80%,若将行距设置为 0.5 倍,则行距缩小 50%。在设置值框中,键入或选择所需行距。默认值为 3。

2. 改变段落间距

段落间距决定了段落前后的空间,即段落和段落之间的距离。

选中要调整的段落,调出"段落"对话框后,在"间距"选项的"段前"和"段后"框中键入所需值,即可在选中的自然段的段前或段后保留几行需要的距离。也可用其后的微调按钮以 0.5 行为单位来微调其数值。

3. 设置段落缩进

段落的缩进是段落格式化中最重要的操作。电子公文要求每一自然段开头空两个格,实际就是段落的首行缩进。有些公文中引用材料时,如果字数比较少,可以在正文中加引号,和正文融合在一起;如果引用的文字比较多,通常采用的方法是引用的文字的字号比正文的字号小一号,字体变成楷体以区别于正文字体。在段落上一般采用引用的段落段前段后各空一行,另外一个更明显的标志就是实现段落的左右缩进,左右边界分别比正文缩进约两个字,以与正文的段落样式相区别。

4. 与下段同页和孤行控制

选中文本段,在"段落"对话框中,单击"换行和分页"标签,选中"与下段同页"选项(见图 6-14)。选中此标签上的"孤行控制"选项,可以防止 Word 在页面顶端单独打印段落末行或在页面底端单独打印段落首行。

图 6-14 "换行与分页"对话框

五、格式刷的使用

格式刷是一项相当有用的功能,如果编辑公文时多次使用重复的字符格式或其他格式(包括以后要介绍的段落格式、表格与图片格式等),可以通过格式刷在对象间重复复制格式,这样既节省了时间,又提高了效率。例如一篇长公文,设置了一级标题中的第一个标题的字号、字体、效果等格式，再用格式刷将后面几个同级标题刷过，而不需再烦琐地给每个标题变字体、变字号了。

选中源格式文字或段落（即以后所有文字都要仿照其格式的文字），单击"开始"面板—"剪贴板"组"格式刷"按钮 ✓格式刷 ，鼠标就变成了刷子形状，将鼠标移至目标字符，按下左键，拖过目标文字（类似选中的操作），松开鼠标，文字就会自动套用源格式。

这种单击方式，一次只能刷一批文字。如果要无限制地批量复制，可以双击"格式刷"按钮，这样刷完一个地方，还可以再刷其他地方，直到按下 Esc 键，或再次单击"格式刷"按钮，将按钮弹起，才会进入到正常编辑状态。

六、页面格式化

（一）编辑页面的设置

启动 Word 后，Word 会自动新建一篇文档。这时系统调用的是默认格式，比如纸张用的是 A4 型，编辑方向是"竖向"，字体用的是"宋体"，字号是"5号"等。如果要更改，就需要调整页面设置对话框。

点击工具栏上方的"页面布局"面板，在"页面设置"组中，可以对文字方向、页边距、纸张方向、纸张大小、分栏等属性进行快速设置。选中文本后，点击每一个按钮的下拉三角，就可快速设置相应的页面属性。

更多的页面属性设置需要在"页面设置"对话框中进行。单击"页面布局"面板右下角的扩展按钮 页面设置 ，调出"页面设置"对话框（见图6-15）。

1. 设置页边距

在"页面设置"对话框中点击"页边距"标签，可以在这个对话框上设置所选纸型的上下左右页边距，系统默认的分别是 2.54、2.54、3.17、3.17（厘米），这是针对 A4 纸型而言的，如果用的是 B5 或 16 开纸，左右边距就显得大了。用鼠标点击输入框，可以手工输入，也可以用右边的微调按钮进行调整。

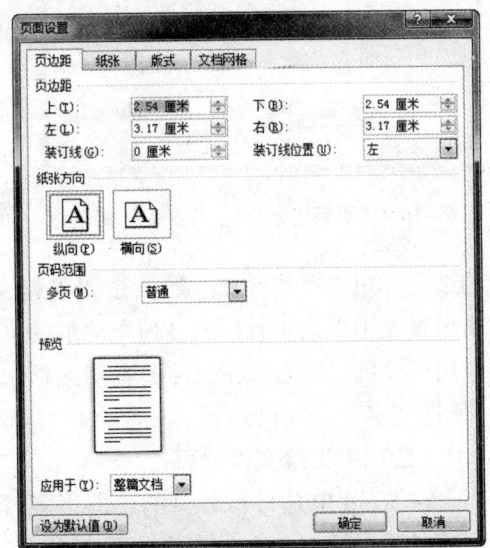

图6-15 "页面设置"之"页边距"对话框

"装订线位置"选项组可以设置装订的位置，比如是从顶部装订还是从左侧装订，可以选择相应的选项。然后可在"装订线"输入框输入或微调在页面上要预留给装订线的距离。

"方向"一栏有两个选项，一个是"纵向"，一个是"横向"。纵向是默认的选择，系统的编辑页面和打印页面将按照纸型的宽度和高度正常进行；如果改为横向，那么编辑或打印时要将纸张宽度和高度对调。

点击"应用于"下拉列表框，可以选择以上这些选项的设置值的应用范围，默认是"整篇文档"，也可以是"插入点之后"。如果文档分了节，还会有"本节"、"选取的节"两个选项。

2. 设置纸张大小及编辑或打印的页面方向

如果 A4 纸型大小不符合要求，可以更改纸张大小。点击对话框中的"纸张"标签，调出图 6-16 所示对话框。

在"纸张大小"下拉列表中可以找到很多系统预置的纸张类型。主要是两个系统，一个是国际统一系列，常用的如 A3、A4、A5、B5、B4；一个是中国适用的纸张类型，如 16 开、32 开等。

如果系统内置的纸型还不够用，或者要在一张大小很不规则的纸上打印，可以自定义纸张的类型。方法是：点击"纸型"下拉列表框中的最后一项"自定义"，在"宽度"和"高度"后面的输入框中设置好纸张的宽度和高度。最后点击"确定"按钮。

图 6-16 "页面设置"之"纸张"对话框

"应用于"选项主要是确定将设置好的纸型应用于哪些区域。默认是"整篇文档"，也可选择"插入点之后"，即将新设置应用于正文光标所在位置之后的页面。如果只想给一部分文字所在的页面应用新设置，应先选中文字，在对话框中设置好后，"应用于"列表中就有一个"所选文字"选项供选择。

（二）手工给文档分页

在 Word 中是自行分页的，但很多时候，需要在页面某一个位置进行分页，可通过手工插入分页符来进行强制分页。

首先将光标停在需要分页的位置，然后点击"页面布局"面板—"页面设置"组—"分隔符"按钮 分隔符，在图 6-17 所示的下拉菜单中，点击"分页符"命令即可。

删除分页：将光标停在已经分开页的上一页的最后，然后按 Delete 键（按几下需视情况而定），分开的页面自然又合拢了；或将光标停在下一页的页首，按几下 BackSpace 键也可以删去分页符。

（三）分栏排版

分栏排版是刊物、报纸排版中常用的功能。操作："页面布局"面板—"页面设置"组—"分栏"按钮，调出图 6–18 所示的下拉列表。

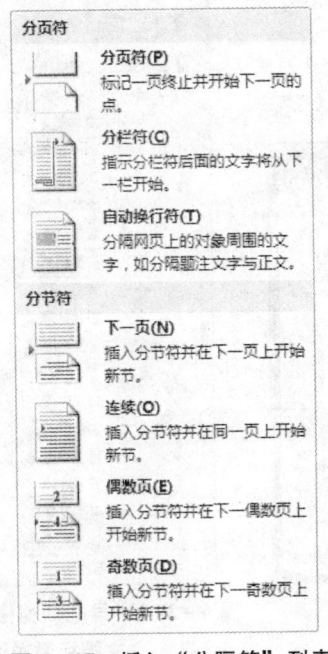

图 6–17　插入"分隔符"列表　　　　图 6–18　"分栏"下拉列表

下拉列表里有五种预设的自动分栏方式可选："一栏"项是取消分栏，可以选择两栏、三栏等宽分栏方式，也可选择左窄右宽的"偏左"样式和左宽右窄的"偏右"样式。

在不选中任何文本的情况下执行的这一分栏操作默认是全文都应用分栏，如果要给一部分文字分栏，可以先选中要分栏的文字，再执行分栏操作。

如果要自定义设置，点击"更多分栏"命令，调出如图 6–19 分栏对话框：除了"预设"组，还可以在"栏数"输入框中输入或微调需要的栏数，比如说 4 栏，但注意在纸张不变的情况下，栏数越多，页面显得越零碎。

（四）文档导航、快速跳转

处理长公文时，文档标题层级结构（文档结构图）是一个很有用的功能。要想正确显示文档结构图，必须先定义标题的级别，或在编辑时应用项目编号或项目符号功能对能起纲目作用的标题进行处理。

如果确认已经有了这些设置，点击"视图"面板—"显示"组—"导航窗格"按钮 ☑ 导航窗格，出现图6-20所示的页面编辑状态。

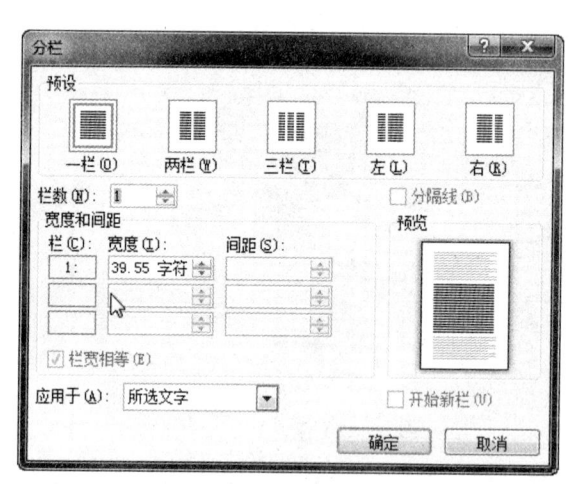

图6-19 "分栏"对话框

图6-20 "导航"窗格浏览
文档标题对话框

"导航"对话框包含三个主要功能，分别为"浏览您的文档中的标题"、"浏览您文档中的页面"、"浏览您当前搜索的结果"。导航还可以搜索文档内容，并且相应显示出搜索内容所在标题、页面、匹配项语句。文档的标题是以标题级别或项目符号或项目编号为依据自动提取的。

文档标题文档结构图最大的好处，就是在导航的标题区点击要编辑章节的标题，正文区就直接转到了该章节。

如果标题的级别比较多，那么点击上一级标题旁边的"◢"，就可以把已经展开的标题都折叠隐藏起来，如果要展开下一级标题，可点击"▷"符号。

要取消导航功能,可以直接点击"导航"窗口的关闭按钮。但要注意,此时关闭的只是当前文档的导航窗口,打开下一文档时会自动显示"导航"窗口。如果要彻底关闭,只需要再次单击"视图"面板—"显示"组—"导航窗格"命令。

七、表格处理

(一) 通过工具栏插入规范表格

将光标停在要插入表格的位置,再点击工具栏上的"插入"面板—"表格"组—"表格"按钮 ,这时会出现一个表格(见图 6–21),向右下方移动鼠标,鼠标经过的地方,单元格都会变黄。当表格行列规格达到要求后,单击鼠标左键,生成的表格将插入正文。

如果这一操作无法达到要求,可在图 6–21 中,点击"插入表格"命令,调出图 6–22 所示对话框。

图 6–21 "插入表格"图示   图 6–22 "插入表格"对话框

在"列数"输入框中输入或微调表格的列数;
在"行数"输入框中输入或微调表格的行数;
在"自动调整操作"一栏,选择"固定列宽",可以在后面的输入框中调整列的宽度；

如果用默认的"自动"，那么产生的表格将会在宽度上撑满版心，然后各列平分宽度；

选择"根据内容调整表格"，系统将根据单元格内文字的多少调整列的宽度；

"根据窗口调整表格"，这个选项主要是在用 Word 做 Web 页时用到，可以根据浏览器窗口的大小调整列的宽度，以便在一个窗口显示出来；

选择"为新表格记忆此尺寸"，所有新建的表格都将套用这一格式。

设置好后按"确定"按钮。

（二）绘制复杂表格与表格工具栏

1. 手工绘制表格

如果要制作复杂表格，一般采用绘制表格的方式来进行。

在图 6-21 的列表中，点击"绘制表格"命令 ，鼠标的箭头呈现一个铅笔的样式 ，说明已经进入绘制表格的状态。将鼠标指向表格在页面上所在位置，按住鼠标左键，向右下方或左下方拖动，随鼠标的移动会出现一个移动的矩形方框，达到要求后，松开鼠标，表格的四周边框就形成了。

在表格内按下鼠标左键沿水平方向拖动，将画一条横线，沿垂直方向拖动，将画一条竖线。

绘制表格框后，工具栏区会自动调出"表格工具"面板（见图 6-23）。

图 6-23 "表格工具"面板

2. 绘制表中表

要绘制表中表（见图 6-24），出现"表格工具"面板后，点击"绘图边框"组的"绘制表格"按钮 ，可以连续在一个单元格中按住鼠标的左键不动，向对角线方向拖动鼠标，一个小表的边框就在大表的一个单元格中产生了，当它的大小达到目的后，松开鼠标。

要注意，一要保证大表的单元格的区域要够用，二是向对角线方向拖动时，不要拖到大表单元格的对角上去，否则就变成画大表单元格的对角线了。

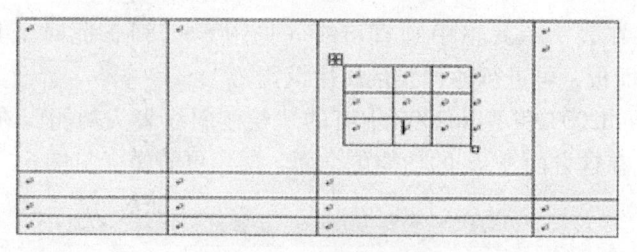

图 6-24 表中表样例

3. 擦除表格线

要擦去不合要求或多余的线，点击"表格工具"面板上的"擦除"按钮，鼠标的箭头变成了一个橡皮擦的样式，再单击要擦除的线条。

点击"擦除"按钮后，在表格的任意一个区域按下鼠标左键向对角线方向拖动，将会出现一个红色方框，凡是被方框罩住的表格线都将变绿，松开鼠标，变绿的几根线同时被删除。

要取消擦除状态，可以再次点击"擦除"按钮，将此按钮弹起。

4. 绘制斜线（绘制斜线表头）

首先将光标停在欲绘制斜线表头的单元格内，然后有以下几种选择。

做法一：直接用"绘制表格"命令，在单元格内画斜线。将鼠标停在单元格的一个角，按下鼠标左键，沿对角线的方向拖动，一条斜线（单元格的对角线）就出来了。可以从单元格的任意角引出方向不同的斜线。

做法二：点击"表格工具"面板—"设计"—"边框"—"斜下框线"（见图 6-25）。

做法三：点击"表格工具"面板—"设计"—"边框"—"边框和底纹"，调出图 6-26 对话框。

在预览处，点击 ⊠ 按钮，在"应用于"下拉列表选择"单元格"，点击"确定"按钮退出。

画好斜线之后，输入相应的表头文字即可，再通过空格和回车键将文字调整到适当的位置。

如果需要绘制两根或多根以上斜线的表头，就不能直接插入了，需要动手画。点击工具栏上的"插入"面板—"插图"组—"形状"—"线条" （见图 6-27）。

图 6-25 插入"斜下框线"

然后直接在表头单元格中画直斜线（见图6-28），此时工具栏上会激活"绘图工具"面板，可进行各种线条属性设置。

注意：Word2003 和 Word2007 中有的"绘制斜线表头功能"在 Word2010 版中简化掉了。在这方面 WPS 的功能更全面、操作更简便（见图6-29）。

图6-26 "边框和底纹"对话框

图6-27 "形状"下拉列表

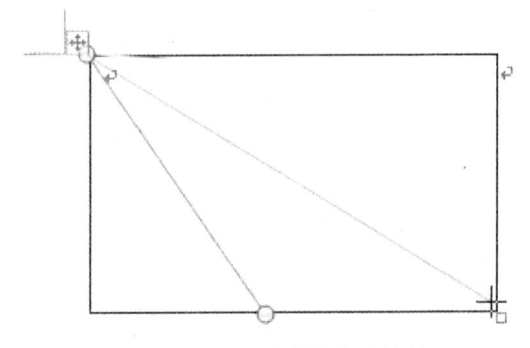

图6-28 多斜线表头绘制

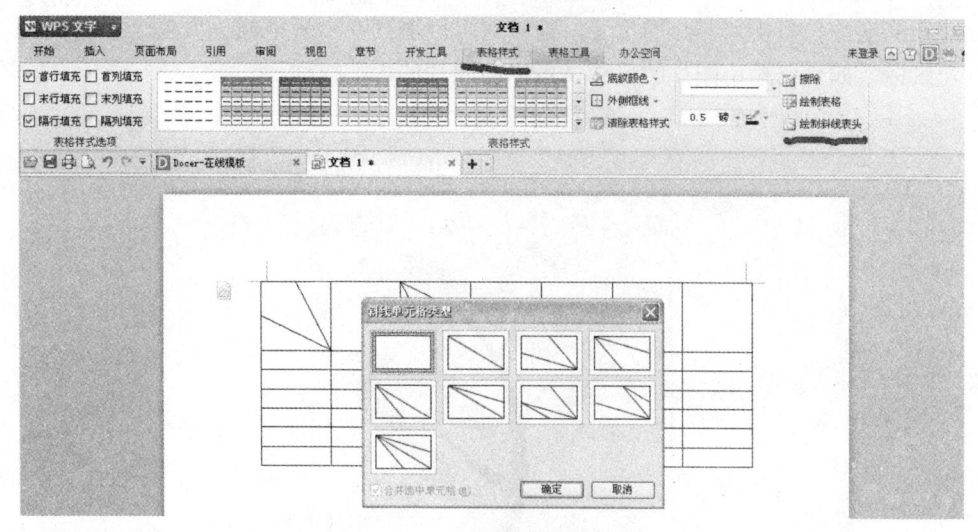

第六章　DOC（X）格式电子公文制作技巧　　·125·

图 6-29　WPS Office 中的斜线表头功能

八、图片处理

（一）插入图片

1. 从剪辑库中插入图片或剪贴画

首先将光标停在要插入图片的位置，然后点击"插入"面板—"插图"组—"剪贴画"按钮，出现图 6-30 对话框。

2. 从文件中插入图片

点击"插入"面板—"插图"组—"图片"按钮，调出插入"图片"对话框。它的大多操作和在前面介绍的"打开文件"对话框是一致的。

（二）编辑、格式化图片

1. 常规操作

图片插入到正文区后，要调整它的大小，首先是点击选中图片，选中的标志是四周出现 8 个控点（见图 6-31），用鼠标对准小控点，当鼠标箭头变成双箭头时，按下鼠标的左键，向照片

图 6-30　"剪贴画"对话框

的外部拖动，将扩大照片的尺寸。拖动时可以看到一个黑框线，大小合适后，松开鼠标。如果要缩小图片的尺寸，可以向照片的内部拖动。

图 6-31　调整图片示例

复制、移动图片的操作和普通字符的处理是一致的：先选中，然后用复制、剪切、粘贴命令组合处理。同一页面中移动图片位置也可采用鼠标拖动到新位置的方式实现。

删除图片，选中图片，按下键盘 Del 键。

2. 用"图片工具"格式化图片

先选中图片，"图片工具"面板就被激活（见图 6-32）。

"图片工具"面板的"格式"栏中又有"调整"、"阴影效果"、"边框"、"排列"、"大小"五个分组。

图 6-32　"图片工具"面板

"调整"组包括"亮度"、"对比度"、"重新着色"，是对图片锐化和柔化、亮度和对比度、重新着色、变各种艺术效果等操作。压缩图片按钮 是压缩文档中的图片以减小文档的大小；图片重设按钮 是放弃对此图片做的格式更改。

"阴影效果"组可以给自绘图形或图片加各种效果的阴影。

"边框"组用于设置图片或自绘图形的边框线。可以选择对象的轮廓颜色、轮廓线粗细、轮廓线虚线样式、无轮廓等。

"排列"组主要是指图片与文本的位置关系。"位置"按钮的下拉列表（见图6-33），默认是设置为环境对象——嵌入文本行中。"自动换行"按钮下拉列表主要是用来更改图片周围文字的环绕方式的（见图6-34），默认为"嵌入型"，能使图片与环绕文本一起移动。

图 6-33　"图片样式"对话框　　　图 6-34　"图片效果"对话框

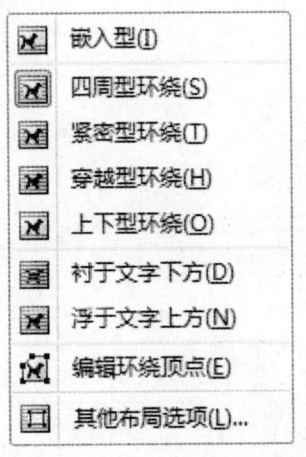

（三）Word 绘图功能

1. 自选图形的创建

自选图形是指用户自行绘制的线条和形状，用户还可直接使用 Word 提供的线条、箭头、流程图、星星等形状组合成更加复杂的示意图形状。

在文档窗口，点击"插入"面板—"插图"组—"形状"按钮下拉列表，里面有线条、矩形、基本形状、箭头总汇、公式形状、流程图、星与旗帜、标注等几个类别的多种内置的线条和形状（见图6-35）。

单击选中一种形式或线条，在编辑区按下鼠标左键拖动就可以画出线条和形状，至合适大小后，释放鼠标左键完成自选图形的绘制。

技巧：点击相应的图形按钮，按住 Shift 键的同时拖动鼠标，则可以成比例绘制形状（如正圆、正方形、垂直直线、水平直线等）。

2. 任意多边形的创建

自选图形库中内置有多种多边形，例如三角形、长方形、星形等。但这些形状均为规则图形，用户在使用时会受到一定的限制。这时可以借助 Word 提供的"任意多边形"工具绘制自定义的多边形图形。

点击"插入"面板—"插图"组—"形状"按钮下拉列表—"任意多边形"按钮 （见图 6 - 36）。

图 6 - 35 "形状"下拉列表　　图 6 - 36 "任意多边形"按钮

将鼠标指针移动到 Word 页面中，在任意多边形起点位置单击鼠标左键。然后移动鼠标指针至任意多边形第二个顶点处单击鼠标左键，以此类推，分别在所需顶点处单击鼠标左键。如果所绘制的多边形为非闭合的形状，则在最后一个顶点处双击鼠标左键；如果所绘制的多边形为闭合的形状，则将最后一个顶点靠近起点位置时，终点会自动附着到起点并重合，此时单击鼠标左键即可，如图 6-37 所示。

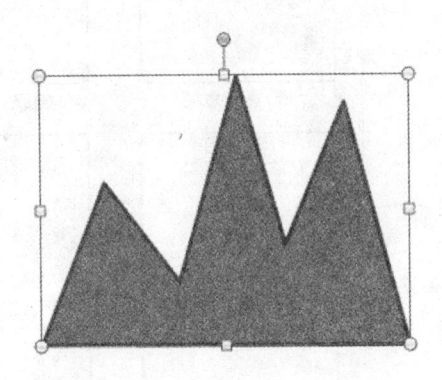

图 6-37　任意多边形画法

（四）文本框处理

1. 插入文本框

在文档窗口，点击"插入"面板—"文本"组"文本框"按钮，出现如图 6-38 所示下拉列表。

"绘制文本框"（横排）或"绘制竖排文本框"命令，光标会变成一个十字形，像自绘图形一样，在页面合适的位置，按鼠标左键，向对角线的方向拖动，会出现一个虚框，衡量其大小和形状，达到要求后，松开鼠标左键，一个文本框就形成了，光标在其中闪烁，此时就可以输入文字。文本框形成后，也会激活"绘图工具"面板，可进行文本框的格式化设置。

2. 改变文本框内文字方向

要更改文本框内文字的方向，可以点击选中文本框，或将光标置于文本框中，点击"绘图工具"—"格式"区—"文本"组—"文字方向"按钮，反复点击，就可以在文字横排与竖排间切换。当然也可以用插入横排或是竖排文本框的方式改变文字的方向。

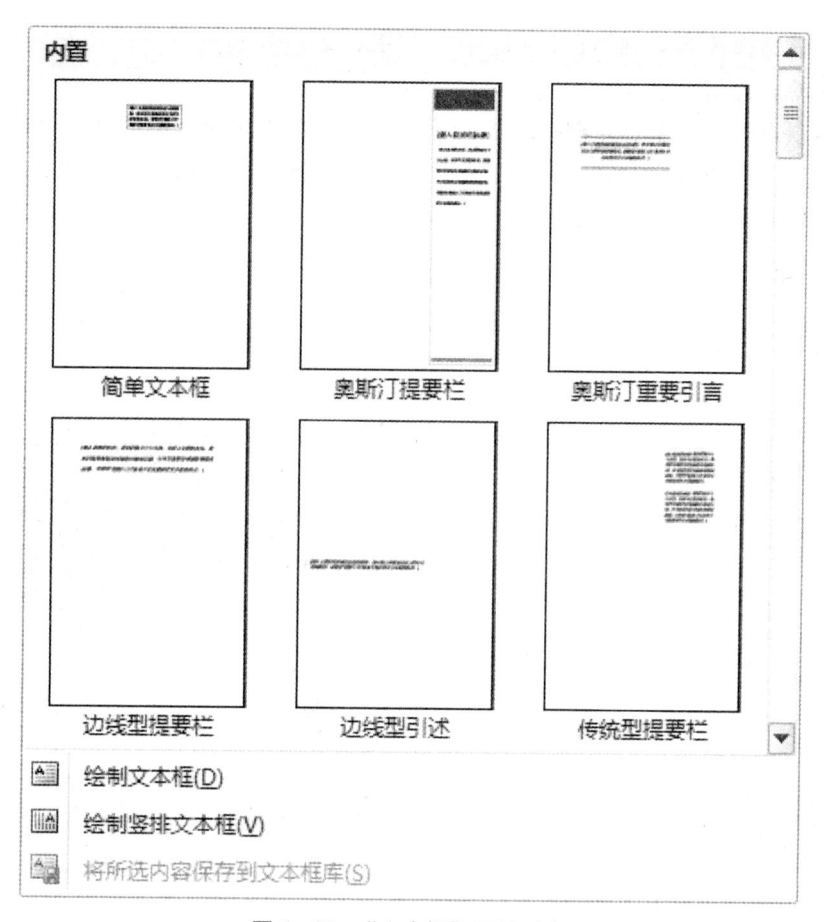

图6-38 "文本框"下拉列表

3. 让文本框的边线不可见

如不需要文本框中的边框，可以选中文本框，"绘图工具"—"格式"区—"形状样式"组—"形状轮廓"按钮 ——"无轮廓"命令。这时文本框的边线透明化。

（五）自选图形的组合

1. 图形对象的组合处理

要选中要组合到一起的多个自绘图形，可先选中第一个图形，再按 Shift 键不动，用鼠标点击其他图形。选中后，点击鼠标右键，快捷菜单—"组合"命令—"组合"子命令。如果要取消组合，首先点击选中已组合的图形，然后点击鼠标右键菜单—"组合"命令—"取消组合"。

2. 图形叠放处理

有时在绘制图形时,要将一些图形叠合在一起,这就涉及叠放层次的问题。要让哪一个图形位于上层显示,要让哪一个在最底层,必须要作层次调整。

首先要选中要移动层次的图形,然后点击鼠标右键菜单——"叠放次序",在展开的子菜单中有六个选项,即置于顶层、置于底层、上移一层、下移一层、浮于文字上方、衬于文字下方,可以根据需要选择。

第二节 DOC(X)电子公文的特殊录入

电子公文的录入是公文文本电子化的最基础的操作。一般来讲,只要掌握一种熟悉的输入法,熟悉键盘布局及标点符号布局就可以很好地完成电子公文录入工作。但实际工作中情况则很复杂,例如偶尔会碰到人名地名等生僻字录入问题、与港澳台公文交流的繁简转换问题、与外国公文交流的他国语言录入问题等,这都需要掌握相关的操作技巧,才能很好地应付电子公文中的各种复杂需要。

一、公文中偶用生僻字符录入与大字符集使用

公文的用字一般是常用字或通用字,目前的常规输入法都是以 GB2312(6763 字)为基本输入集的,能满足大多数情况的需求。但我国电子公文的处理面向全国各族人民,涉及面广,其中有大量的人名(如"朱镕基""马驍")、地名(如"茼山")等都需要掌握生僻字符的录入技术。

如果常规的输入法输入的 GB2312 标准的 6763 个汉字无法满足需要,这时需要用到 GBK 或 GB13000 编码的大字符集(20902 个汉字)录入,而支持 GB18030 大字符集的输入法已经可以录入 27533 个汉字。如果知道该生僻字的读音,可以用 Win7(或 XP)系统的"微软拼音输入法 2010"。另外,当前比较流行的紫光输入法、拼音加加、搜狗拼音、Google 拼音等输入法也可实现大字符集输入。

如果不知该生僻字的读音,就需要在 Word2010 中,依次点击"插入"面板—"符号"面板上的"符号"按钮 Ω符号· ——在下拉菜单中选择 Ω 其他符号(M)...,在图 6-39 所示对话框中查找该生僻字。生僻字按照部首排列,如果无法确定部首,可以先在 Word 编辑区输入一个同部首、结构、笔画数大致相当的常用字,然后选中它,再执行"插入"面板—"符号"按钮—"其他符号"命令,在对话框中就会自动选定输入的常用文字,在常用字的周围很易找到待输入的生僻字。

如要录入"夯",可先在文件中输入"穷",然后执行上面的操作,在图 6-39 所示的对话框中,最终的目标字"夯"就在此字的右边。

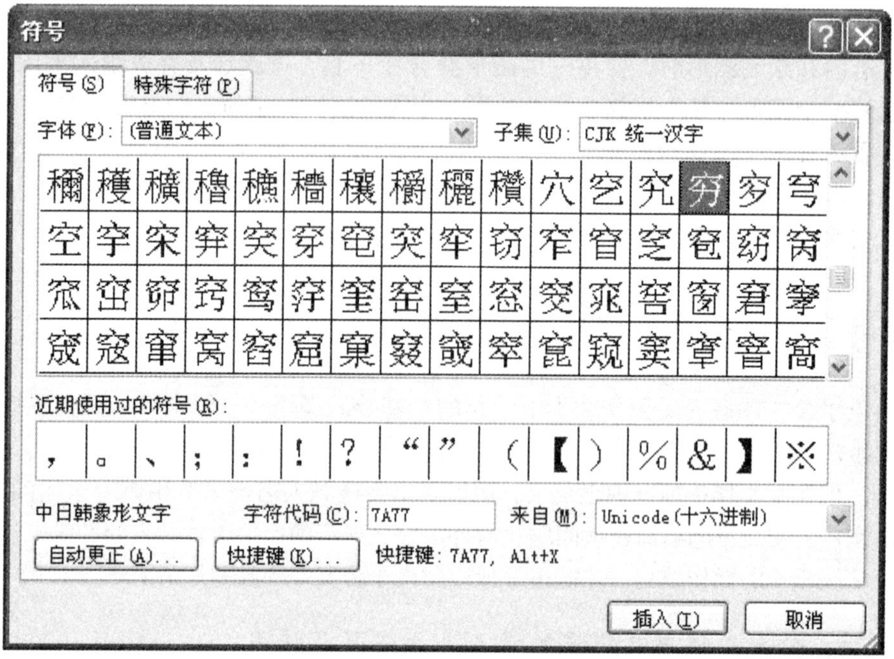

图 6-39 插入"符号"对话框

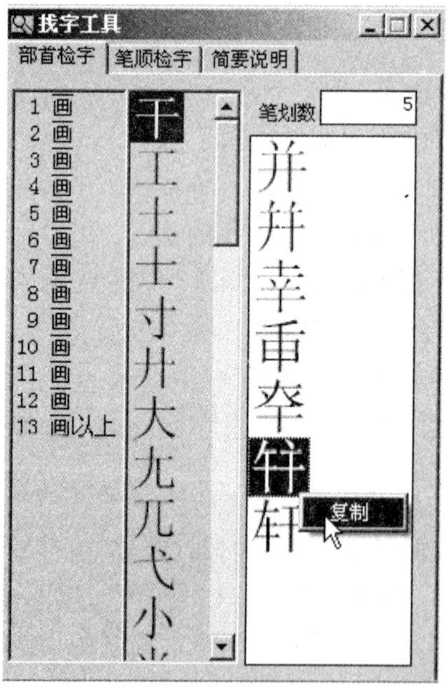

图 6-40 超大字符集"找字工具"软件界面

如果 GBK 或 GB13000、GB18030 大字符集中没有找到需要的生避字，也没有必要去进行烦琐的造字操作。最简单的方法可利用生僻字"找字工具"软件进行输入。先保证系统安装了"方正—宋体"大字符集字体（安装 Word2003 及其以上版本，该字体会自动安装），然后启动该软件，根据待查生僻字的部首笔画数选择部首，再输入除部首外其余部件的笔画数，按回车键后，就可以找到所需的生僻字，选择鼠标右键菜单"复制"命令（见图 6-40），执行后，再在 Word 中执行"粘贴"，复制进当前编辑文档。极端生僻的字的使用是极少数的，所以这一小软件的操作看似麻烦，实际并不占用太多时间。

除以上介绍的方法外，还可以用"逍遥笔"输入法（见图 6-41）。此软件 6.5 免费版支撑超大字符集，7.0 后的免费版本反而不支持。请确定安装对版本。

安装后，输入之前先单击字符集标志数码，设置大字符集标志"7"，再用鼠标在绘图板上画下生僻字的轮廓，然后系统自动在候选区识别出候选字，点击选中即可完成输入。输入过程中点击 ⊠ 按钮可以回溯删除笔画。此方法快捷简单。

图 6-41　"逍遥笔"输入法输入界面

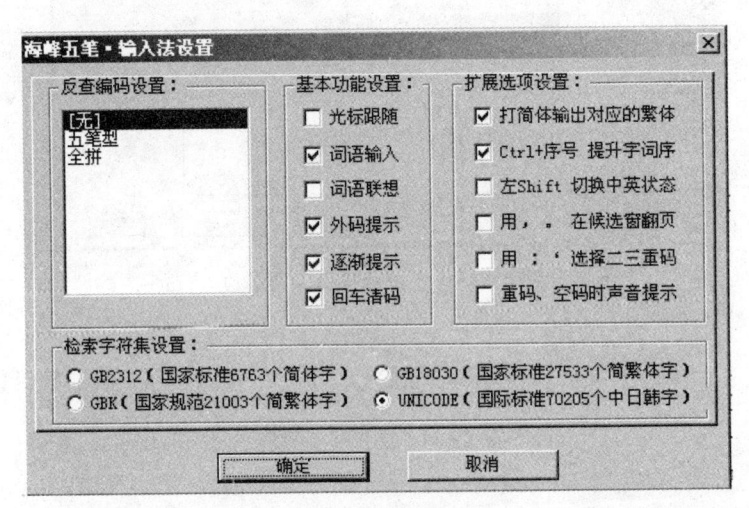

公文处理人员用五笔输入法的比较多，安装"海峰"五笔输入法（见图 6-42），可以输入 Unicode 字符集的七万多汉字。还可使用输出繁体字功能。要注意在输入法属性设置中，在"检索字符集设置"中选中"Unicode"。

图 6-42　"海峰"五笔超大字符集输入法"设置"界面

二、拼音录入

因为公文是面向各文化水平的接收者的，所以为了方便执行与贯彻，如果有生僻字时，可能需要录入汉语拼音作标注。如果该生僻字是 GB18030 字符集内，Word 中可以自动注音。如果在 GB18030 之外，可以采用同音字拼音替代。其他需要加入拼音的情况，都可执行以下操作。

选中需要注音的文本，如"过，则勿惮改"，选择"开始"面板—"字体"组—"拼音指南"按钮 文, 在图 6-43 所示的对话框中，设置相应的拼音格式，建议将对齐方式设置为"居中"，然后点击"确定"按钮，即可在文本上方注音，拼音的字号可在此对话框中自由调整。

如果需要在文本的右边平行方向放置拼音（见图6-44），也可以采用这种方法，在图6-43所示对话框中，点击"组合"按钮，这时所有的拼音就会组合在一起。然后将"拼音文字"文本框中的拼音串用鼠标选中，按"复制"键盘组合键Ctrl+C，将拼音文字送入剪贴板，点击"取消"按钮退去对话框，然后在正文需要输入拼音的文本后面，按"粘贴"组合键Ctrl+V，将拼音文本直接贴在文字的右边，然后根据需要设置格式。

图6-43 "拼音指南"对话框

图6-44 拼音输入示例

三、其他类型语言的录入

涉外电子公文的制作经常需要录入其他国家的语言，大多情况下为英文，没有特别的处理难度，个别情况下可能是其他国家的文字，如法文等，例如在国家质检总局与海外的交换公文中经常涉及用原国语言制作的标题的引用。

在Win7（或XP）系统中，在输入法状态条中，选择鼠标右键菜单"设置"，调出如图6-45所示的输入法设置对话框，点击"添加"按钮，然后就可以添加要使用的语言，如"日语"，然后在"键盘布局/输入法"下拉列表中，选择相应的输入法，如"日文"。"确定"退出后，在输入法选择栏中就会有相应国家的语言输入法（见图6-46），然后按击键盘各键了解其输入法的键盘布局方案，即可实现正常录入。

四、繁简转换

我国大陆与港澳台电子公文交流日渐增多，由于港台多用BIG5编码，是繁体字系统，大陆使用的GB2312编码，是简体字系统，经常需要简繁转换操作。

为阅读方便，很多办公人员愿意用简体中文编排公文，然后用Word提供的"繁简转换"功能直接将简体转换成繁体或将繁体转换为简体。

打开文档或选中待转文本，根据需

图6-45 "文字服务和输入语言"对话框

要，点击"审阅"面板—"中文简繁转换"组里的"繁转简"或"简转繁"按钮。单击"简繁转换"按钮，在图6-47所示对话框中，可以设置是否"转换常用词汇"，例如，不选中该选项，大陆用的"硬盘"就不会转换成台湾繁体的"硬碟"等。

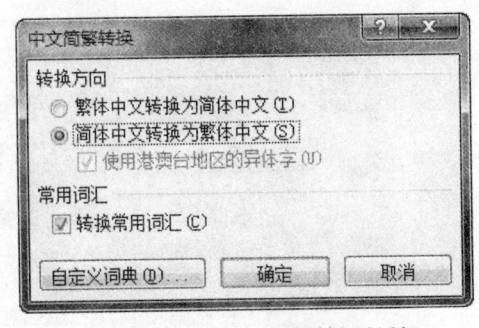

图6-46 日语输入法状态条　　图6-47 中文简繁转换对话框

但要注意：繁简并非总是一一对应的，经常有简繁的一对多情况，如：

制　　制——制度
　　　　製——製造
准　　准——准许
　　　　準——標準
面　　面——面孔
　　　　麵——麵粉

如果只是这样简单地由计算机进行转换，经常出现错误。这要求处理这方面公文的工作人员要有简繁一对多的知识，再在 Word 自动转换的基础上进行校对，就可以保证简繁转换的准确率。另外，"黑马校对"也是不错的辅助校对工具。

如果有足够的繁简对应知识，可以在微软拼音输入法的属性设置中选中"繁体中文"，在"海峰"五笔输入法的属性设置中选中"打简体输出对应的繁体"选项，也可实现繁体字符的录入。

五、OCR 录入——慧视屏幕识别

公文的写作经常要参考大量资料，目前采用的方法一般是通过网络检索。很多材料集中在如期刊网 CNKI 的 CAJ 或 PDF 格式文件、"超星"电子书刊的 PDG 格式文件，这些资料很多是扫描的图片。如果通过打字的方式摘录需要的文本，需要在阅览器和文本编辑软件 Word 两个程序之间反复切换，而且不好参照，如果使用屏幕文字识别 OCR 技术将极大提高效率。CAJ、超星等阅览器的增强版中均带有 OCR 文字识别模块，但识别效果并不理想。可以利用专门用于屏幕图像文字识别的软件"慧视小灵鼠视觉图像文字识别系统"（见图 6-48），即可将这些电子文件上显示的文本图像进行精确的识别，实现快速文本化。此软件精度高，识别速度快，但对于"超星"格式的电子文件来讲，要选择阅览器的"工具"面板—"选项"命令，将底色设置为"无"。

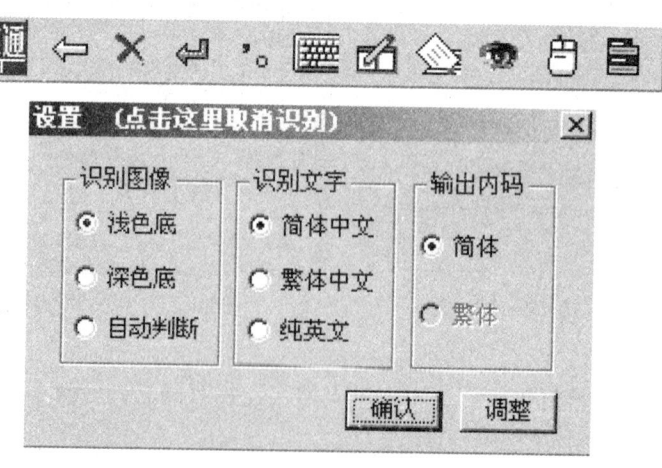

图 6-48 "慧视小灵鼠"工具栏及"设置"对话框

六、抓图与受限文本的获取——HyperSnap

公文制作有时会涉及一些图片的使用，特别是一些技术性比较强的公文，可以使用专门的抓图软件如 HyperSnap 进行灵活抓取。

HyperSnap 是一个功能强大的专用抓图工具,可以用 HyperSnap 中的组合键 Ctrl + Shift + R 直接在一些电子书或整幅图片中直接抓取图片或图片部分,插进公文。有一些文本资料在网页、DOC(X)文件、PDF 文件中,文本被限制了复制功能,无法调用复制按钮或使用组合键 Ctrl + C,可以用 HyperSnap 的组合键 Ctrl + Shift + T 直接抓取受限制文本,然后复制进 Word 文件。

第三节 DOC(X)电子公文的特殊编排技法

DOC(X)电子公文的编辑排版操作是电子公文制作的核心技术,本节重点介绍与电子公文制作相关的特殊操作。

一、选中矩形文本块

在文本处理时,如果需要对分列的文本行进行局部更改格式等操作,常需要选中矩形文本块,但常规鼠标拖动选中的方式无法实现。可在鼠标拖动之前,按下 Alt 键然后拖动,即可选中矩形文本块(见图 6 - 49)。

图 6 - 49 矩形块选中示例

二、字符的高级查找、替换操作

电子公文起草特别是编辑修改过程中,经常要在一篇文档中进行检索,查找要修改的字句,或者一次性大批量替换掉以前一直在使用的一个术语。Word 提供给我们功能强大的查找和替换功能。

(一)同时显示相同项目

选择"开始"面板—"编辑"组—"查找"按钮 查找 (快捷键 Ctrl + F),在文档左侧会出现"导航"对话框,在图 6 - 50 所示对话框"搜索文档"处输入查找内容关键词,对话框中会自动提取包含此关键词(加粗)所有语段。此关键词也会在文档中自动标亮。

还有一种查找方式,可以点击 查找 旁的下拉菜单按钮,出现图 6 - 51 所示下拉菜单。点击"高级查找"命令,出现查找对话框(见图 6 - 52)后,在"查找内容"框中输入查找内容关键词,选中"阅读突出显示",可以同时标亮文档中查到的所有关键词或格式,同时在对话框中显示找到的数量。

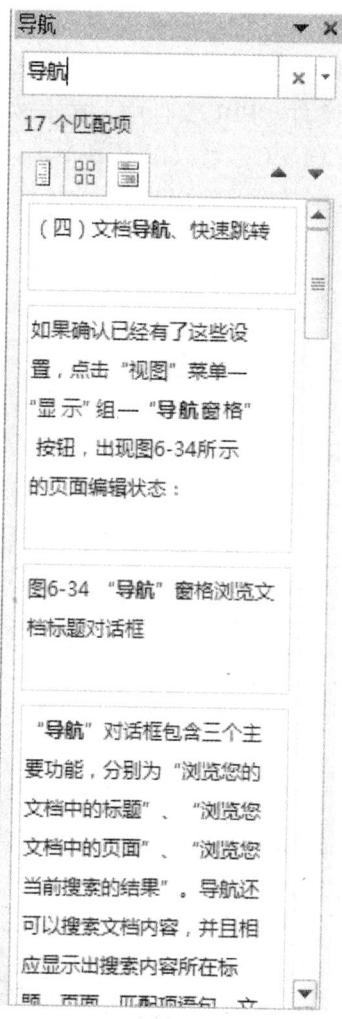

图6-50 导航对话框

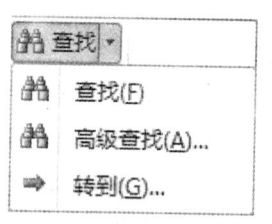

图6-51 "查找"下拉菜单

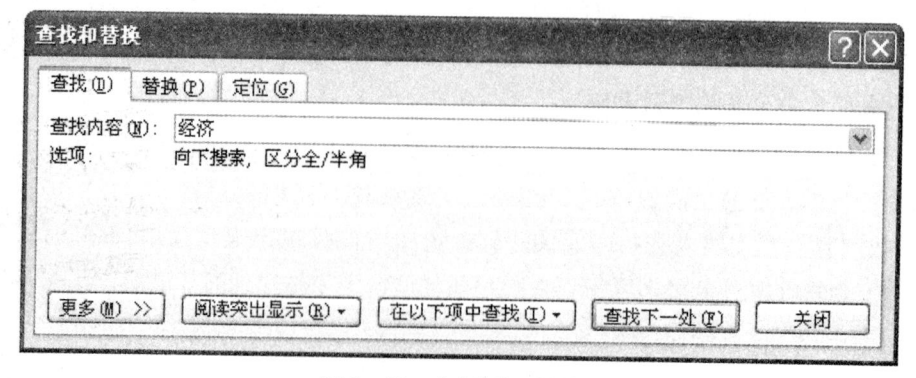

图6-52 "查找"对话框

（二）高级查找及通配符使用

如果要查找的内容比较复杂，可点击"查找"对话框中的"更多"按钮，在图6-53所示对话框中设置查找特殊格式或符号，并可给查找操作限定一些条件。如点击"格式"按钮，则弹出格式选项菜单，包括字体、段落、语言和样式等，单击其中的命令进入相应的对话框进行设置。点击"特殊格式"按钮，能够查找文本中的特殊代码，如段落标记和制表符。

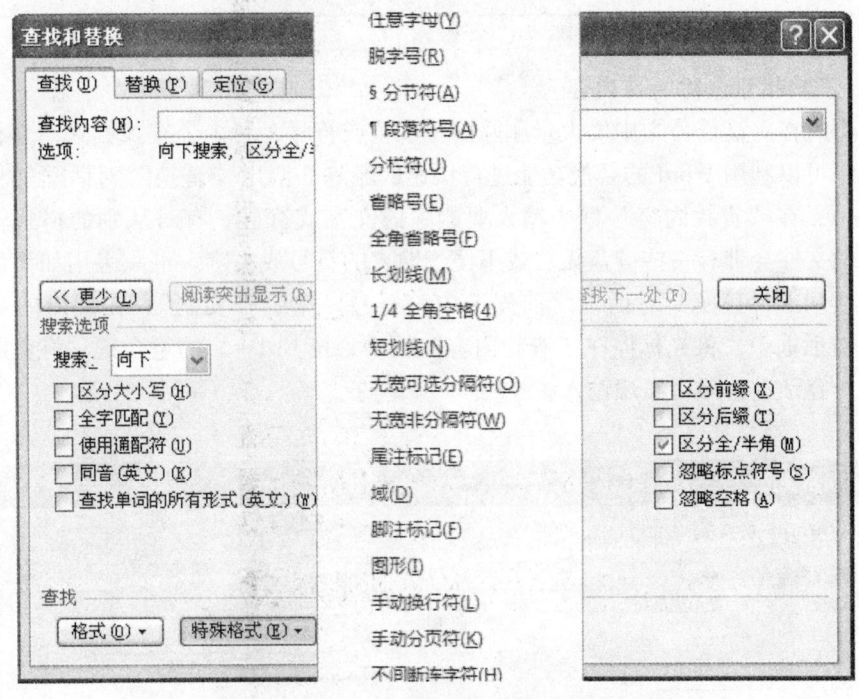

图6-53 "查找"对话框中的输入特殊字符

选中"使用通配符"选项，可在查找内容框中将通配符和文本一起使用，达到各种复杂的查找目的。常用通配符主要有？和＊。以下是电子公文中常用的各个通配符的具体用法和示例（见表6-1）。

表6-1 通配符使用示例

通配符	代表意义	举例
＊	任意字符串	如"北＊人"可以查找以"北"开头以"人"结尾的不超过255个字符的任意字符串。如"北京周口店人"

续表

通配符	代表意义	举例
[ ]	指定字符之一	"［某此］人",则可找到"某人"和"此人"
[!]	方括号内字符以外任意单个字符	用山［! 东］人可以查找到"山西人"、"山内人"、"山外人"等,但不查到"山东人"
{n}	n 次重复前一个字符	"go {2} d",表示查找"good"而不会查找"god"

(三) 批量删除特殊内容

有时在一篇长公文中要大量删除同一字符或符号,一个个查找删除,会相当麻烦,可以利用 Word 的替换功能进行快速的删除。调出"替换"对话框(见图 6-54),在"查找内容"框中输入要删除的文字或符号。有时从别的格式转换过来的文件会带有一些键盘无法或不便于输入的符号或文字。可以采用如下的方法,在调出"替换"对话框之前先选中该符号,然后"复制",在调出的"替换"对话框中,将光标停在"查找内容"框中,按 Ctrl + V 的组合键,将剪贴板中的内容贴进去即可实现输入。

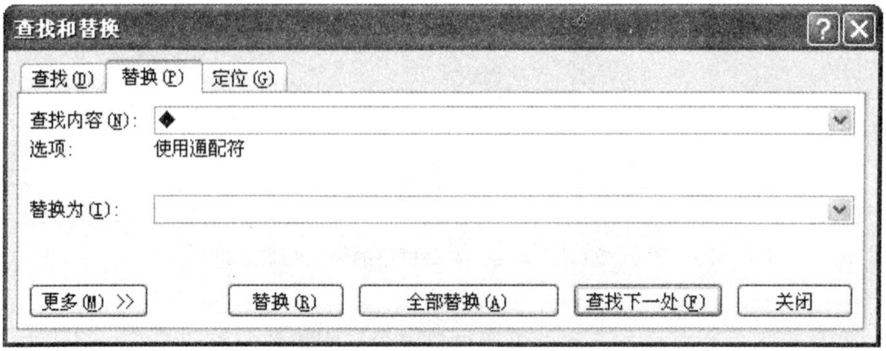

图 6-54 "替换"对话框

输入完内容后,在保证"替换为"输入框中没有任何内容(包括空格)的情况下,直接按"全部替换"按钮,Word 会在最短的时间内删除所有查找内容框中的字符和符号。

三、页面设置操作

(一) 设置长电子公文的书籍折页

近些年,有些公文采用 A3 纸、正反打印、中缝装订的方式。其编排方式可采用如下操作：选择"页面布局"面板—"页面设置"组扩展箭头，在图6-55所示的对话框中点击"纸张"标签，设置A3纸张；点击"页边距"标签，设置"横向"，在"页码范围"列表中选择"书籍折页"；"确定"后即可打印。要注意：打印时要选择双面打印。

中缝装订要注意选择能转头90度的订书机，将其转向90度，然后伸向A3纸折页的中缝，即可装订。

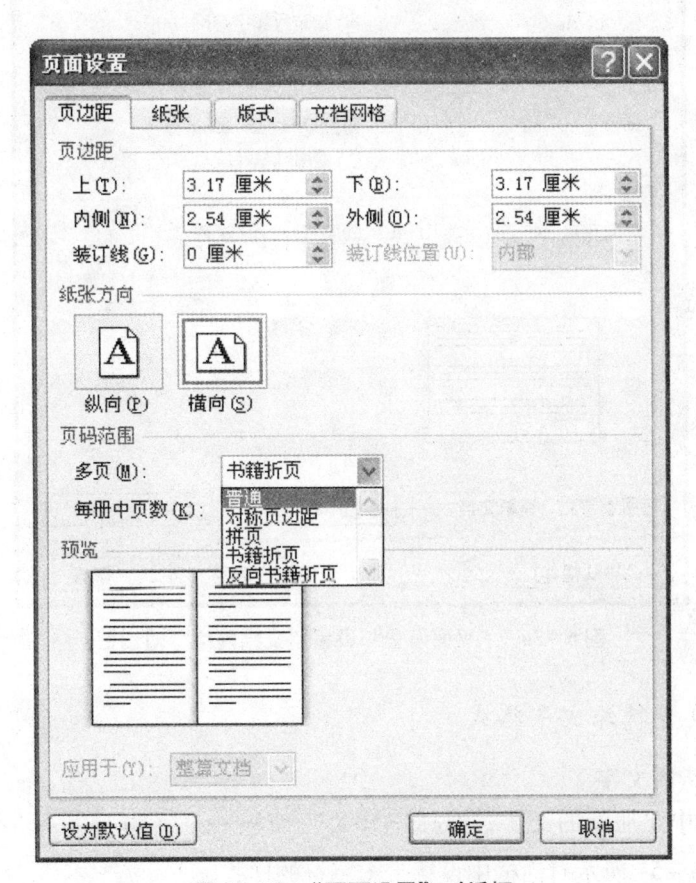

图6-55 "页面设置"对话框

（二）指定电子公文版心大小

有些公文的版面对版心有严格要求，如需要将版心设置成39×39，或者39×40。设置好严格的页边距和字体字号后，可以在版心内自动调整字间距和行间距，实现标准的版心排版。

调出图6-55页面设置对话框，单击"纸张"标签，先设置纸张大小为A4，再点击"文档网格"标签，在图6-56所示的对话框中进行字符数和行数设置。

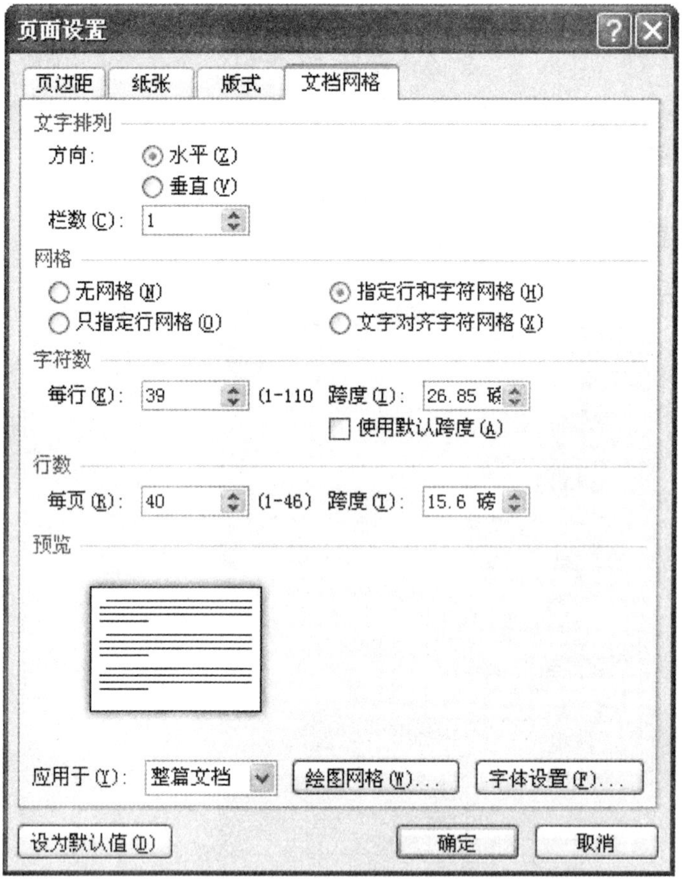

图 6-56 "页面设置"设置"文档网络"对话框

四、设置特殊文字格式

（一）带圈文字

可以选中要加圈的文字，选择"开始"面板—"字体"组—"带圈字符"，在图 6-57 所示对话框中设置带图字符的样式。

（二）设置中英文混排公文的英文格式

在中英文混合的电子公文的录入中，大小写的频繁转换是一件很麻烦的事。我们可以充分利用 Word 提供的大小写转换功能。在输入时，可不必理会各种限制，全按小写字母输入或全按大写字母输入，然后选中包含这些英文字母的全部文字，选择"开始"面板—"字体"组—"更改大小写"命令，调出图 6-58 所示的列表，可进行各种需要的格式设置。

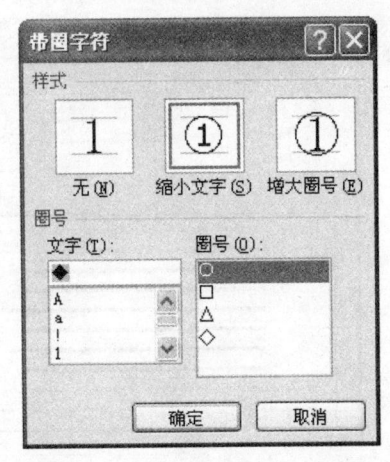

图6-57 "带圈字符"对话框　　　　图6-58 "更改大小写"列表

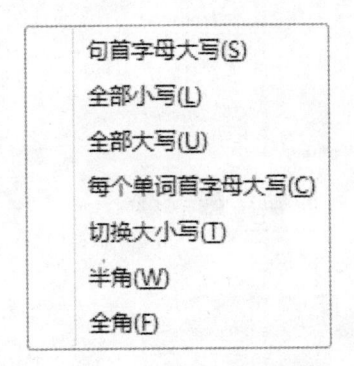

　　键盘操作：选中文字后，反复按 Shift + F3 组合键，可以在"全部大写"、"全部小写"、"词首大写"三种状态之间不断切换。

五、项目符号和项目编号

（一）添加或删除项目符号或编号

　　项目符号或编号是用悬挂式缩进格式的特殊类型的段落。项目符号是每一段落首行的左端有一个醒目的符号，如"●"，项目编号是指在左端有一个数码编号。符号和编号的使用可以使公文的层次更加清晰。规范性公文中一般采用编号。

　　项目符号和编号的格式顺序也是逐段向下自动传递的，当按 Enter 键开始一个新的段落时，系统就会自动在下一个段落的段首加上一个符号或编号。如果中间删除了一个编号，那么后面的序号会自动调整，保证序号的不间断性。

　　有时一个层次可能不止一个段落，如果为每一个段落都自动添加编号就乱套了，这就需要掌握取消编号或符号的方法：按两次 Enter 键即可取消编号或符号，或者点击"开始"面板—"段落"组—"项目符号"按钮 ≣▾ 或"编号"按钮 ≣▾，使其弹起，符号或编号列表会自动取消。

（二）更改默认项目符号、编号样式

　　通过工具栏或自动插入的项目符号或编号只有默认的一种样式，如果不满意，可以更改成需要的符号或编号样式。

　　如果要更改项目符号，点击"项目符号"的下拉菜单按钮，在图6-59所示的对话框中可以点击需要的格式，这里预置了多种常用符号，"无"是用来取消项目编号的，还可以点击"定义新项目符号"，根据需要自定义新的项目符号（见图6-60）。

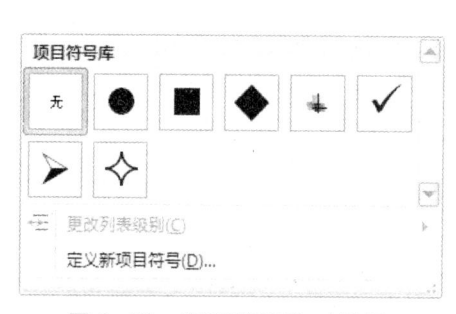

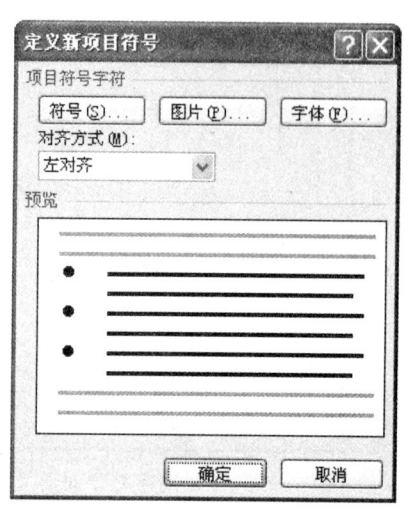

图 6-59 "项目符号"对话框　　图 6-60 "定义新项目"对话框

更改项目编号，可点击"编号"旁的下拉菜单按钮，在图 6-61 所示的对话框中可以点击需要的格式，这里预置了多种常用的编号类型，"无"是用来取消项目编号的，还可以点击"定义新项目编号"命令，根据需要自定义新的编号样式（见图 6-62）。

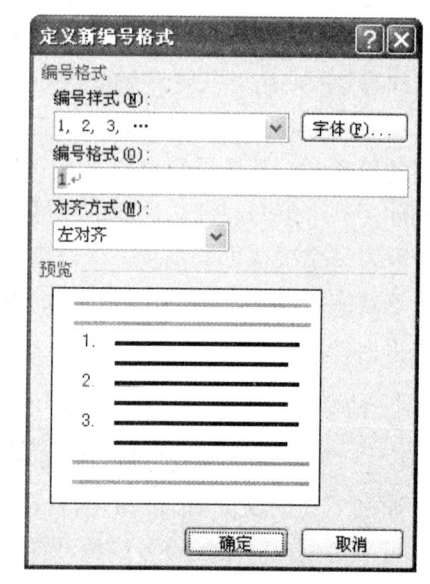

图 6-61 "编号"对话框　　图 6-62 "定义新编号格式"对话框

六、使用"样式"进行自动化排版

公文制作的电子化的目的不单是为了传输或美观,还有一个更重要的目的是提高工作效率。排版是一个高度组织化与结构化的工作,在 Word 排版中,不掌握一些高级智能化样式的使用,就不能使用许多自动化功能,如自动产生图表题注(编号)、自动产生目录、自动产生索引、自动产生文档结构、自动切换页码形式、自动更换页眉内容……

所谓样式,就是用以呈现特定页面元素(正文、页眉、章名、图解、脚注、目录、索引等)的一组格式(字体、字距、行距、特殊效果、对齐方式、缩进位置等),使用最多的就是标题样式。

在公文的层次中常常是大层次套小层次,具有多层重叠性,排版时,这些层次常常是以标题为区别的。要想使用 Word 提供的文档结构图、大纲视图、自动提取目录等先进功能,必须为这些标题定义级别,定义了级别就分清了层次之间的关系。一般公文第一层定义为一级标题,然后依次向下排列。

选中标题文字后,点击"开始"面板—"样式"组下拉菜单按钮,列出内置样式(见图 6 - 63)选择"标题 1",此标题文字自动变化(如果不满意内置标题的格式,可以在应用标题级别后改变字体、字号或加下划线、变颜色等格式)。然后双击工具栏格式刷按钮,使所有同一级别的标题都应用此格式。再用同样的方法设置二级标题、三级标题。

默认工具栏上"样式"列表只显示到三级标题,需要更多的标题样

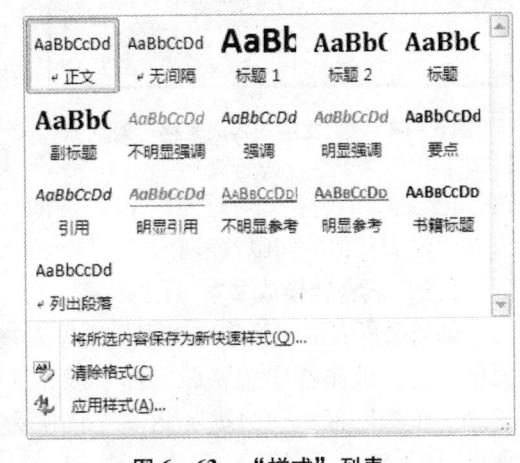

图 6 - 63 "样式"列表

式或其他样式,再点击 ▼ 按钮,就可显示所有样式列表。如果需要更改样式可以点击"更改样式"按钮。

七、表格的处理

(一)长表格的标题行重复

一个长表格跨页后,要保证后续页上都有表头来对应参照,最好的方法是将第一页的表头项重复于每一个后续页。

选中表格的标题行，可以是一行表格也可以是几行，然后选择"表格工具"—"布局"区—"数据"组—"重复标题行"命令，表格后续页的标题行自动重复，而且不随行数的增删而改变位置。如果要取消，再执行上述操作，再次点击"重复标题行"命令。

（二）文本转换成表格

在 Word 中允许将有固定格式的文字转换成表格，也可以将表格转换成文本。文本中的各个项目之间必须有规范的间隔符，可以是空格、分号、段落标记，也可设定自选的间隔符号。先选中要转换成表格的文本，然后选择"插入"面板—"表格"按钮—"文本转换成表格"命令，调出图 6-64 所示的对话框。

图 6-64 "将文字转换成表格"对话框

"表格尺寸"中可以设置生成的表格的行数和列数。"文字分隔位置"可以进行分隔符的选择，可以根据文本中正在使用的分隔符样式，选择"段落标记"、"制表符"、"逗号"和"空格"，也可以点击"其他字符"后面的输入框，输入其他的间隔符号。

（三）表格转换成文本

如果要将表格转换成纯文本，去掉表格线和单元格分界，可先选中表格，选择"表格工具"面板—"布局"区—"数据"组—"转换为文本"，调出图 6-65 所示对话框。

可以选择将原表格中各单元格文本转换成文字后的"文字分隔符"，共设有"段落标记"、"制表符"、"逗号"和"其他"四个选项。有嵌套的复杂表格也可实现转换。

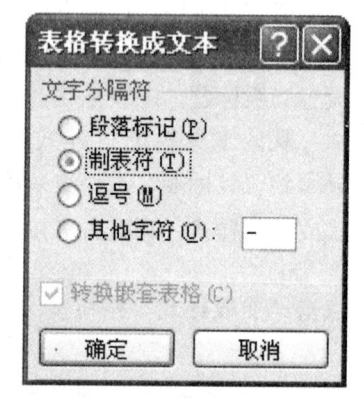

图 6-65 "表格转换成文本"对话框

（四）表格数据排序

在 Word 中设置了表格数据排序功能，这个功能基本等同于 Access 数据库或 Excel 电子表格功能。比如设置了一个大型表格，成百上千个数据如何才能在最短的时间内按从小到大或从大到小的顺序排列出来呢？

排序是以列为单位的，最简单的方法是将光标停在需要排序的列中，或选定需要排序的列，然后点击"表格工具"面板—"布局"区—"升序"按钮（或点击"开始"面板—"段落"组—排序按钮），整列的数据将从上到下按从小到大顺序排列，这样很容易得到一列数据的最大值和最小值。

如果需要同时对多列数据进行排序，如在表6-2中，首先需要按第一产业的值从大到小排出名次，如果有同数值的，则按第二产业值的高低细分名次，如果其值也相同，再依第三产业的值排定。

表6-2　　　　　　　　　　表格内数据排序示例

区县	第一产业	第二产业	第三产业
A区	24.5	33.4	12.4
B区	36.6	55.6	44.4
C区	43.5	23.3	50

首先将光标停在表格内，选择"表格工具"面板—"布局"区—"排序"按钮，调出图6-66所示对话框。

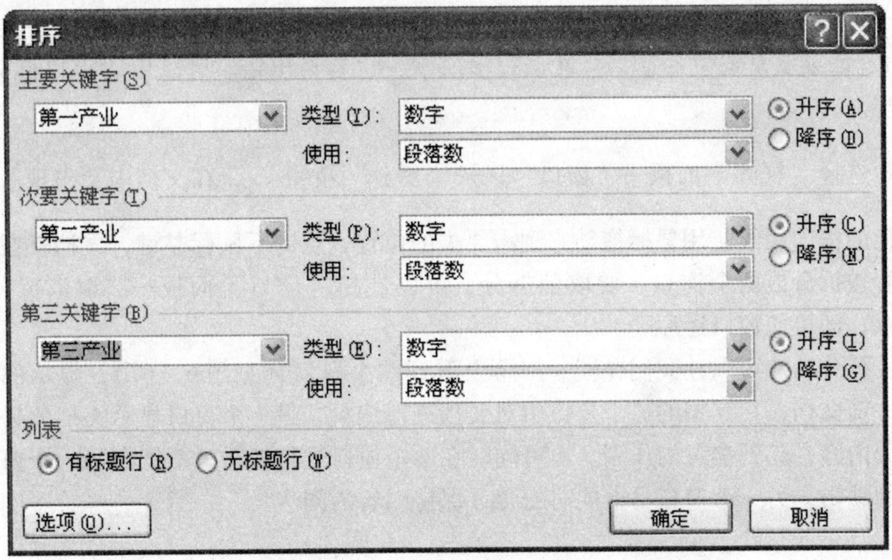

图6-66　"排序"对话框

排序依据有三个：点击"主要关键字"是最主要的，可以点击下拉列表，选择"第一产业"。"类型"是指表格中数据的类型，可以选择按"笔画"、"拼音"、"数字"、"日期"等。笔画主要是指汉字按第一个字笔画数的多少排，第一个字笔画相同，则以第二个字的笔画为准；拼音也是针对汉字，按第一个字的声母的顺序；数字和日期用得最多。"递增"选项是按升序排列，"递减"是按降序排列的。按照这种方式再设置次关键字和第三关键字的类型和排列方式。

"列表"选项组中有两个选项，如果要排序的列中包含标题行（即添加的自动重复于后续页的列标题），应选定"有标题行"复选框，排序时，将跳过首行。如果选择"无标题行"，排序时会把第一行当做普通数据也进行排序。

设置好后，点击"确定"按钮，表中数据便按要求排出名次。

第四节　DOC（X）长电子公文的编排

在电子公文制作中，经常会遇到长文档，如法规性公文条例、办法、规定，通用性公文规划、计划、方案，以及大型调查报告、材料汇编等。长公文的编排处理比较复杂。

一、同时编辑、浏览同一公文的不同部分

进行长公文写作时，有时写到后面，常要参考前面的相关内容（如有些报表），如果反复定位的话，会耽误很多时间，也容易出错。可以用"窗口拆分"功能。

选择"视图"面板—"窗口"区—"拆分"按钮，在文档中会出现一个灰色的横向粗线，用鼠标拖动它到需要去的位置，点一下鼠标左键，文档就在此位置被拆分成两个窗口。要取消拆分，可以选择"窗口"面板—"取消拆分"命令，即可使窗口还原。

拆分功能可以让我们在同一屏幕上看到两个窗口（见图6-67），显示的是同一篇文档，在其中的一个窗口中对文档进行编辑，另一个窗口显示文档的另一部分内容，起到参考的作用。也可同时在两个窗口进行编辑，不管在哪一个窗口做的编辑，另一个窗口马上同时变化，保持内容的同步。

第六章 DOC（X）格式电子公文制作技巧

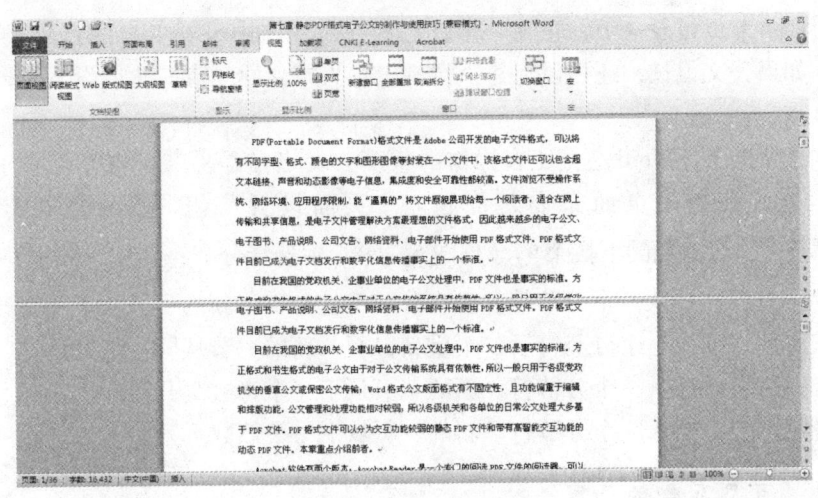

图 6-67 拆分窗口示例

二、横竖版面混排

在公文的排版中默认是 A4 纸或 16 开纸竖排，但有时在一些长文档中，一些宽幅表格需要横向排版才能显示开。可将鼠标置在需要横排表格的前一页尾，选择"页面布局"面板—"页面设置"区—"页边距"—"自定义页边距"，在图 6-68 所示对话框上，在"方向"选项中选择"横向"，然后点击"应用于"下拉列表，选择"插入点之后"，"确定"退出后，下一页开始都变成横向排版了。将表格制作完后，在表格后一页的页首处重复刚才的操作，只是将"横向"改为"纵向"，然后"确定"，该横向页后所有的页码就又恢复为纵向了。

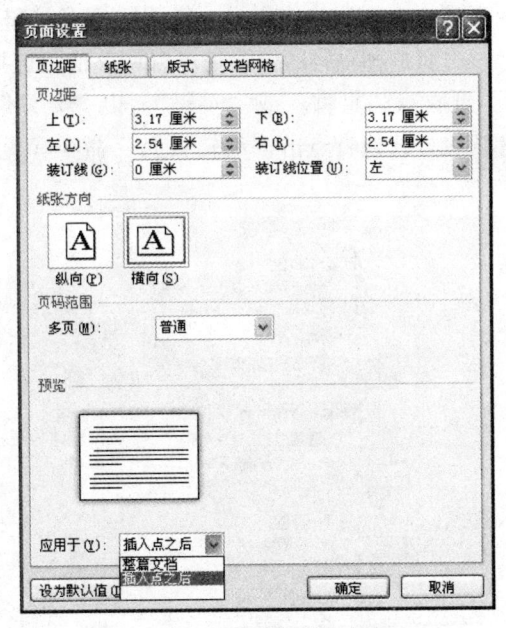

图 6-68 "页面设置"对话框

三、分节

在传统的公文编辑软件中，分节是一个比较陌生的概念，而实际工作中随时随地都要用到。比如对一篇篇幅较长的公文进行编辑，公文的封面不加页码，公文的目录要另编页码以与正文的页码区别开，这时可以考虑将整篇公文分成三节，封面一节，目录一节，正文一节，然后在每一节中设置各自的页码或页眉、页脚。如果公文很长，还可以将每一章都设置为单独的一节，然后设置不同的页眉、页脚。

默认情况下，Word 会把正在操作的整篇公文当做是一节。将光标置于要分节的地方，选择"页面布局"面板—"页面设置"组—"分隔符"按钮 分隔符，在出现的下拉菜单（见图 6-69）中选择分节符类型，其中：

"下一页"，插入一个分节符并且在分节符处分页，新的一节从下一页开始；

"连续"，插入一个分节符后，不重新分页，新的一节从同一页开始；

"奇数页"，插入一个分节符，新的一页从下一个奇数页开始；

"偶数页"，插入一个分节符，新的一页从下一个偶数页开始。

四、页眉页脚的设置

页眉和页脚是指在页的上边界外部（页眉）或下边界外部（页脚）加的一些内容，这些内容一般是章节的名称、页码、作者名等信息，主要是为读者阅读起到一个提示的作用，一般用一条直线和正文区隔开。

页眉和页脚的位置是可以调整的。选择"插入"面板—"页眉和页脚"组—"页眉"、"页脚"或"页码"。以"页眉"为例，在出现的下拉菜单中可以选择内置样式或者点击"编辑页眉"命令（见图 6-70）。

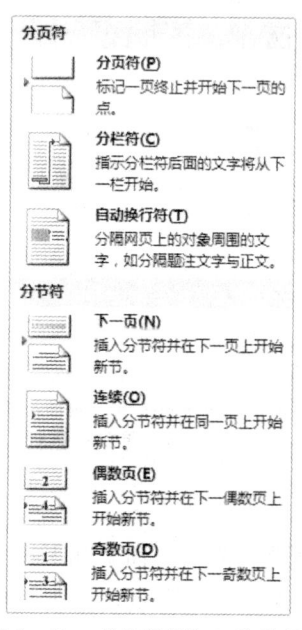

图 6-69 "分隔符"下拉菜单

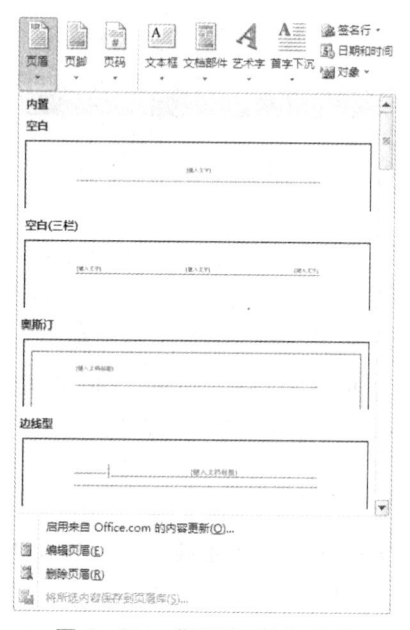

图 6-70 "页眉下拉"菜单

五、设置页码

（一）设置正反印刷时左右对称的页码

长公文在正反印刷时，页码和格式应该是左右对称的，置于页面外侧的，这样不会因为左侧装订而将页码订于书脊中。另外，双页印刷的排版，页码大多遵循这样一个规则：单页（奇数页）的页码要安排在右面，而双页（偶数页）的页码要安排在左边。

选择"插入"面板—"页眉和页脚"组—"页脚"按钮—二级菜单的"编辑页脚"命令，激活"页眉和页脚工具"—"设计"区，在"选项"组上点击"奇偶页不同"，此时，每页页脚处，会显示"奇数页页脚"和"偶数页页脚"。

将鼠标置于奇数页页脚编辑区，击"页眉和页脚"组—"页码"按钮，在下拉列表中点击"页面底端"，二级菜单中点击"普通数字3"预设样式，则页码1、3、5……分别在奇数页的左下角标注出来，如图6-71所示。

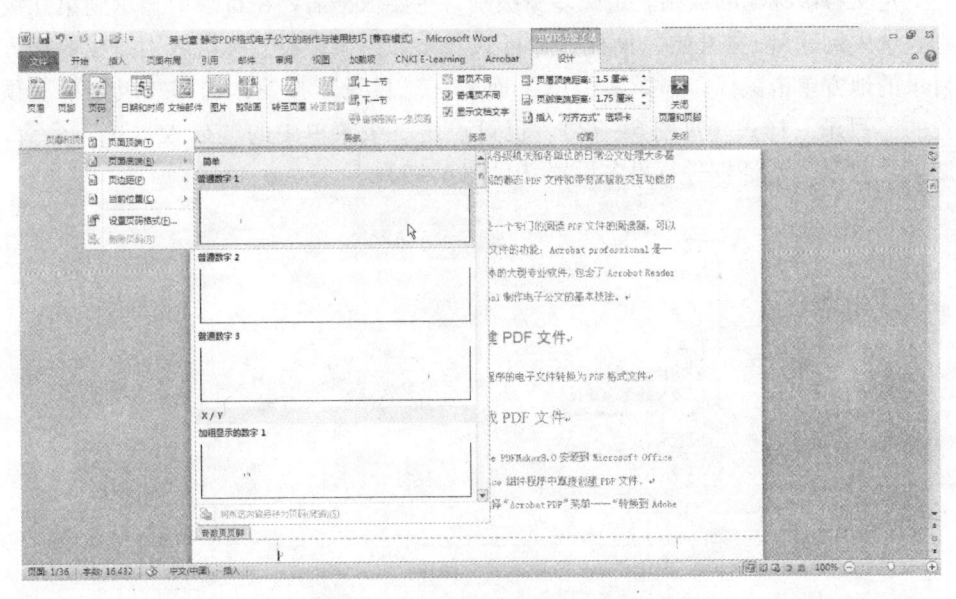

图6-71 "奇数页页码"对话框

把鼠标置于"偶数页页脚"编辑区，再执行以上操作，选择预置样式"普通数字1"，则页码2、4、6……分别在偶数页的左下角标注出来。

（二）格式化页码

Word默认的页码字较小，字体也不够美观，可以重新编排页码格式，例如改变字体、字号等。和调整页码位置一样，首先双击页码数字激活页码选择框，选中页码,可以像给普通文本变格式一样进行样式设置,如变字体、变字号、变斜体、下划线、变颜色等。设置完毕,用鼠标在文档正文空白区双击,退出页眉页脚编辑状态,设置就生效了。对任何一个页码的设置都会影响到整篇或整节公文的。

还可以插入带符号的页码。激活页码编辑框后,将光标置于框中,在页码数字两边,点击"插入"面板—"符号"按钮,在调出的对话框中选择需要的符号,点击"插入",但不要删改页码框中系统默认的页码数字。

六、设置目录

(一) 自动提取公文目录

Word 能自动提取长公文的目录。能被提取当做目录的标题必须应用了标题样式,必须分清公文的层次,将内置标题样式的"标题1"到"标题X"应用到要包括在目录中的标题上。编制好后,可以利用目录在公文中漫游,能快速定位需要的章节,单击目录中的标题项即可跳转到公文中的相应标题下的具体内容。

定义各级标题的级别。定义多少级别,主要依据需要在目录中显示到第几级别。选中标题后,"开始"面板—"样式"下拉列表,设置标题级别。在要插入目录的地方单击鼠标。选择"引用"面板—"目录"按钮,选择二级菜单上预置的"目录"样式(见图6-72)。也可点击二级菜单中的"插入目录"命令,调出"目录"对话框进行更多设置(见图6-73)。

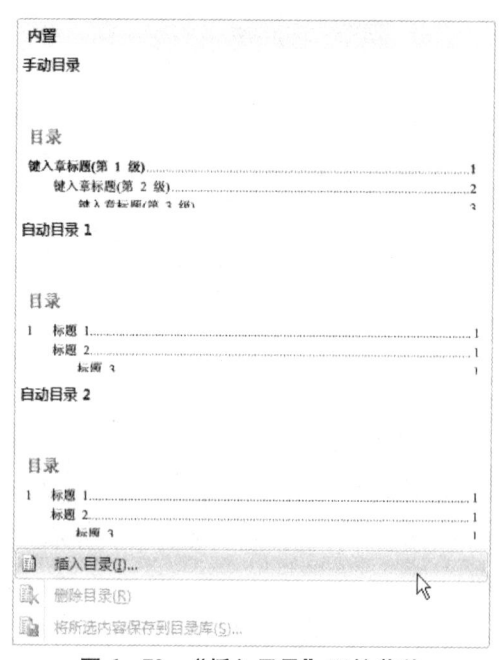

图6-72 "插入目录"下拉菜单

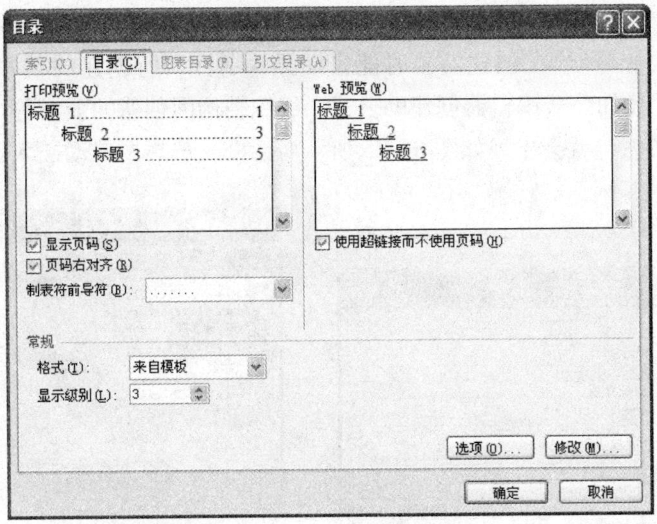

图 6-73　"目录"对话框

在图 6-73 的对话框中，如果目录需要页码的话，选中"显示页码"和"页码右对齐"选项，这是常规目录的用法，建议选中。"制表符前导符"下拉列表中有一些符号，主要是指用来连接目录中标题文本和页码中间的符号，一般用默认的小圆点。"常规"选项组中，"格式"下拉列表中有各种格式的目录，可以根据公文的风格和个人的爱好选择。"显示级别"选项很重要，因为它决定了要在目录中显示几级标题，默认是 3 级标题，如果需要在目录中显示得更为详尽，可以选择更小的目录级别，如四级、五级等。设置好后，按"确定"按钮。

（二）建立图表目录

图表目录的样式和普通目录相似，只不过它是专门针对公文中的项目对象的，比如表格、图表等。如果公文中这样的对象比较多，可以建立一个目录，以方便检索。

插入表格、图表、公式这些对象时，往往要加一个题目，以便于查找和索引，或自动将这些题目提取成图表目录，这时要用到题注的功能。

选中图形等对象后，选择鼠标右键菜单的"插入题注"命令；或者单击"引用"面板—"题注"组—"插入题注"按钮，调出图 6-74 所示对话框。

"标签"下拉列表中内置了三种标签，即图表、公式、表格，可以视对象的内容选择。如果对象不是这三种，如是一个公式，可以点击"新建标签"按钮，在出现的对话框中输入"公式"，单击"确定"按钮。这时默认的题注就变成了"公式 1"。要删除标签，可以选中后，点击"删除标签"按钮。

点击"位置"下拉列表，有两个选项，用来设置题注位置，一是"所选项目的下方",二是"所选项目的上方"。一般选择后者。

如果需要让 Word 在创建对象时能自动插入题注,所创建的对象必须是 Word 内置的对象,比如公式编辑器创建的公式、组织结构图创建的图形等。点击"自动插入题注"按钮,就会出现如图 6-75 所示对话框,选择要自动插入题注的对象。

图 6-74 插入"题注"对话框

图 6-75 "自动插入题注"对话框

插入图表目录的操作:

给公文中的各个对象加题注后,单击"引用"面板—"题注"组—"插入表目录"按钮,在图 6-76 所示对话框中点击"图表目录"标签。这个页面的大多选项和普通目录是一致的,在这不再介绍。

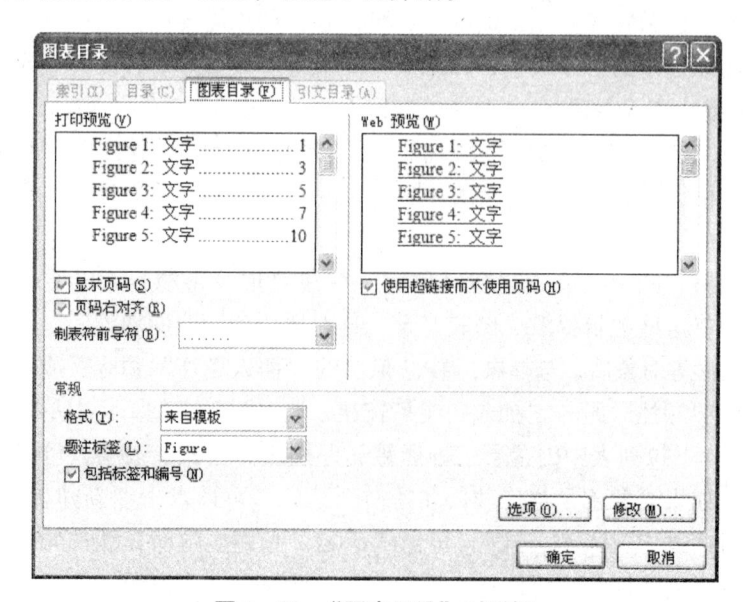

图 6-76 "图表目录"对话框

七、域的使用示例

在页眉中自动提取该页首条目与尾条目为例。

调出系统预置的模板看一下，会发现大多模板都应用到了域。域相当于文档中可能发生变化的数据或邮件合并文档中套用信函、标签中的占位符。最常用的域有 Page 域（在添加页码时插入）和 Date 域（在单击"插入"面板中的"日期和时间"命令，并且选中"自动更新"复选框时插入）。在操作菜单的一些命令时，如添加页码，实际就是将域插入其中。

域是可以自动调整的，如果公文中删除了一页的内容，页码域就会自动调整页码的顺序。再如插入能自动更新的时间，以后开机的时候，它会随着时间的推移自动更新时间信息。

例如，有时在办公中会制作一些术语手册类文件，这种手册由于条目性和形式性比较强，有点类似辞书的编写方式。辞书的核心功能之一是方便的检索功能，除了开篇的音序、形序等检索方式，在正文的编排上高度重视页眉的设置，一般在页眉的左侧提取这一页的第一个条目词，右侧提取这一页的最后一个条目词。这种页眉不能用手工输入的方式进行设置，需要用到域。

首先要选中文档中的词条，结合格式刷的使用，将它们都设置成相同的标题级别，否则无法在页眉区自动提取。然后激活页眉页脚工作区，先将鼠标停在页眉的最左侧，选择"页眉页脚工具"面板—"设计"区—"插入"组—"文档部件"按钮（或从"插入"面板—"文本"组—"文档部件"按钮进入），二级菜单选择"域"命令，在图 6-77 所示的对话框中，在域名栏

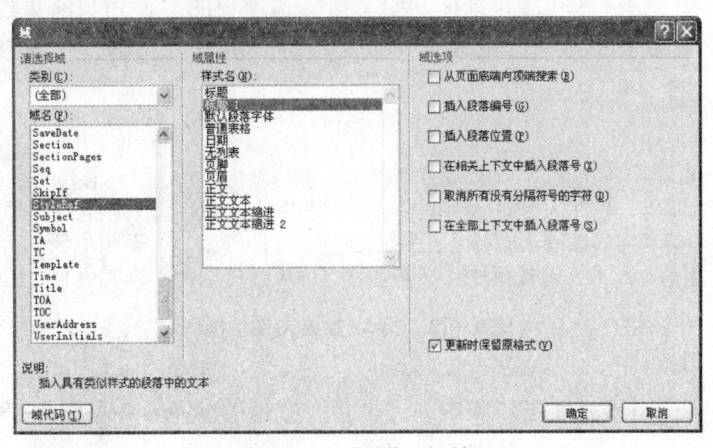

图 6-77 "域"对话框

中选择"styleRef",在"样式名"中选择条目的标题级别,点击"确定"按钮退出后,就可以提取该页第一个条目。

然后将鼠标停在页眉区的最右侧,重复上述操作,只是在"域选项"中要加选"从页底端向顶端搜索",确定退出后就可以提取该页最后一个条目。

这样在页眉左右区提取的当前面的第一和最后一个条目是智能调整的,随内容和排版的变化自动更新。

八、邮件合并

办公处理中普发性公文的发送经常需要打印信封。实际公文发送地址都具有复用性。一个高效的操作就是将这些地址建立数据源,然后反复调用,如信封处理就可以用 Word 的邮件合并功能进行快速处理,而且打印效果专业。邮件合并是一种特殊的域使用实例,它被制作成向导置于 Word 菜单。

在 Excel 中将收件人和发件人的邮编、地址、姓名、发件人地址、邮编等信息都录入一个表格,保存。

在 Word 中,选择"邮件"面板—"开始邮件合并"组—"开始邮件合并",二级菜单中选择"邮件合并分步向导",在窗口右侧的任务窗格中点击"信函"按钮(见图6-78)。

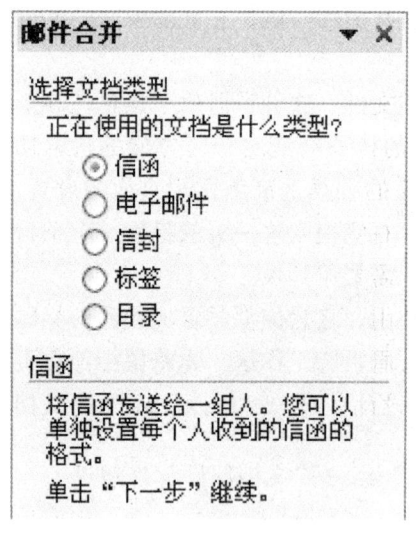

图6-78 "邮件合并"向导

点击"下一步"按钮,"选择开始文档"选项中的"使用当前文档"。

点击"下一步"按钮,选取收件人,点击"浏览"按钮,选择事先建好的 Excel 地址文件(见图6-79)。

	A	B	C	D	E	F
1	收件人邮编	收件人地址	收件人	发件人地址	发件人	邮编
2	3100ХХХ	ХХ省教育厅	王林主任	ХХ部办公厅	李明主任	100ХХХ
3	2100ХХХ	ХХ省教育厅	张盛主任	ХХ部办公厅	李明主任	100ХХХ

图6-79 Excel 数据文件示例

在显示的三个 Excel 工作表中,选择存有数据的 Sheet1(见图6-80)。

图6-80 "选择表格"对话框

在邮件合并收件人中，选择需要的数据记录，在需要的记录前面的空白框中点击选中（见图6-81）。

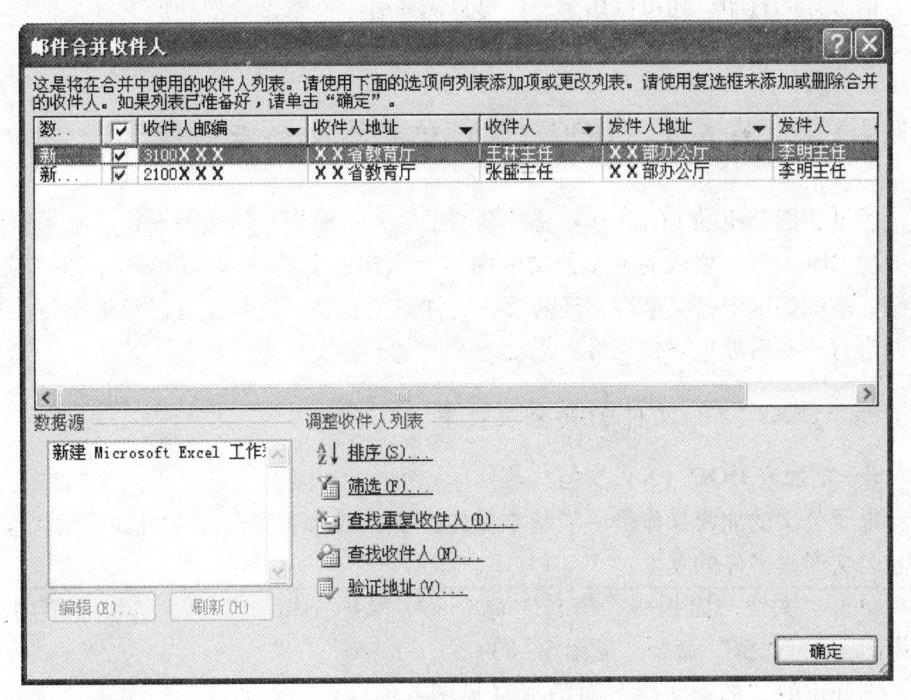

图6-81 "邮件合并收件人"对话框

点击"下一步"撰写信函。然后将鼠标停在页面信封编辑区的相应位置上，在右侧任务窗格中选择"其他项目"，然后显示数据库域（见图6-82）。

将需要的域全部插入页面，然后再调整位置和设置格式。此时也可以在信函上添加其他固定文本。

点击"下一步"预览信函，可以一条一条地查看相应的收件人，然后也可以在此排除一些收件人，还可以编辑收件人列表进行批量增删收件人。

确认无误后，再点击"完成合并"，然后就可以将信封装入打印机进行批量打印了。

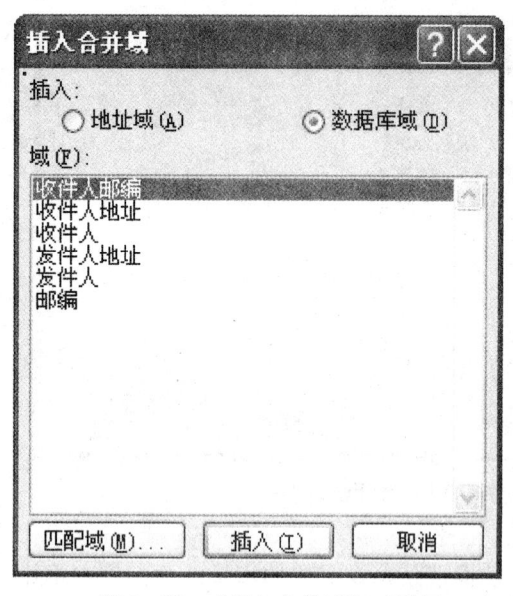

图6-82 "插入合并域"对话框

这个操作不但可用于信函、目录、信封等的打印，还可以用于一些每页需要有不同数据源更新的文件，这是域的一种高级应用。

第五节 DOC（X）格式公文的后处理

经过前面介绍的DOC（X）格式公文的输入、编辑、排版等操作，基本完成了一份DOC（X）格式的电子公文的内容上和样式上的处理，但对于一份专业、安全、准确的电子公文来讲，还需要在文件安全设置、内容校对以及审阅与注释方面进行一些后处理操作，最大限度地保证电子公文的质量。

一、DOC（X）文件的安全性设置

（一）加密DOC（X）文档

电子公文的加密操作是一项基本操作，要养成给重要公文例行加密的习惯，防止公文泄密事件的发生。

单击"文件"面板—"信息"命令—"保护文档"按钮，二级菜单中选"用密码进行加密"命令（见图6-83）。

在弹出的"加密文档"对话框（见图6-84）中输入密码，单击"确定"按钮。

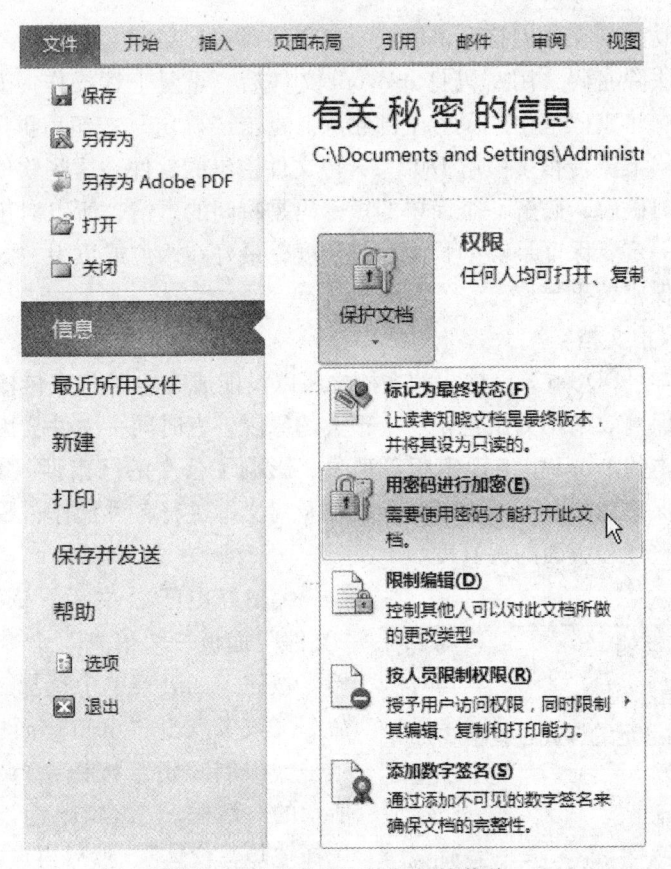

图 6-83 "保护文档"下拉菜单

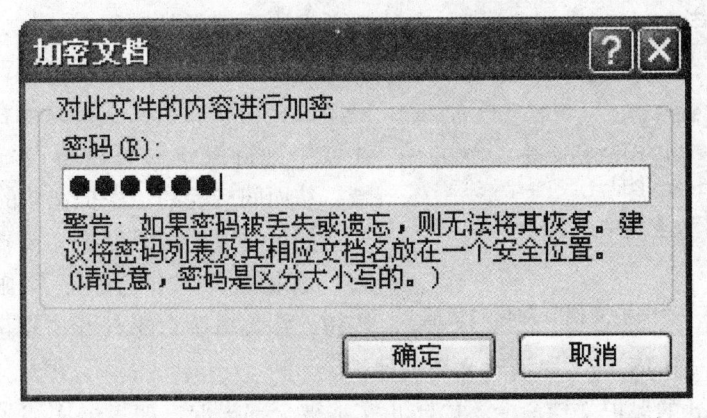

图 6-84 "加密文档"对话框

在弹出的"确认密码"对话框中输入刚刚设置的密码，单击"确定"按钮关闭对话框。

加密成功，现在我们打开该模板及基于该模板的新建文件都需要输入密码。

如果要去除密码，用密码打开 Word 文件后，重复上述操作，调出图 6-85 所示对话框，将密码框中的星号全部删除。点击"确定"按钮后再保存文件。

现在网络上流传很多破解 DOC（X）文件密码的软件，这些软件都是暴力破解和基于字典破解，破解一个简单的短密码是瞬间的事情，所以对于重要的机密公文，密码一定要保证足够的长度和复杂度，最好在八位或以上，如果能有大小写或符号，保密效果更好。

（二）保护文档

众所周知，DOC（X）格式的文档之所以没能成为电子公文传输中的文档标准，其文档保真效果不太出色是一个很大的原因，有时同一文件会因在不同的电脑或不同版本的 Word 中出现串版等现象，影响了公文的严肃性。其实 Word 也提供了文档保护功能，可以限制复制文本及对文本进行各种操作，最大限度地保证内容的完整性和版面的保真度。

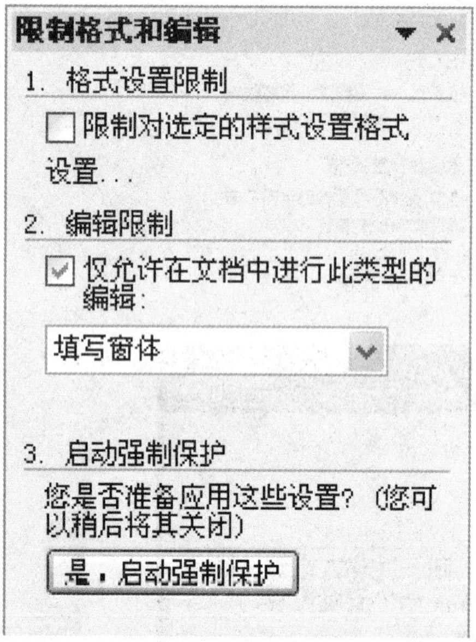

编辑好电子公文后，依次点击单击"文件"面板—"信息"命令—"保护文档"按钮，二级菜单中选择"限制编辑"命令（或者点击"审阅"面板—"保护"组—"限制编辑"按钮），调出图 6-85 所示的对话框，"编辑限置"下拉列表中选择"填写窗体"，然后再点击"是按钮，启动强制保护"按钮，在图 6-86 所示的对话框中设置保护密码。这样，在没有密码的情况下，使用者既不能删改，也不能复制、移动和插入文本，只能在指定的窗体域中进行操作（可以不设置任何窗体域，从而间接起到了保护文档的作用）。

如果要取消密码保护，可再点击"审阅"面板—"保护"组—"限制编辑"按钮，在编辑区右侧点击"停止保护"按钮，输入正确的密码，取消对文档的保护。

图 6-85 "保护文档"向导对话框

但 Word 的保护文档命令不能防止文本被全部提取，如果采用"另存为"文本文件或网页文件的方式，纯文本内容是可以被全部导出的。所以"保护文档"功能不能作为防止公文泄密的主要手段。

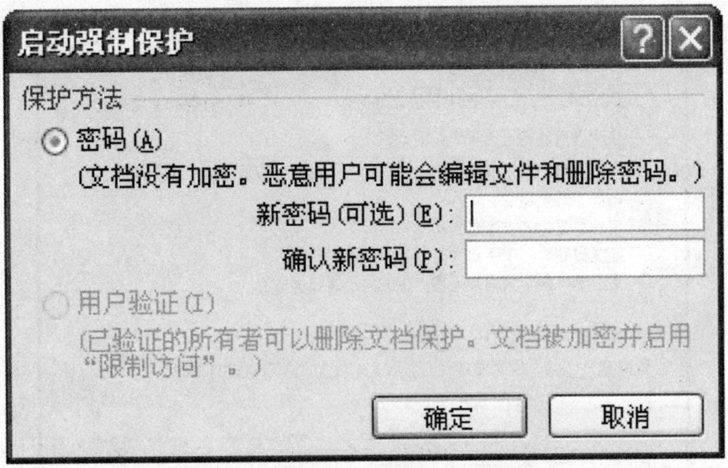

第六章 DOC（X）格式电子公文制作技巧 ·161·

图 6-86 "启动强制保护"对话框

二、电子公文的电子核校

校对电子公文是 DOC（X）格式电子公文编排的最后工作环节，是保证公文质量的重要措施之一，它可以体现原稿的要求，避免错漏情况的发生，保证公文顺利印刷或转入 PDF 制作流程。校对是办公人员的基本功之一，也是办公人员的重要职责之一。

（一）自动更正

在编辑公文的过程中，常会因手误或知识上的错误而在不自觉中输入一些错误的文字或符号，对于常用错误，Word 内置了一个大型的自动更正列表，会自动地进行错误标记或更正。这个列表可以由作者维护，如添加新的易出错词条等。选择"文件"面板—"选项"命令，在"Word 选项"对话框的左侧列表选择"校对"，右侧单击"自动更正选项"按钮，调出图 6-87 所示对话框。

首先保证"键入时自动替换"选项被选中，这样才能实现实时编辑状态的自动更正功能。在对话框的下部，有一个易错英文单词和中文词语列表，左边列出的是易写错的形式，右边列出的是正确形式。当输入左边的错误形式时，系统会自动用右边的形式去替换，从而达到自动更正输入错误的目的。

尽管系统已经预置了很多条目，作者也可设置一些自动更正的内容。如常把"英雄倍出"的"辈"写成"倍"，而在输入的过程中又经常忘记，这样就增大了校对的难度和强度。可以在"替换"框中输入错误的词"英雄倍出"，然后在"替换为"框中输入"英雄辈出"，点击下部的"添加"按钮即可将此内容加入列表中，点击"确定"按钮退出。

图6-87 "自动更正"对话框

　　如果需要删除已有列表中某个内容，可以通过滚动条找到该内容，用鼠标点击使其变蓝，再点击下部的"删除"按钮。如要改正一条已经在库中的内容，找到该内容后单击该词条，会发现该词条分别进入"替换"框和"替换为"框中，可以在其中修改，改完后，再按"添加"按钮就完成了。

　　如果不需要在编辑时使用自动更正功能，取消"键入时自动替换"复选框的选中状态。

　　利用自动更正还可快速输入长术语，如写作公文时，其中可能会大量使用某个术语，如"烟台市人民政府"，可以在自动更正"替换"框中输入"烟府"，然后在"替换为"框中输入"烟台市人民政府"，点击"确定"按钮退出。以后在公文中要输入"烟台市人民政府"只需输入"烟府"即可自动变成"烟台市人民政府"。

（二）Word 中的拼写语法检查

1. 设置语言

　　Word 中，做得最好的是对英语的自动检查和更正，写完一篇英文公文，最后做语法与拼写检查与更正时，可自动更正大部分的错误。对于中文的校对很多时候能找到错误，但往往提不出更多更准确的更正建议，但在电子公文制作过程中，这一功能却能为我们提供校对线索，以免遗漏或由于语言知识水平不够而导致的错误。

设置自动语法和拼写检查，首先要设置语言，只有设置了合适的语言，并安装了相应的软件部分，才能调用不同语言的拼写和语法规则来进行检查。选择"审阅"面板—"语言"组命令—"语言"按钮—二级菜单中选择"设置校对语言"，显示图6-88所示对话框。

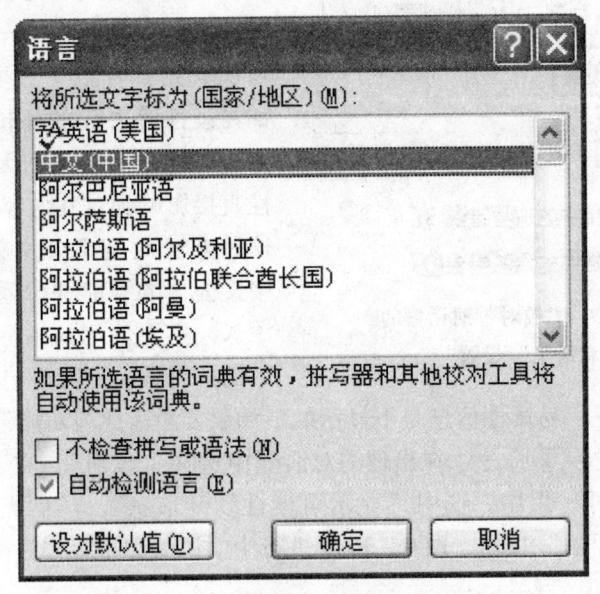

图6-88 设置"语言"对话框

在列表中选择"中文（中国）"，如果一直使用这种语言，点击"设为默认值"按钮；如果公文常有中文和英文混合或者其他语言的混合使用，一定选中"自动测定语言"选项，这时系统会自动测定语言，调用相应的语法和拼写规则来检查。

设置好后，点击"确定"按钮。

2. 激活或关闭自动拼写和语法检查功能

"文件"面板—"选项"命令，在出现的对话框中选择"校对"，在"在Word中更正拼写和语法时"选项组中（见图6-89）。

要打开或关闭自动拼写检查功能，选中或清除"键入时检查拼写"复选框。

要打开或关闭自动语法检查功能，选中或清除"随拼写检查语法"复选框。

在操作时，经常会发现有些文字下面出现一些波浪线，有绿色和红色的，这表示自动拼写和语法检查功能被激活了，它随时在提醒作者有哪些文字可能出错。拼写和语法检查工具使用红色波形下划线表示可能的拼写错误,用绿色波形下划线表示可能的语法错误。如果波形下划线分散注意力,可以隐藏它,方法是:选中"只隐藏此文档中的拼写错误"、"只隐藏此文档中的语法错误"复选框。

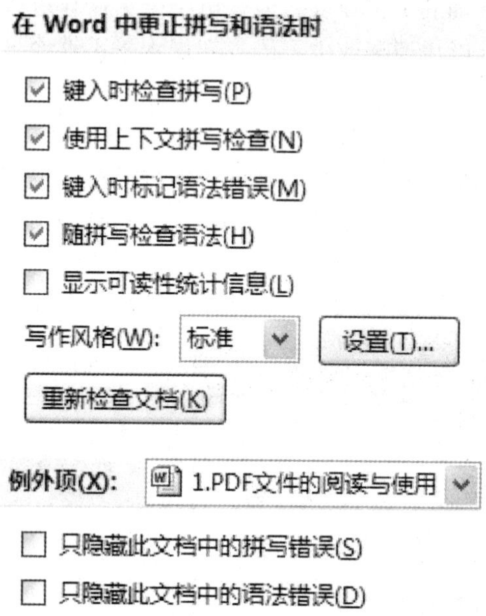

3. 公文易读性评价

公文写完后,Word 经过语法和拼写检查后,会给予公文一定的评价,如易读性等方面的评价,这对于公文来讲是比较重要的,因为公文的易读性直接影响到对其内容的理解和贯彻。这种方法对英文公文处理得比较好,中文公文的智能评价系统研究还不够深入。主要使用的指标是句数和每句中的字符数,一般短句易读性较高。

图 6-89 "校对"对话框的"拼写和语法"设置

默认情况下,易读性信息是不显示的。如果要激活此项功能,可以点击"文件"面板—"选项"命令,在出现的对话框中选择"校对",在"在 Word 中更正拼写和语法时"组中,选中"显示可读性统计信息"。然后点击"审阅"面板—"拼写和语法"按钮。图 6-90 是进行中文语法和拼写校对操作后显示的可读性统计信息:

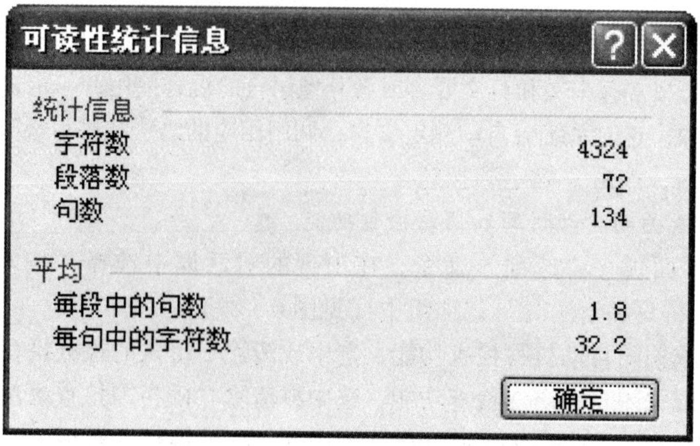

图 6-90 "可读性统计信息"对话框

(三) 专业校对软件——黑马校对

黑马校对是一个在党政机关和新闻出版部门广泛使用的专业校对软件，对录入或扫描到计算机中的文字根据语法、词法、常见错误进行自动分析并对错误进行标记，自动检查错别字、丢字、多字和字词搭配错误造成的语句不通，用户自定义错误等。它可以很好地和 Word、方正飞腾等软件集成，可以在这些公文编排软件中直接调用。例如在 Word 中，安装后就会直接在 Word 中生成"黑马"工具栏（见图 6-91）。

图 6-91　黑马校对工具条

1. 校对当前文件

从光标位置开始进行校对。可点击工具栏中按钮 。校对过程中出现图 6-92 所示对话框。所有文件校对完成后停止。任何时候点击"取消"按钮或按 Esc 键可中断校对。

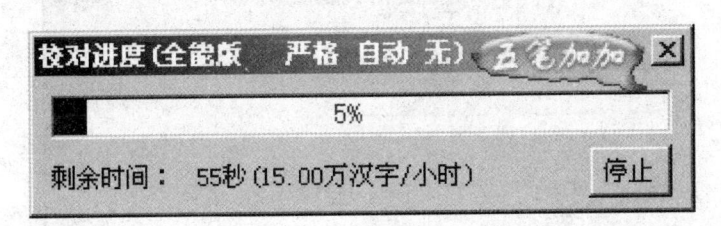

图 6-92　"校对进度"条

2. 批量校对已打开文件

打开所有要批量校对的多个文件，点击工具栏中 按钮。

3. 校对句子重复

点击工具栏 按钮，可自动将整篇公文中重复的句、段在第二次出现以后打上颜色标记。

4. 校对标点

点击工具栏 按钮，将自动标记整篇公文中成对标点使用不当、两个标点挨在一起等错误。

5. 校对领导人排序

可以单独校对 Word 文件里存在的领导人排序错误。如果文件中存在领导人前后排列顺序方面的错误,校对时就会被标记成红颜色。校对结束后系统会自动生成领导人排序结果文件。点击黑马工具栏上的"领导人排序检查"按钮 。

6. 校对科技计量

可以校对文件里存在的科技计量单位错误。单击黑马工具栏上的"科技计量检查"按钮 。

7. 字数/错误统计

在文件校对后,使用"字数/错误统计"命令,可以统计出当前 Word 文件的所有校对标记颜色的数目以及公文里的中文字数、英文字数和总字数等内容。点击黑马工具栏上的"字数/错误统计"按钮 。弹出"错误/字数统计"对话框(见图6-93)。在这个对话框中可以查看分别统计的黑马标记颜色的数目、标记总数、Word 文件的中文字数、英文字数、总字数和错误比例等数据。

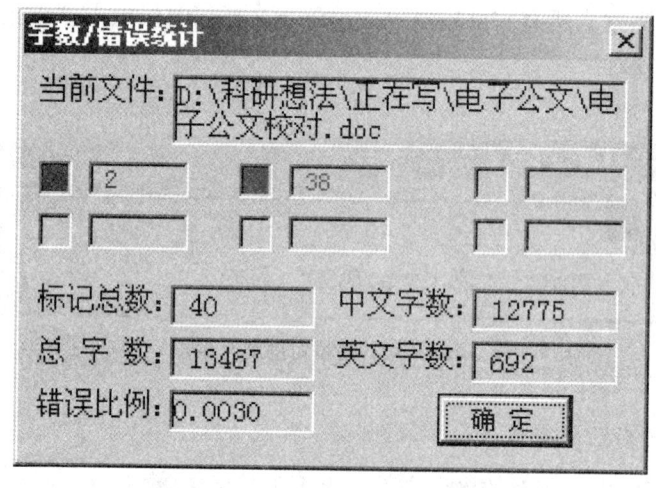

图6-93 "字数/错误"统计对话框

8. 处理校对结果

使用黑马的"修改建议"功能,可以定位错误、查看系统对错误词条的修改建议、修改错误词条以及扩展系统的用户库和建议库。

使用修改建议:用鼠标把光标定位到错误词条上,或使用"上一个"、"下一个"按钮 定位到错误词条。单击黑马工具栏上的"修改建议"按钮 ,弹出"修改建议"对话框(见图6-94),在此对话框中,可以进行以下操作:

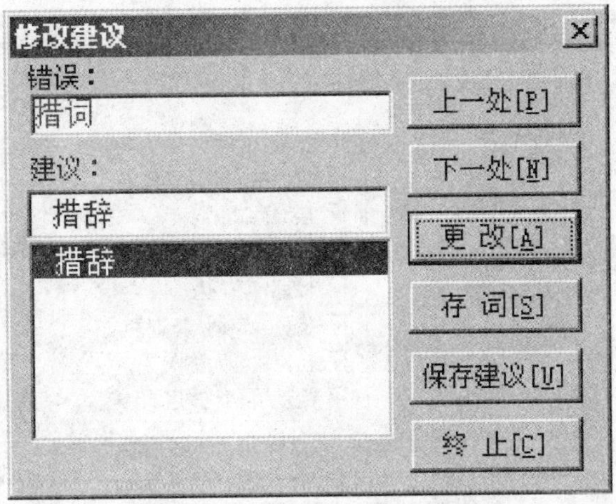

图 6-94 "修改建议"对话框

单击"上一处"按钮，把光标定位到上一个错误，并查看系统对该处错误的修改建议。

单击"下一处"按钮，把光标定位到下一个错误，并查看系统对该处错误的修改建议。

单击"更改"按钮，用建议栏中选中的词条改写 Word 文件中当前词条的错误。

单击"存词"按钮，把当前错词栏中的词条作为正确词存入用户库中。

单击"保存建议"按钮，把当前错误栏中的错词和建议栏中的建议词添加到建议库中。

单击"终止"按钮，关闭"修改建议"对话框。

9. 处理校对结果颜色标记

通过处理校对结果颜色标记，可以清除黑马标记的单一颜色或所有颜色。单击黑马工具栏上的"清除当前颜色"按钮 ⊕，即可清除当前黑马标记的颜色。点击 ⊕ 按钮，可清除所有标记颜色。

10. 校对参数设置

在校对开始之前，可以根据所校文稿的校次和校对要求以及个人的工作习惯对校对系统进行设置，以获得最好的校对效果。单击黑马工具栏上的"参数设置"按钮 ⊛，弹出"参数设置"对话框（见图 6-95）。

在"校对方式"选项组中，选择"边校对边提示"时，系统在校对过程中每当碰到错误或疑问处就停下来，并弹出修改建议对话框。选择"连续校对"时，系统在校对时将从当前页开始向后进行连续的校对，中间没有任何停顿，直到校对结束为止。

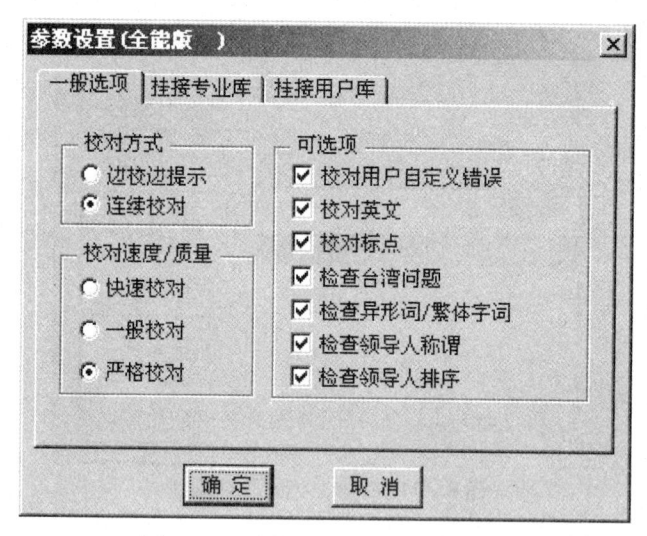

图 6-95 "校对参数"设置对话框

在"校对速度/质量"选项组中,"快速校对"的校对速度最快。通常情况下,"一般校对"可以查出所有的常见错误,基本上没有误报。比较适用于文稿的终校把关,适合大多数普通文稿的校对。"严格校对"校对后基本没有漏报,可能会多产生一些误报,比较适合于校对非常重要的公文。

在"可选项"选项组中可以选择或取消单项校对项目。建议都选中。

点击"挂接专业库"对话框,在图 6-96 所示对话框中可以根据公文的专业内容特点,挂接不同的专业词库。如果不能确定专业领域或属于交叉学科,选择"自动选择"。

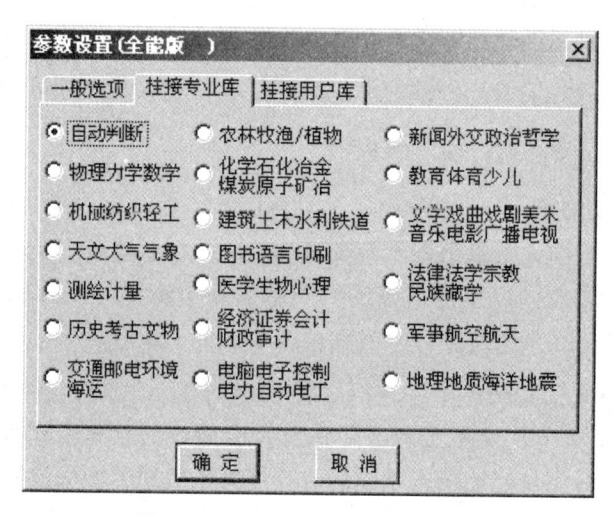

图 6-96 "挂接专业库"对话框

点击"挂接用户库"对话框可以挂接用户自定义的词库，用于个性化领域的文稿校对。

11. 词库维护

由于汉语语言的复杂性，以及新词语的不断涌现等原因，系统在校对时不可避免的会产生一些误差。为了提高系统的校对能力，使系统能够不断适应新的校对要求，黑马提供了五个可以由用户自由添加修改的词库。

单击黑马工具栏上的"维护"按钮——"修改用户库"。弹出"修改错误库"对话框（见图6-97）中进行设置，修改结束后，单击"保存"按钮，保存修改结果并退出。

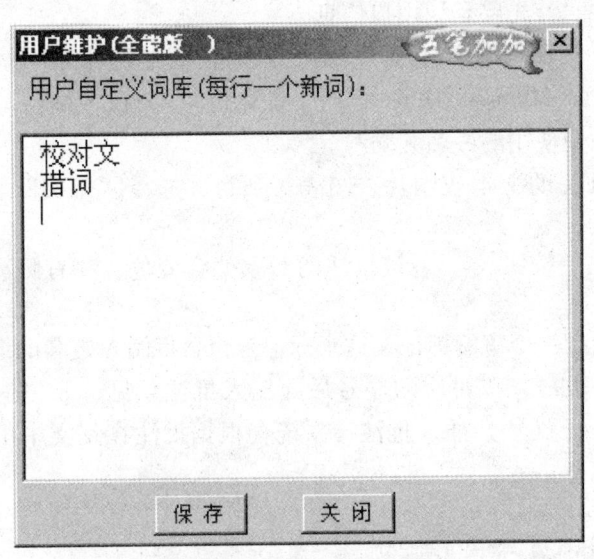

图6-97 "用户维护"对话框

以此方式可以设置职务库、建议库等。特别要重视领导人排序库，目前默认的是国家领导人排序，如果是非中央机关，公文中可能较少接触国家领导人，可以添加本单位的领导排序，提高校对的针对性。

三、批阅文档

与在电子公文传输阶段的 Acrobat 的专业批阅功能相比，Word 所提供的批阅功能更多是用于内部共同修改阶段，并未进入真正的电子公文行政批阅流转环节。Word 软件的批注就是作者或其他公文修改者给文档添加的注释或注解。一份重要的文件不是由一个人起草出来就能定稿的，往往需要很多文书人员修订，最后要经过办公室主任或分管领导、主管领导批示，然后起草者根据批注意见修改,最后才能定稿,进入印缮、发文阶段。在 Word 中,很多人可以同时在一份文稿上操作,输入自己的意见(批注),然后大家讨论修改,达成一致的意见。

点击"审阅"面板,调出图 6-98 所示的"审阅"的导航。

图 6-98 "审阅"面板

(一) 创建批注

要创建批注,首先要登记用户信息。

单击"文件"面板—"选项"命令,在对话框左侧列表中选择"常规",右侧列表中选择"对 Microsoft Office 进行个性化设置",在"姓名"和"缩写"框中键入要在批注中使用的姓名和缩写。

选定要加批注的文本或图片、图表等项目,选择"审阅"面板—"批注"组—"新建批注"按钮,被批注的对象就会变色,在右侧页边距外出现批注输入框,框中有一个审阅标记,这个标记号包含审阅人姓名的缩写和序号,如[L1](见图 6-99),在对应的序号后面输入批注意见,如"这个地方用词不当,建议改为'经贸'"。插入批注,系统会根据批注在正文中出现的位置自动编号并调整顺序号。

图 6-99 "批注"示例

(二) 删除批注

如要删除批注,选中此批注,然后点击"审阅"面板—"批注"组—"删除"按钮,批注标志和批注内容都会被删除。"删除"的下拉菜单含有三个命令，可以根据需要选择。

（三）显示修订标记

正常状态下，如果有修改和增删文字，一般在正文区不显示标记，所以无法看出是针对哪个内容进行了什么样的修改。可以点击"审阅"面板的"修订"菜单中的"修订"按钮，接下来对文件的所有修改都会有标记。"修订"按钮的下拉菜单有"修订、修订选项、更改用户名"三个命令，"修订选项"可以根据需要设置修订格式、颜色等（见图6-100）。

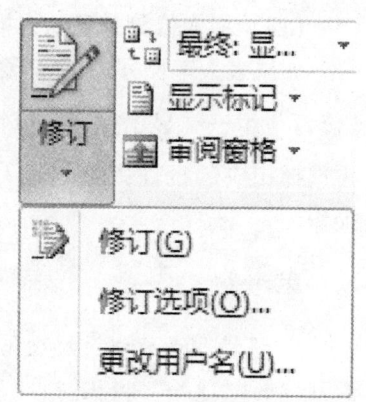

图6-100 "修订"下拉菜单

对于修订文档的显示方式也分为几种（红色标记内）。

"原始状态"——只显示原文（不含任何标记）。

"最终状态"——只显示修订后的内容（不含任何标记）。

"最终：显示标记"——显示修订后的内容（有修订标记，并在右侧显示出对原文的操作：如删除、格式调整等）。

"原始：显示标记"——显示原文的内容（有修订标记，并在右侧显示出修订操作：如添加的内容等）。

修订模式下，所有的修改操作和修改内容都会在原文中显示（见图6-101）。如果不需要显示修订操作，则再次点击"修订"按钮，将其弹起，变成白色就可以了。

图6-101 显示修订标记示例

对于修订内容接受或拒绝可以点击"更改"组的"接受"按钮或"拒绝"按钮。

这两个按钮的下拉菜单中有"接受（拒绝）对文档的所有修订"命令，可以全部接受修订，显示最终状态，或者全部拒绝修订，恢复文档的原始状态。

（四）多人修订意见的切换

如果多人审阅了公文，要看某一个人的批注，可以点击"审阅"面板—"修订"组—"显示标记"按钮 [显示标记▼]，二级菜单选择"审阅者"，然后再选择相应的批注人姓名缩写，就可以只显示相应批注人的批阅意见和修订操作。

思考题

1. 根据《党政机关公文格式》（GB/T 9704—2012），设计一份项目完整、格式规范的"通知"模板。

2. 设计一份项目申请书模板，要求 A3 纸横排，双面打印，中缝装订。

3. 从网络上下载一部长公文文档，进行专业排版，要求符合公文格式规范和文体规范。

第七章 静态 PDF 格式电子公文的制作与使用技巧

PDF（Portable Document Format）格式文件是 Adobe 公司开发的电子文件格式，可以将有不同字形、格式、颜色的文字和图形图像等封装在一个文件中，该格式文件还可以包含超文本链接、声音和动态影像等电子信息，集成度和安全可靠性都较高。文件浏览不受操作系统、网络环境、应用程序限制，能"逼真的"将文件原貌展现给每一个阅读者，适合在网上传输和共享信息，是电子文件管理解决方案最理想的文件格式，因此越来越多的电子公文、电子图书、产品说明、公司文告、网络资料、电子邮件开始使用 PDF 格式文件。PDF 格式文件目前已成为电子文档发行和数字化信息传播事实上的标准。

目前在我国的党政机关、企事业单位的电子公文处理中，PDF 文件也是事实的标准。方正格式和书生格式的电子公文由于对于公文传输系统具有依赖性，所以一般只用于各级党政机关的垂直公文或保密公文传输；Word 格式公文版面格式有不固定性，且功能偏重于编辑和排版功能，公文管理和处理功能相对较弱；所以各级机关和各单位的日常公文处理大多基于 PDF 文件。PDF 格式文件可以分为交互功能较弱的静态 PDF 文件和带有高智能交互功能的动态 PDF 文件。本章重点介绍前者。

Acrobat 软件有两个版本：Acrobat Reader 是一个专门的阅读 PDF 文件的阅读器，可以从 Adobe 公司网站免费得到，它不具有制作 PDF 文件的功能；Acrobat Professional 是一个集 PDF 文件制作、管理、审阅、安全、阅读于一体的大型专业软件，包含了 Acrobat Reader 的所有功能。本章只介绍用 Acrobat Professional 制作电子公文的基本技法。

注意：目前 Acrobat 是新版本是 XI，但其内置的 Designer 表单设计软件已经被剥离出来，成为一个单独的商业软件，其所带的免费表单制作软件也没有汉化，不方便使用。为全面介绍动态 PDF 表单（第八章）的功能，本书涉及的 Acorba 版本为 9.0，目前电子公文领域使用最多的也是这一版本。

第一节 创建 PDF 文件

Acrobat 提供了多种方法，将来自其他应用程序的电子文件转换为 PDF 格式文件。

一、在 Word 中直接转换生成 PDF 文件

Acrobat 9 软件安装后，会自动将宏——Adobe PDFMaker 9.0 安装到 Microsoft Office 各个程序组件中，允许使用者从 Microsoft Office 组件程序中直接创建 PDF 文件。

如要将 Word 文档转换为 PDF，在 Word 中，选择"文件"—"另存为"，在出现的"另存为"对话框中，选择好保存位置，设置文件名，保存类型选择"PDF（*.pdf）"，点击"保存"按钮，然后直接生成 PDF 文件。

二、用 PDFWriter 创建 PDF 文件

PDFWriter 是一个打印机驱动程序，也可以将来自其他应用程序的文件直接转换为 PDF 文件。PDFWriter 特别适合转换包含大量文本的文档。它的生成速度比较快。

在任何支持打印功能的应用程序中打开要将其转换为 PDF 格式的文档，选择"文件"菜单—"打印"命令，从打印机列表中选择"Acrobat PDF"，设置其他打印选项，然后单击"打印"或"确定"，在出现的对话框，指定 PDF 文件的保存路径和文件名。

在打印之前，点击打印机选择框旁的"属性"按钮，可以设置各种转换生成选项（见图 7-1）。

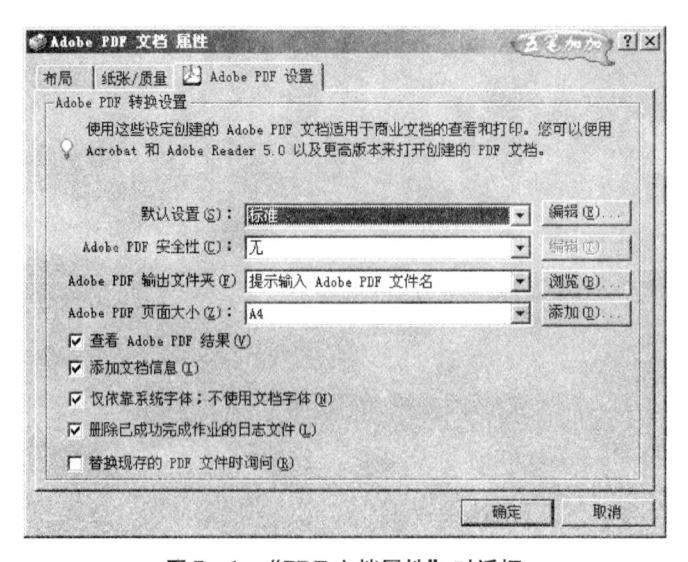

图 7-1 "PDF 文档属性"对话框

三、使用 Acrobat 软件制作 PDF 文件

进入 Acrobat 软件，选择"任务"工具栏—"创建"下拉三角，弹出二级菜单（见图7-2）。

"从文件创建 PDF"命令是基本的操作命令，点击后，从对话框中的"文件类型"下拉菜单选择文件类型，然后浏览找到要转换为 PDF 的文件。另外，可以按住 Ctrl 键并单击来选择多个不连续的文件，或按住 Shift 键并单

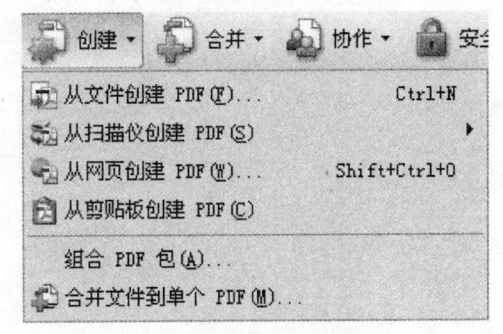

图7-2 "创建"下拉菜单

击来选择连续范围的多个文件。单击"打开"。生成 PDF 文件后，点击"文件"—"保存"或"另存为"命令，将文件保存。

"从扫描仪创建 PDF"允许将扫描的文档转换为 PDF，生成的文件是图像 PDF 文件。操作：启动扫描仪，然后将第一页页面放置在扫描仪中；在 Acrobat 中，单击"创建 PDF 文件"下拉菜单中—"从扫描仪创建 PDF"，右侧菜单有"黑白文档、灰度文档、彩色文档、彩色图像、自定义扫描"和"配置预设"命令，可以根据需要选择。选择"自定义扫描"命令，出现图7-3对话框。在"输入"属性组，选择扫描仪、设置扫描页面、颜色、分辨率等信息；在"输出"选项组，选择是否将扫描的页面添加到当前打开的 PDF 文件的结尾，或输出为新的文件，点击"扫描"按钮。

"文档区域"包括"优化"和"文本识别和元数据"。"优化"即在小文件到高质量之间调节，可提供不同的打印质量，但随着打印质量的提高，文件的体积也将同比例增大。"文本识别和元数据"可选是否"建立 PDF/A 兼容文档"、"添加元数据"，主要是针对英文文献扫描的 OCR 识别。

对其他要扫描的页面，每次将一页放置在扫描仪中，然后在出现的 Acrobat 对话框中单击"下一页"按钮。最后单击"完成"按钮。已扫描的页面将在 Acrobat 中打开。再点击"保存"按钮或"另存为"按钮将文件保存为 PDF 格式文件。

"从网页创建 PDF"命令可以用来转换本地上的或网络上的 HTML 文件。点击"从网页创建 PDF"，在出现的对话框中输入 URL 链接，点击"设置"，出现"网页转换对话框"，"文件类型"可以选择"HTML"或"文本"，点击"确定"按钮退出，选择"创建"。之后开始链接网址进入下载状态，并且创建文档。

"从剪贴板图像创建 PDF"命令需要事先将待转换的内容通过选中、复制的方式拷贝进剪贴板，然后通过选择这一命令生成 PDF 文件。

图7-3 "Acrobat扫描"对话框

四、从多个文件创建或合并文件

可以将多个文件合并后创建为一个新的PDF文件,文件内容展开根据的是添加的文件的先后顺序。操作:选择"创建PDF"菜单—"合并文件导单个PDF"命令,或直接点击任务工具栏"合并"—"合并文件到单个PDF"(见图7-4)。

图7-4 "合并文件"下拉列表

第七章　静态 PDF 格式电子公文的制作与使用技巧

启动图 7-5 所示"合并文件"向导。如果当前编辑的 PDF 文件已经打开，会显示在包括的文件列表中。

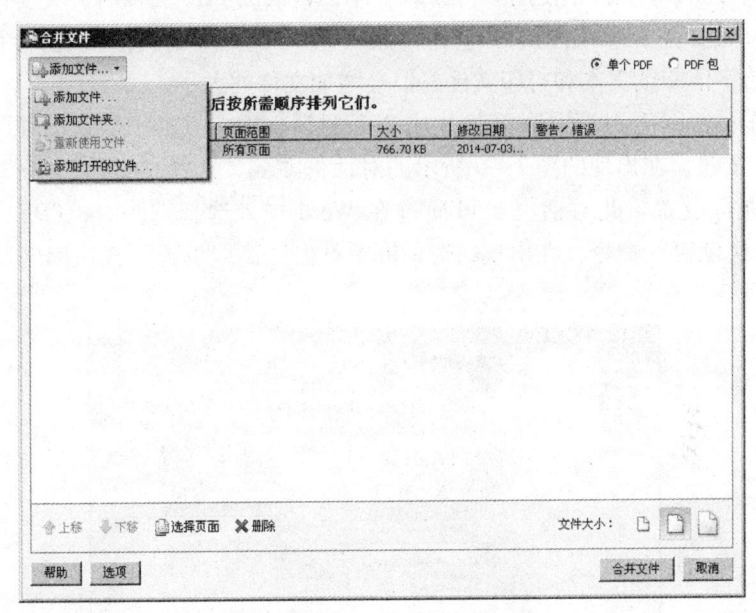

图 7-5　"合并文件"对话框

要添加其他位置上的单个文件，点击 ![] 按钮，添加文件夹下的所有可合并文件，单击 ![] 按钮，添加已在其他操作中合并至 PDF 的文件，单击 ![] 按钮，添加其他当前打开的 PDF，单击 ![] 按钮。可以多次添加同一文件，例如，可以添加用作其他文件间的过渡页面的封面文件，或添加起间隔作用的空白页面文件。

在文件列表框中，单击"上移"或"下移"按钮可改变选中文件在列表中的排列顺序；单击"删除"按钮可删除列表中的文件；如果要转换添加文件中的一部分页面，双击该文件，或选择文件后并单击"选择页面"按钮。

在"文件大小"和选项组中设置合并条件。

单击右上角的"单个 PDF"或"PDF 包"，可以选择合并文件至单个 PDF 或组合文件到 PDF 包。PDF 包将各种不同格式的多个文件转换并集成到 PDF 中，各原始文件在 PDF 包中可以分别被进行打开、阅读、编辑和格式化操作，具有独立性。

最后单击"保存"按钮。

五、制作 PDF 文件时嵌入字体

如果在 Word 文件中使用了特殊的字体，转换成 PDF 文件时，又要保持原字体格式，需要将 Word 用到的"字体"嵌入 PDF 中。嵌入字体可以使所有读者都使用原始字体阅读文本和打印文件，但会增加文件的大小。

操作：在图 7-1 所示的转换生成 PDF 对话框中，点击"默认设置"后面的"编辑"按钮，在出现的图 7-6 所示的对话框左侧，选择"字体"，在对话框右侧窗格进行设置。此对话框也可通过在 Word 中，选择"Adobe PDF"菜单—"更改转换设置"命令，在出现的对话框中点击"高级设置"按钮调出。

图 7-6 "嵌入字体"设置对话框

各选项中："嵌入所有字体"将嵌入文件中使用的所有字体，同时文件的体积也会同比增大。"子集嵌入的字体，若被使用的字符百分比低于"选项将设置一个百分比，当使用的字符数量百分比低于这个值，仅嵌入使用的字符。"当嵌入失败"，当处理文件时，如果出现无法找到要嵌入的字体的情形，该选项设置处理方式。另外，可将要嵌入的某些字体，添加至"总是嵌入"列表，将不嵌入的字体添加至"从不嵌入"列表。在字体列表，有许可限制的字体在其名称前显示挂锁图标。

第二节 PDF 文件的阅读与使用

办公人员比较适应传统纸媒阅读，但电子公文阅读不同于传统纸媒阅读，为了保证阅读的速度、准确度和舒适度，Acrobat 中设置了很多阅读属性。如更改 PDF 文档的放大率，再如设置页面布局以自由控制 PDF 文件的阅读方式，可全屏整体显示、缩小显示、放大显示等。同时，对于 PDF 文件的基本使用主要保护检索和打印。

一、PDF 格式电子公文的阅读

在 Acrobat 9 中，通过单击工具栏"打开"按钮，或选择"文件"菜单—"打开"命令可以打开 PDF 格式的电子公文文件进行阅读。

为了工具栏显示区域的简洁，Acrobat 隐藏了不常用的功能按钮，对准各工具栏点击鼠标右键，调出快捷菜单，点击各个命令可以在工具栏上扩展这些命令，点击"显示所有工具"，可显示图 7-7 所示的全功能工具栏，点击"重置工具栏"按钮可恢复到简洁状态。

（一）设置公文阅读的页面布局和方向

显示"页面显示"全功能工具栏（见图 7-8），点击相应的主要按钮。

图 7-7　工具栏扩展命令列表

图 7-8　"页面显示"工具条

要使页面宽度与窗口等大，单击工具栏的 按钮。

要使窗口一次显示一个页面，点击工具栏上的 按钮。

分别点击工具栏的上 按钮，可以分别选择以下页面布局方式："单页"一次显示一页；"单页连续"一页接一页的向下滚动；"双联"一次在一个窗口并排显示两页；"双联连续"在窗口垂直并排显示对开页面。

如果要旋转页面，可以分别点击工具栏"顺时针旋转视图"或"逆时针旋转视图"按钮 。

如果要以全屏视图阅读文档，点击工具栏的 按钮。在"全屏"视图中，

PDF 页面布满整个屏幕；菜单栏、命令栏、工具栏、状态栏和窗口等控件都隐藏起来。退出全屏视图，可按 Esc 键。

（二）用"选择和缩放"工具栏阅览

显示"选择和缩放"全功能工具栏（见图 7-9），点击相应的主要按钮。

图 7-9 "选择和缩放"工具条

1. 页面缩放显示

点击"动态缩放"按钮，在页面上滑动滚轮，可以实现动态放大或缩小；点击"选框缩放"按钮，单击页面可实现整体放大，在目标区域拖动可放大目标区域；点击可恢复文档到实际大小；按比例"放大"或"缩小"，请点击"+、-"号，或直接在文本框输入数值，然后按回车键。单击缩放百分比下拉列表箭头，可以选择一个放大级别，特别要注意菜单中提供的以下快捷设置（见图 7-10）。

图 7-10 "显示页面比例"菜单

"实际大小"：以 100% 放大率显示页面。
"适合宽度"：调整以适合窗口的宽度。
"适合高度"：调整以适合窗口的高度。
"适合可见"：调整页面以使其文本和图像适合窗口宽度。

2. 放大镜工具

点击放大镜工具，然后在页面上拖动需要放大的目标区域，即可弹出放大显示窗口（见图 7-11）。

图 7-11 放大镜工具示例

3. 拖动页面

点击手形选择工具，在页面上拖动，可以实现页面的整体移动，在窗口的合适位置显示阅读焦点。

(三) 使用页面缩略图阅览

点击 Acrobat 软件的左侧 "页面导览" 窗格的 "页面" 标签，打开缩略图调板。

单击要查看的页面缩略图，图中出现红色页面查看框。将鼠标指针置于查看框的右下角矩形块，直至指针变为双向箭头，实行拖动操作以缩小或放大页面的视图。将鼠标置在红色框边线，当鼠标变成手形，按鼠标左键拖动红框，可在页面不同区域浏览。

(四) 拆分窗口阅览

可以将文档划分为两个窗格查看，这方便了长电子公文的局部互相参考调阅。这一功能类似第六章介绍的 Word 的 "拆分窗口" 功能，非常实用。

打开阅读的电子公文，选择 "窗口" 菜单— "拆分" 命令，或者拖动垂直滚动条上方的灰框。根据需要，可拖动拆分栏向上、向下来调整窗格大小。要恢复单窗格视图，选择 "窗口" 菜单— "拆分" 命令，使 "拆分" 前的对号去掉。

(五) 页码跳转阅览

调出全功能的 "页面导览" 工具栏（见图 7 - 12）。

图 7 - 12　"页面导览" 工具条

要跳至上一页或下一页，可单击 "页面导览" 工具栏或状态栏中的 "上一页"、"下一页" 按钮；

要跳至第一页，可单击按钮。

要跳至最后一页，可单击按钮。

要进行大范围页面定位，可拖动垂直滚动条内的滚动块，直至要跳至的页码出现。也可在页码文本框（　3 / 12　）中直接键入要跳至的阿拉伯数码，然后按回车键。

(六) 追溯查看过程

通过追溯查看过程可以找到以前查看的 PDF 页面。"上一页" 和 "下一页" 与 "上一视图" 和 "下一视图" 之间有区别：上一页和下一页指两个临近页面；在视图的情况下，上一视图和下一视图指查看历史记录，类似网络浏览器的 "前进" 与 "后退"。

(七) 查看包含文件附件的 PDF

如果打开包含一个或多个附件的 PDF，"附件"页面下方窗格自动打开，并列出附加的文件。根据文档作者的许可，双击打开这些文件，可以进行查看、编辑、保存、更改等操作。

(八) 利用书签阅读和跳转

"书签"是在页面导览窗格中"书签"面板上的阅读跳转标记，点击相应书签可跳至文档中不同的目标锚点，相当于建立自己的位置索引。对于长电子公文阅读，以书签方式标记电子公文中的重点或焦点具有重要作用。当然书签的功能很多，例如可以执行交互行为等，在此不多述。

在"导览窗格"中点击"书签"标签，切换到"书签"调板（见图 7-13）。使用"选择"工具选中要添加书签的文本或图像作为锚点，点击书签调板上的"新建书签"按钮，键入或编辑新建书签的名称，按回车键完成操作。所有添加的书签都会列于文本框中，点击可实现跳转。窗格顶部的工具条可以实现删除书签、展开书签等操作，点击"选项"下拉列表可以实现更高级的书签设置与操作。

图 7-13　"书签"界面

如果需要更改书签的锚点目标，可选定书签，再在文档页面中，将鼠标移动到要将其指定为新目标的位置，在"书签"调板，点击鼠标右键—选择"设置目标"命令。

二、在 PDF 文档中查找文字

调出完整的查找工具栏（见图 7-14）。

在输入框中输入要查找的文本，敲回车即可对当前打开的 PDF 文件进行简单快速的检索，分别点击"上一个"、"下一个"

图 7-14　"查找工具"工具条

按钮，可实现搜索结果的跳转。点击搜索输入内容栏的下拉箭头，可以设置高级检索条件。如：

"全字匹配"只搜索文本框中所输入的完整字符串。

"区分大小写"只搜索与文本框内所输内容大小写完全相符的单词。

"包括书签"和"包括注释"将把 PDF 的书签和注释也纳入检索范围。

Acrobat 8.0 和 Acrobat 9.0 提供了比以前版本更为强大的搜索功能，特别是跨文件检索功能。点击右键菜单中的"打开完整的 Acrobat 搜索"命令，在左侧出现搜索窗格（见图 7-15）。这个全功能的搜索界面可以设置搜索整个文件夹中的所有文件，文件夹中可以包括子文件夹，这样可以实现多文件检索和检索结果提取（见图 7-16）。操作完成后，检索结果将全部列出，点击相应的结果可以实现跳转。

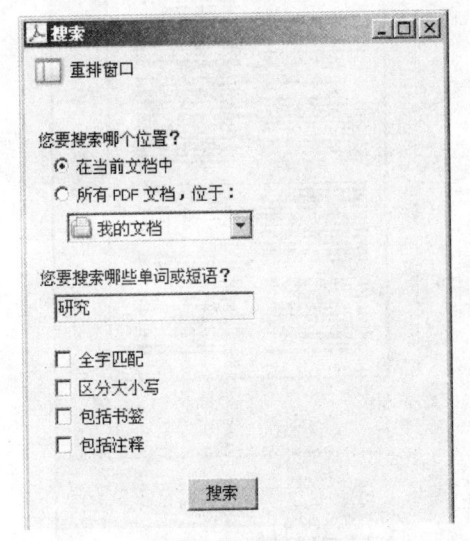

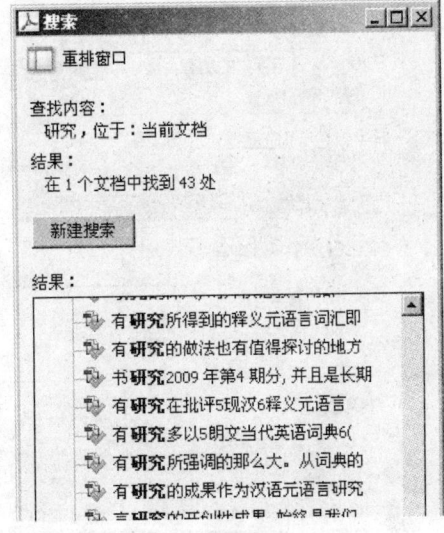

图 7-15 "搜索"窗口　　　　图 7-16 搜索结果窗口

三、打印 PDF 电子公文

有时一些重要电子公文不能仅进行电子阅读，还需要纸面阅读，纸面阅读可以避免因屏幕阅读的跳行等行为产生的阅读疏漏，对于关键文件尤其重要。

单击工具栏"打印"按钮，或选择"文件"菜单—"打印"命令，调出图 7-17 所示对话框。

Acrobat 的打印功能非常强大，选项也特别多，但主要选项与其他应用程序（如 Word）大致一致，如指定打印机、打印份数、打印到文件等，在此不述。

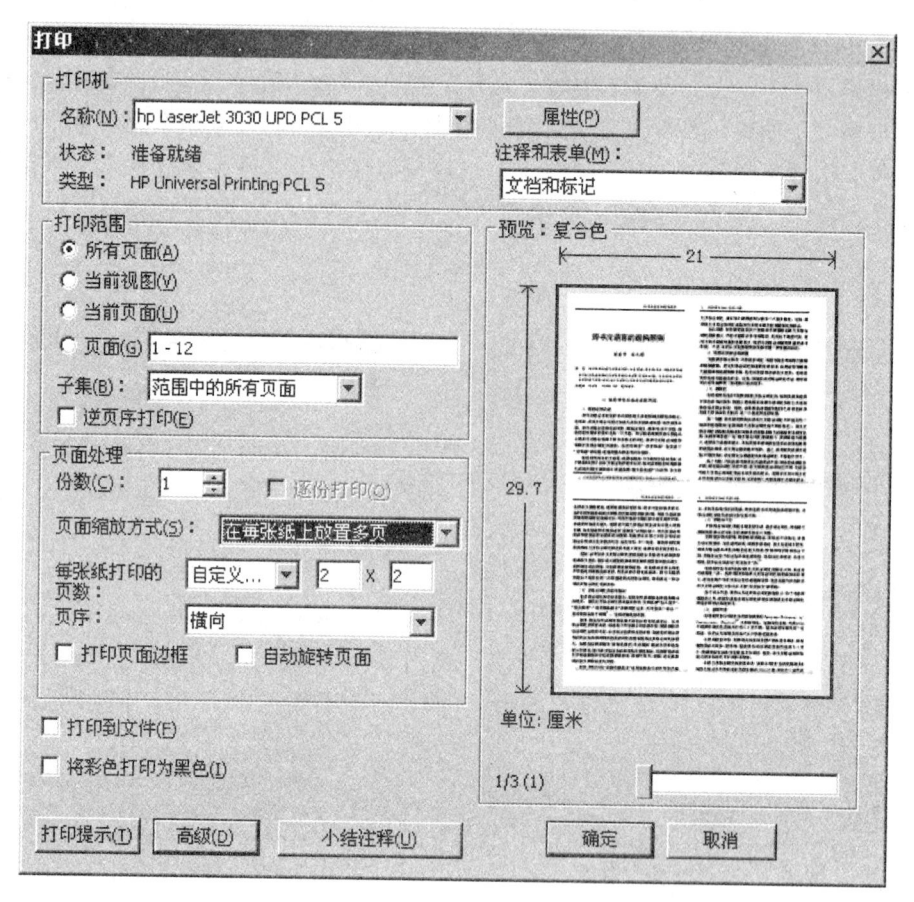

图 7-17 "打印"对话框

第三节　PDF 文件内容与页面编辑

虽然 PDF 不具备全面的编辑排版功能，但基本的页页操作功能还是具备的，如页面分割、提取等，文件格式转换，文本及图像提取等。这些都是 PDF 电子公文文件的重要基础操作。

一、将 PDF 文档保存为其他格式文件

如果将 PDF 文件中的每个页面保存为图像格式的文件，每一页面被存为一个单独的图像文件，可执行如下操作：

在 PDF 文件打开时，选择"文件"菜单—"另存为"命令，或"导出"命令—"图像"—"JPEG"，都会调出"另存为"对话框（见图 7-18）。选择要保存文件的位置和"保存类型"，在文件名文本框中输入文件名称。单击"保

第七章 静态 PDF 格式电子公文的制作与使用技巧

存"按钮。

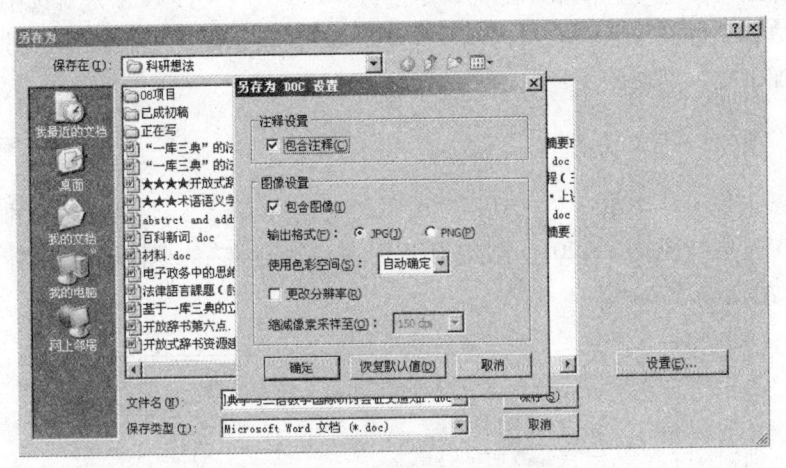

图 7-18 "另存为"对话框

如果要保存 Word 格式文件，可以点击"另存为"命令，在"另存为"对话框将文件类型选择"Microsoft word 文档"或"RTF 格式"文件，如果只需要 PDF 中的文本，则可选择"纯文本"，单击"保存"按钮。或点击"文件"菜单—"导出"命令，在二级菜单中选择导出文件类型，也会调出"另存为"对话框。

二、提取 PDF 局部文本和图形

如果 PDF 文件发放者没有设置相应的内容提取限制，Acrobat 允许提取 PDF 文件的文本和图形，可以从 PDF 文件将少量的文本和图形复制到剪贴板上，以便在 Word、WPS、方正书版等软件中粘贴使用。

点击工具栏上"选择"按钮，用鼠标拖动的方式选择一个词或多行文本。要选择页面上的所有文本，选择"编辑"菜单—"全部选定"命令。要取消选择文本并重新开始，单击所选文本以外的任何地方。可以用单击的方式选中单个图像或图形。在图像上用拖动的方式可以选中一个图像区域。

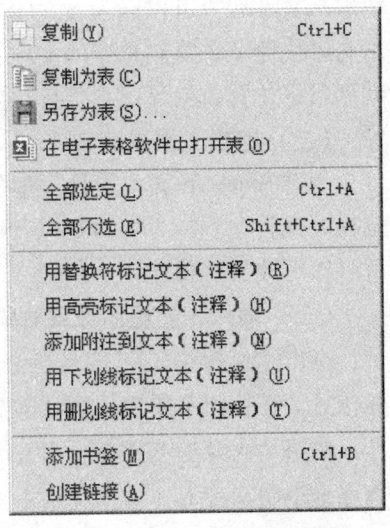

图 7-19 "选择"区域右键菜单

选定后选定区域变蓝色，移动鼠标至选定区域，鼠标变成 ，点击鼠标右键，可弹出快捷菜单，依菜单上的命令进行操作。图7-19所示是对选中文本操作的快捷菜单。如果选中的图像区域，则快捷菜单上有"复制图像、另存图像为、添加书签、创建链接、图像属性"命令。

三、编辑 PDF 文件

选择"视图"菜单—"工具栏"命令—"高级编辑"，调出全功能的"高级编辑"工具栏（见图7-20），可以对 PDF 文件进行文字、图形、多媒体、超链接等方面的附加和编辑。

图7-20 "高级编辑"工具条

（一）编辑和插入文本

PDF 虽然不具有全面的编辑排版功能，但使用"TouchUp 文本工具"可以进行局部的轻微的文本添加、删除等操作。

单击"工具"菜单—"高级编辑"命令—"TouchUp 文本工具"，或点击"高级编辑"工具栏上的"TouchUp 文本工具" 。在要编辑的文本中单击，会显示蓝色的边框来框住可待编辑文本区域。也可拖动来选择文本或文本行。选中待编辑文本后：可以键入新文本来替代选定的文本；按 Delete 键来删除文本；点击右键快捷菜单复制选定的文本；点击右键快捷菜单设置书签。另外，将光标移动到目标位置，就可以在目标位置插入文本或符号等要素。

（二）编辑文本属性

用"TouchUp 文本工具"框住文本，然后选中文本，用右键单击选中文本，选择"属性"，在"TouchUp 属性"对话框（见图7-21），单击"文本"标签，就可以更改文本属性：

（三）插入、处理图像或对象

点击"高级编辑"工具栏上的"TouchUp 对象工具" ，右键单击页面目标位置，在快捷菜单中选择"放置图像"。选择图像文件并点击"确定"按钮。

使用"选择"工具 或"TouchUp 对象工具" 单击选中一个图像或对象，选择多个图像按 Ctrl 键连续单击不同的候选对象。选中后，可以将对象拖移到所需位置。对象无法被拖至其他页面，但可以通过剪切和粘贴操作将它们移至其他

第七章 静态 PDF 格式电子公文的制作与使用技巧

的页面。要调整图像或对象的大小，可拖曳对象矩形手柄。按 Shift 键拖动手柄可以保留原始的长宽比。

选中对象后，右键快捷菜单中，可以选择"设置剪切"。当将指针悬停在选项上方，剪切图标✂出现。按照希望的手柄方向拖拽边框手柄，其操作方式与 Word 图像剪切操作相同。

（四）创建链接

选择"工具"菜单—"高级编辑"命令—"链接工具"，

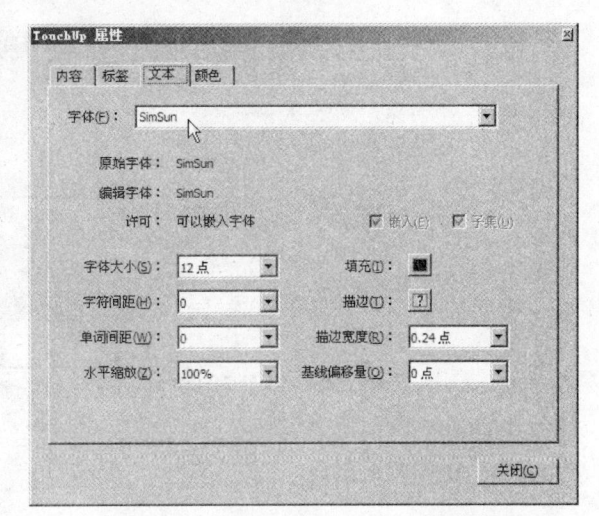

图 7-21 "Touchup 属性"对话框

或点击"高级编辑"工具栏上的"链接工具"按钮。此时指针变成十字形，单击或拖动选中创建链接的文本或对象。在"创建链接"对话框（见图 7-22）中选择链接外观设置，选择不同的链接动作，常用的是"链接动作"选项组的前三项，特别是"打开文件"和"打开网页"。进行下一步设置，如果选择的是"打开网页"，点击下一步将设置网址。注意：如果选择链接文件，则不同于附件注释，链接只是打开一个文件，文件并不与当前 PDF 集成，而附件是集成进当前 PDF 的。

图 7-22 "创建链接"对话框

也有更为简单的方式，用"选择"工具或"快照"工具，选中待创建链接的文本或图像，右键单击对象，在快捷菜单中选择"创建链接"。

设定好的链接，也可以更改链接动作。点击"链接"工具并双击链接矩形。在"链接属性"对话框（见图 7-23）中的"动作"标签，选择要变更的动作，并单击"确定"按钮。要删除链接，先点击链接工具或"选择"工具，选择要删除的链接矩形，按 Delete 键即可。

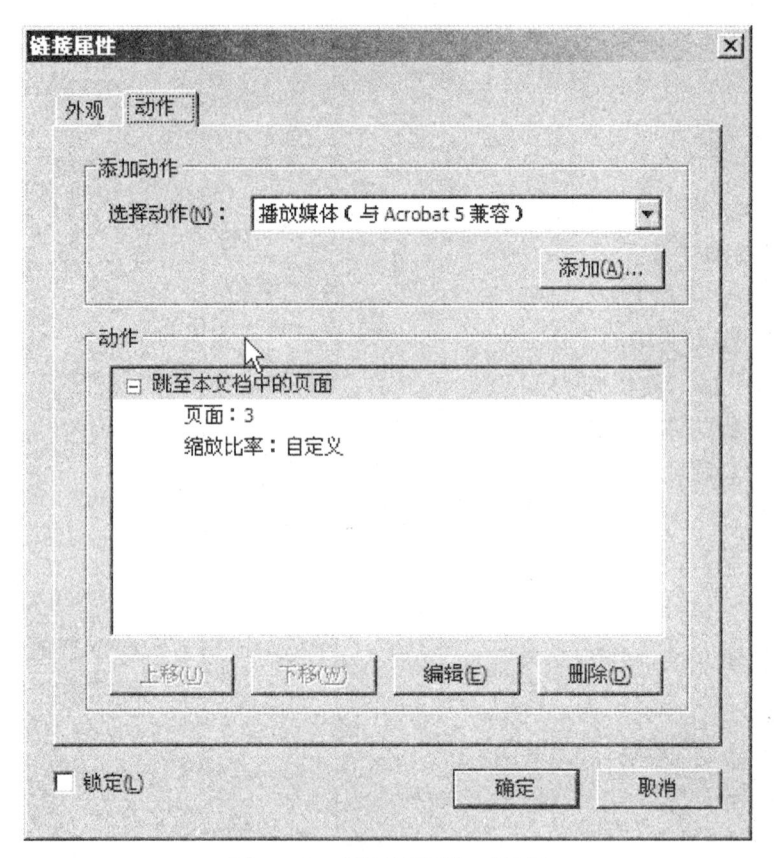

图 7-23 "链接属性"对话框

四、编辑页面

Acrobat 允许在不同的 PDF 文件之间复制、移动页面，也允许在一个 PDF 文件中提取、删除页面，还允许地将两 PDF 文件合并，即可以将一个文件追加到另一个文件的开头或结尾，或到指定放置页面的位置。

（一）插入其他 PDF 文件页面

Acrobat 允许使用"插入页面"命令在当前打开文件的合适位置插入其他文件的页面。打开目标 PDF 文件，选择"文档"菜单—"插入页面"命令，在"选择要插入的文件"对话框中，选择要插入目标文档中的源文档，并单击"选择"按钮。在"插入页面"对话框（见图 7-24）中，在"页面"选项组指定是在第一页、最后一页或输入的页码位置插入文档，在"位置"下拉列表选择要在指定页面"之前"还是"之后"插入文档。

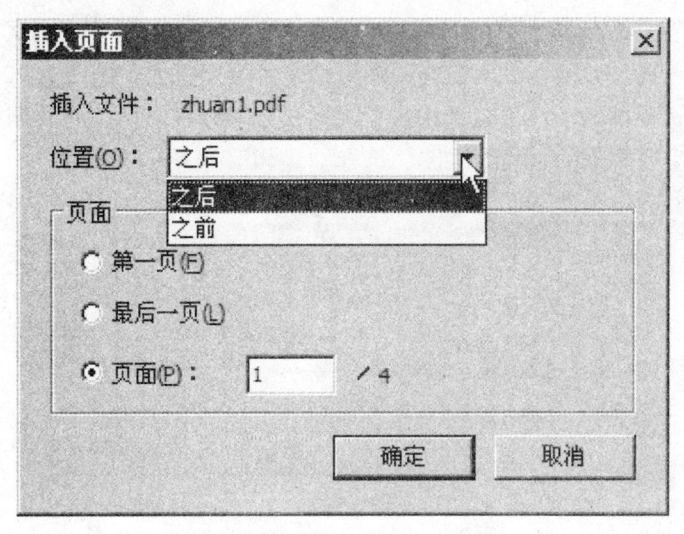

图 7-24 "插入页面"对话框

(二) 提取页面

可以从 PDF 文档中提取页面并保存为单独的文件。注意：从 PDF 文档中提取页面时，与页面内容相关的所有注释、表单域和链接也被提取。但是，不会提取与页面相关的书签和印章。

选择"文档"菜单—"提取页面"命令，出现图 7-25 所示对话框。指定要提取的页面范围。要在提取过程中删除文档页面，选中"在提取后删除页面"。如果选中"提取页面为单独文件"，则每一个被提取的页面存为一个单独的 PDF 文件。

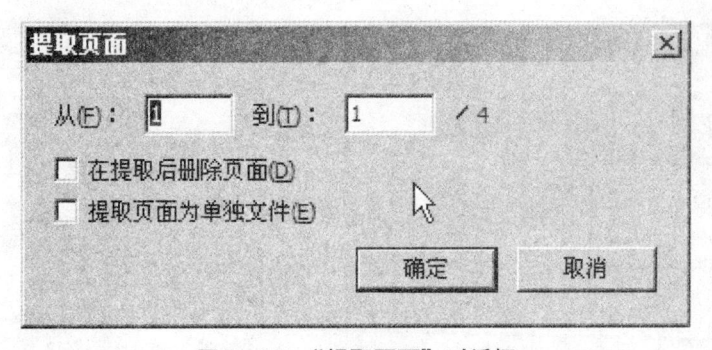

图 7-25 "提取页面"对话框

(三) 删除页面

可以用"删除页面"命令删除 PDF 文档的页面，或者通过在"页面"调板删除页面缩略图来删除页面。

选择"文档"菜单—"删除页面"命令，在图 7-26 所示对话框中输入要删除的页面范围并点击"确定"按钮。注意：此操作不能删除所有页面，文档必须至少保留一页。如果在页面缩略图面板选定了多个页面，则图7-26上的"选定的页面"选项被激活，可以选中进行删除。也可以在页面缩略图调板删除多个页面，选中需要删除的页面缩略图，选择"编辑"菜单—"删除"。

图7-26 "删除页面"对话

（四）替换页面

有时可能需要用另一个 PDF 页面替换当前 PDF 页面。可执行如下操作：打开包含要替换页面的 PDF 文档；选择"文档"菜单—"替换页面"命令；选择包含替换页面的文档，并单击"选择"按钮；在图7-27所示对话框中，在"原始文件"中，输入原文件中要替换的页面；在"替换文件"下，输入替换页面的起始页。替换页面的最后一页通过自动计算原文件中要被替换的页数得到。注意：只能替换相同页数的页面。

图7-27 "替换页面"对话框

(五) 使用页面缩略图进行页面的其他操作

在"页面导览"窗格的"缩略图"调板（见图 7-28）中，选择一个或多个要移动的缩略图。按 Shift 键并单击来选择连续范围的缩略图，按 Ctrl 键并单击选择不连续的或单个的缩略图。也可在一组缩略图周围拖画矩形进行选中。要移动一个缩略图页面，选择并拖动缩略图本身或其页码框到新的位置。缩略图页面插入文档的目标位置后，页面自动重新编排页码。要复制缩略图页面，在拖动时按住 Ctrl 键。

可以使用缩略图在不同文档之间移动或复制 PDF 页面：打开两个 PDF 文档，点击"窗口"菜单—"平铺"命令—"垂直"，并排显示，并使它们的导览窗格显示"缩略图"调板。选择一个或多个缩略图；要复制一个缩略图页面，将它拖到目标文档的缩略图区域；要移动一个缩略图页面，选择该缩略图，然后在拖动时按 Ctrl 键。缩略图页面插入目标文档，并从源文档删除。

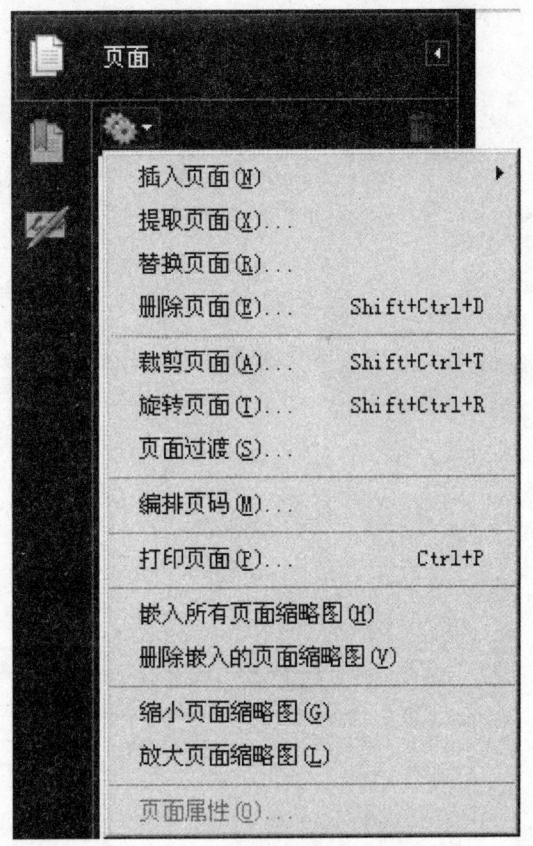

图 7-28 "缩略图"选项菜单

第四节 PDF 文件的安全设置

比起 DOC 格式的文件，PDF 文件拥有很好的安全性，不但拥有安全的口令设置，还拥有专门的功能限制、数字签名等安全技术，这使 PDF 电子公文的安全性大大增强。以下所涉及的安全性设置对于静态 PDF 文件和下一章要涉及的动态 PDF 表单文件均适用。

一、为 Adobe PDF 文件添加标准安全性设置

可以通过设置打开文件口令、限制打印和编辑等某些常规功能等操作，来限制访问 PDF 文件。当文件的某些功能被限制，任何与之相关的工具或菜单项

将变灰不可用。

如果是在 Word 中创建 PDF 文件，在创建之前，点击"Adobe PDF"菜单或工具栏—"更改转换设置"按钮，可在图 7-29 所示对话框上进行密码等安全设置。

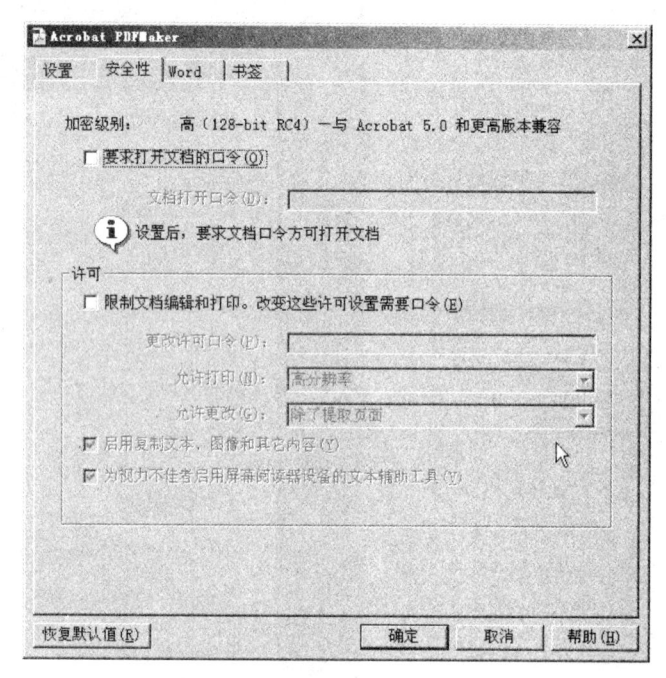

图 7-29 "安全性"设置对话框

如果是在 Acrobat 中创建 PDF 文件，先创建完成 PDF 文件，在打开的 PDF 文件中，点击"任务"工具栏—"安全"下拉列表（见图 7-30），选择"使用口令加密"。

图 7-30 "安全"下拉列表

在图 7-31 所示对话框上设置 PDF 文件的打开文档的口令（用户口令）和更改安全设置的口令（主口令）。口令最少要求六位数密码，也不能过于简单，最好是字母与数字混合，大小写字母混合等，提高密码的复杂度。这一点与 Word 的密码设置是一致的，还可在"允许打印"、"允许更改"、"限制文本和图像复制"等选项中进行设置。"确定"退出对话框后，一定要保存文件。

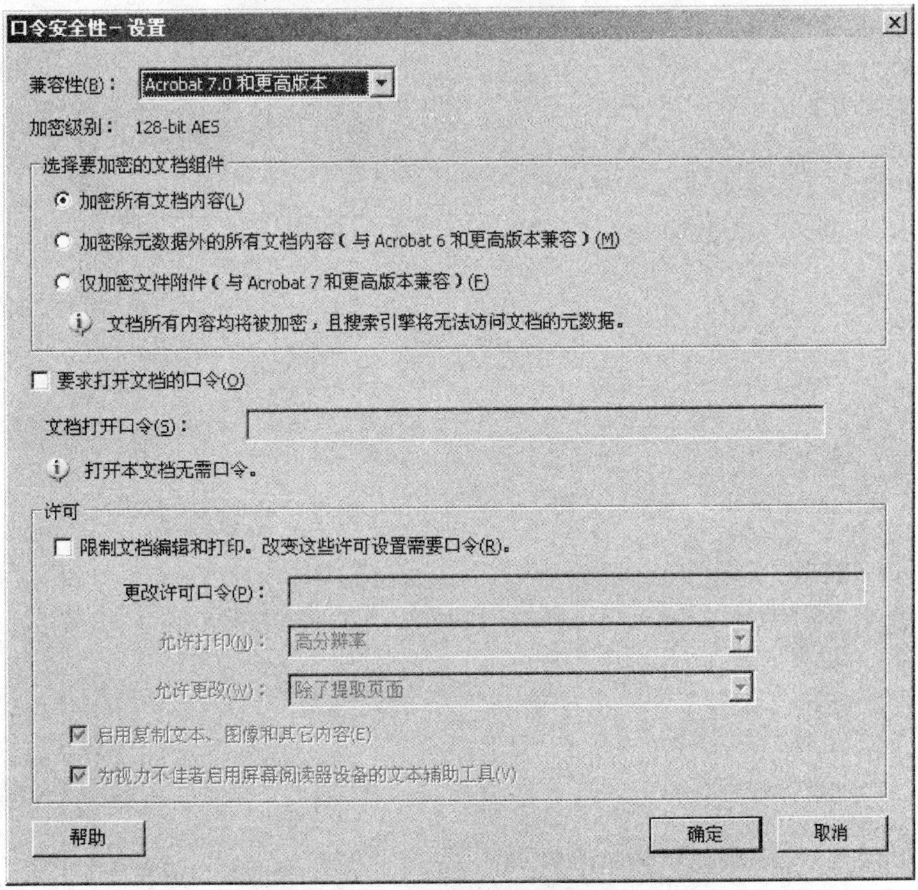

图 7-31 "口令安全性—设置"对话框

二、签名加密

数字签名是一种新的加密技术，它的安全性要远远高于口令加密，不易被进行暴力破解。启动"任务"窗格—"安全"—"证书加密"，启动证书加密向导（见图 7-32）。

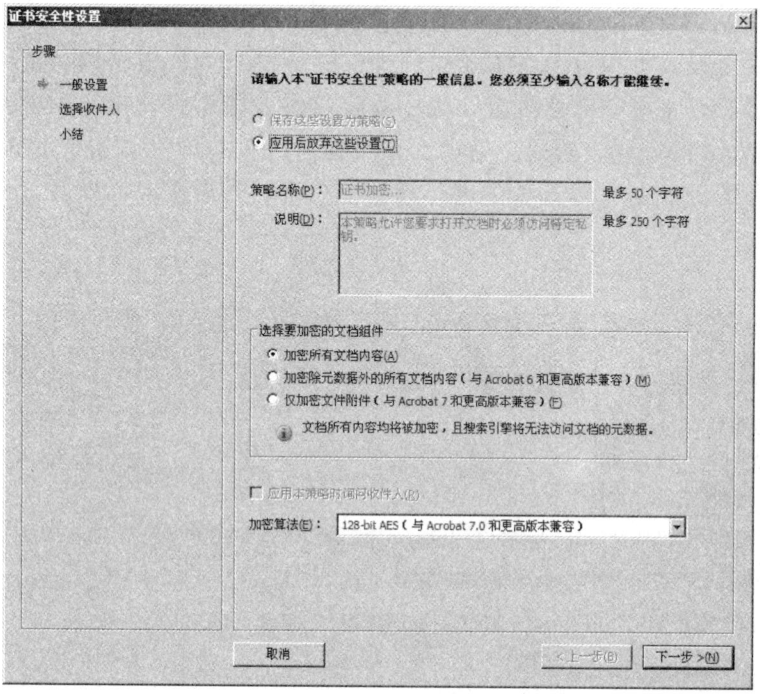

图 7 – 32 "证书安全性设置"对话框

点击"下一步"按钮，在图 7 – 33 所示对话框中，添加数字身份证书。

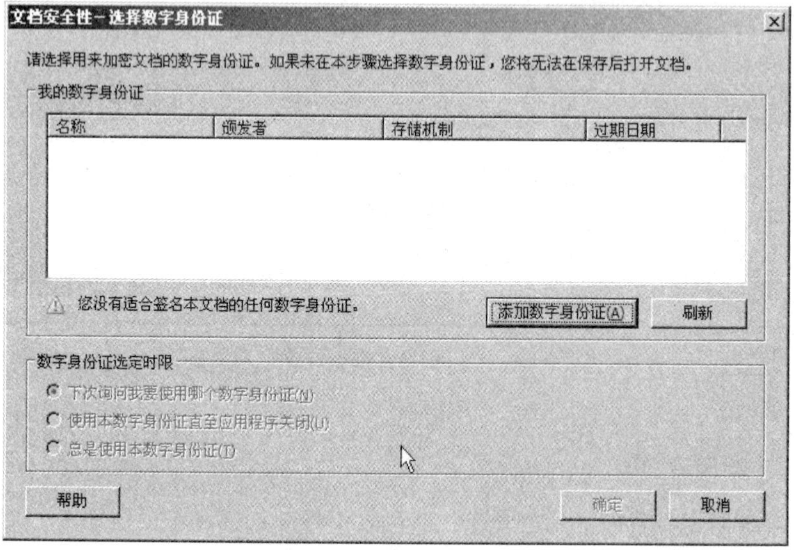

图 7 – 33 "文档安全性"对话框

在图 7-34 可选择数字身份证的操作。Acrobat 的数字身份证一般有以下几种情况：第一种是权威认证机关发送的统一身份证文件，一般大型机关内都会有统一的数字身份证制作、使用、管理机构，会发送给每一个使用者包含个人信息的数字身份证文件，这一文件一般置于 U 盘等随身存储设备中，直接从 U 盘调用，用来打开文件或者进行数字签名审阅；第二种是硬件数字身份证，身份证文件直接固化了一个设备芯片中，不会被改写或删除，也不会感染病毒，安全性更高；第三种是自定义数字身份证，一般是小型单位或个人使用，在 Acrobat 中创建个人身份证，用来进行审阅和安全加密，文件发放给审阅人时一般将此数字身份证文件也一块发送，对方可以用此文件打开加密文档。一般来讲，在一个单位中，拥有阅读加密 PDF 文件权限的人员应该人手一个相同的数字身份证文件，而用来进行批注的数字身份证文件应该各不相同。

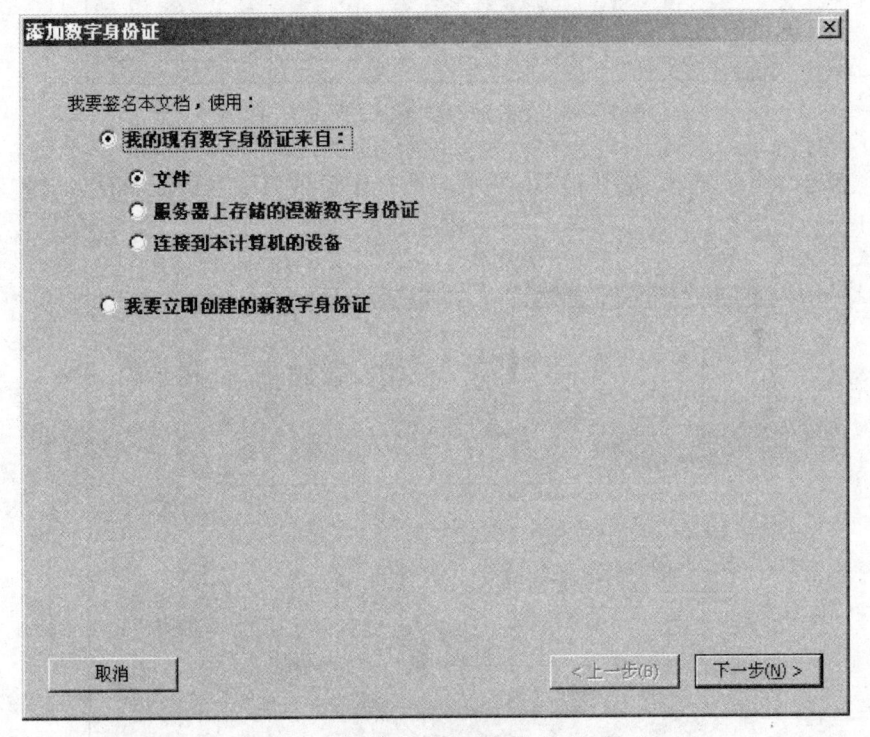

图 7-34 "添加数字身份证"向导（一）

如果没有个人身份证，可以选择"创建用于 Acrobat 的自签名数字身份证"，如果已经拥有身份证文件，选择"浏览现有的数字身份证文件"。点击"下一步"，可以选择新建身份证文件的类型。再点击"下一步"按钮，在图 7-35 所示的对话框中创建身份证中的个人信息。

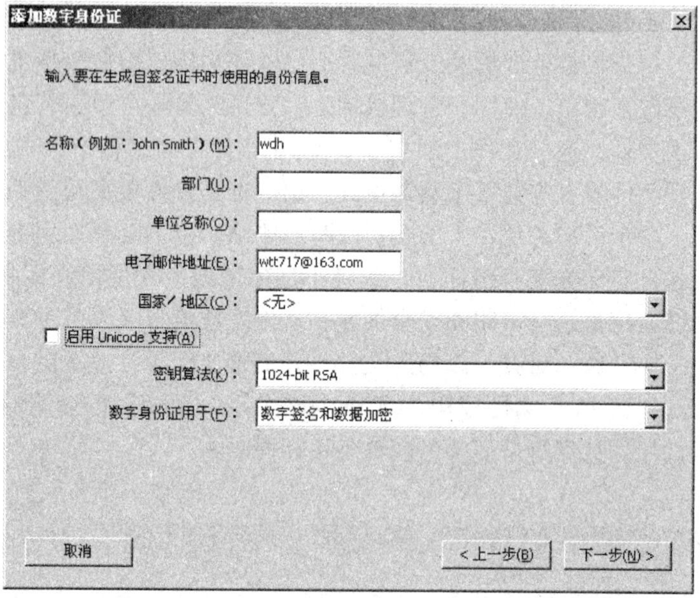

图 7-35 "添加数字身份证"向导（二）

点击"下一步"，在图 7-36 所示对话框中设置数字身份证的存放位置和验证口令。

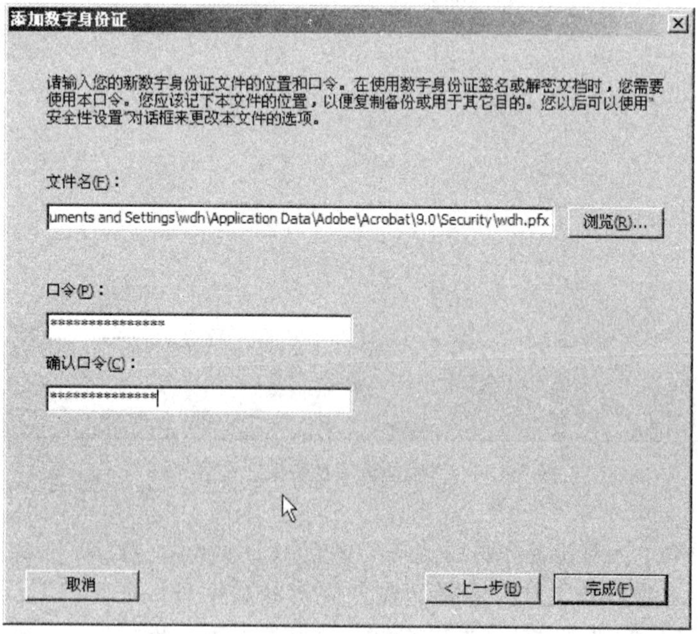

图 7-36 "添加数字身份证"向导（三）

第七章 静态 PDF 格式电子公文的制作与使用技巧

建议将文件直接存放到随身软盘或 U 盘中，不要存放在硬盘中，因为硬盘文件虽然可以被删除，但也可能被 Final Data 类软件进行恢复，造成个人身份证文件丢失。"确定"后，在图 7-37 所示的对话框中就会自动添加身份证文件。

图 7-37 "文档安全性"对话框

可以添加多个身份证文件，然后选择需要的文件进行加密或签名，点击"确定"按钮退出后，会回到加密向导（见图 7-38）。

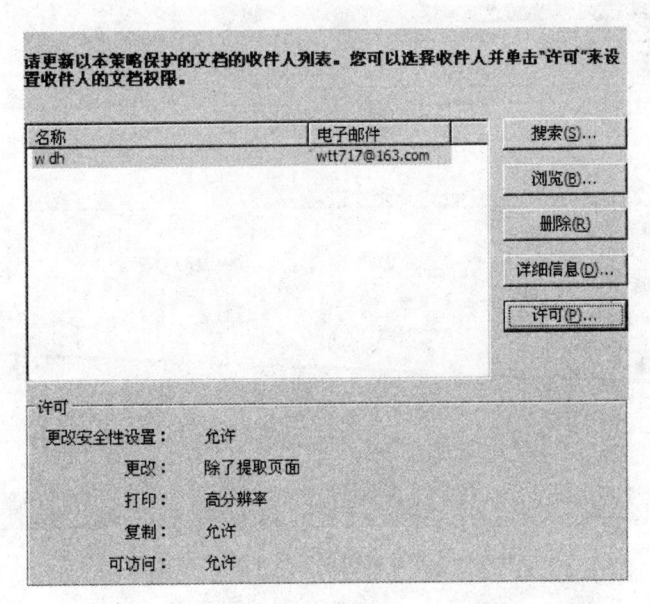

图 7-38 "添加数字身份证"对话框

点击"许可"按钮可设置各种打印、复印、更改等方面的限制。点击"下一步"按钮，将显示加密信息小结，点击"确定"按钮退出即可完成 PDF 文档的数字证书加密。保存 PDF 文件。

当 PDF 文件关闭后被再次打开时，就需要出示身份证信息（见图 7-39）。如果身份证文件已经被事先导入 Acrobat 中，则直接在此键入口令即可打开文件。

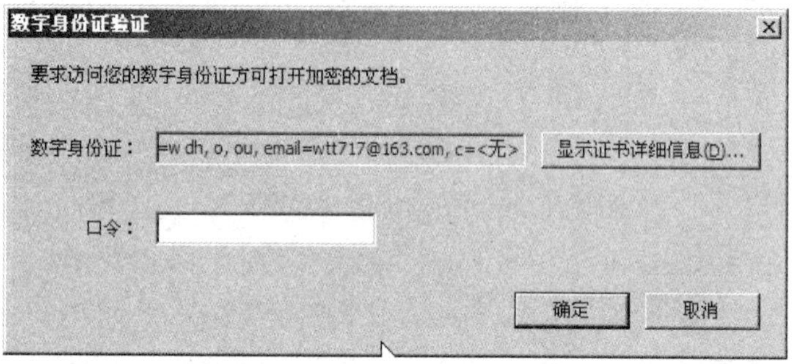

图 7-39 "数字身份证验证"对话框

如果文件被传到一台新机器，对方事先并没有导入身份证文件，打开 Acrobat，点击"任务"窗格—"安全"—"管理安全性策略"。在图 7-40 所示的对话框中选择证书加密，然后点击"新建"。

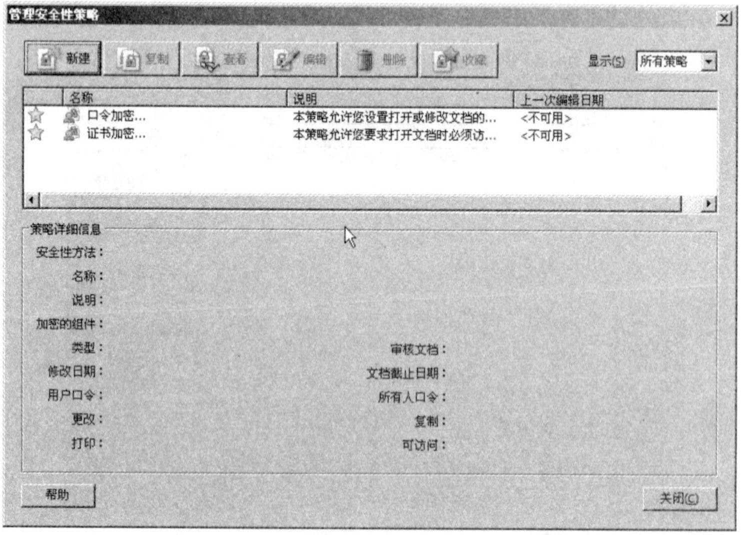

图 7-40 "管理安全性策略"对话框

在随后的对话框中选择"使用公钥证书",在下一步的对话框中给安全策略一个名称。再点击"下一步"按钮,就会出现前面介绍的图 7-33 所示的"添加数字身份证"对话框,可以将 U 盘的数字证书导入 Acrobat 即可。

在这里设置好安全策略后,以后要给其他公文用此身份证加密,就可以打开文件,直接点击"任务"窗格—"安全"—"管理安全性策略",选中所建的安全策略名称,点击"应用到文档"按钮。口令策略的操作也如此。一次设置好口令和限制后,可以保存为一个安全策略,以后打开待加密的文件,就可以直接口令安全应用策略,快速方便。

如果要删除口令和证书,可以选择"任务"窗格—"安全"—"管理安全性策略",启动图 7-40 所示的对话框,选中口令或证书策略,点击"删除"按钮即可。如果点击"编辑"按钮,可以编辑策略,如可以更改口令和数字身份证文件。

三、数字签名

可以用数字签名来保证文件的完整性,对于一些特别重要的文件,保证文件内容的完整性和原始性就显得至关重要,这是保证文件安全性的核心内容之一。Acrobat 中的数字身份证可以在文档上进行"数字签名"以表示由某个专门的审阅者阅读过或批阅过该文档,还可以利用数字签名做很多重要工作,如确认审阅对文档所作的更改;可以将文档恢复到签名前的版本;可以对其他人的数字签名进行验证,确认签名的真实性,验证过程要使用签名者提供的用户证书……

打开待签名的 PDF 文件。点击"任务"窗格—"签名"—"放置签名",这时鼠标呈十字形,在签名的位置拖动鼠标划出签名域,松开鼠标后,启动签名向导。如果没有创建或添加身份证文件,则自动启动图 7-40 所示的"添加数字身份证"向导添加或创建数字身份证。添加或创建完毕后,出现图 7-41 所示的"签名文档"对话框。

点击"签名"按钮,将保存签名副本。然后文档中显示签名标志(见图 7-42)。其中"签名面板"会显示绿色对勾符号 已签名且所有签名都有效。,并确认该文档在签名后没有被修改。显示签名的日期和时间也是非常重要的。

图 7-41　"签名文档"对话框

图 7-42　签名文档示例

如果拿到一份带有签名的文件后,还没有验证文件有效性,则对号签名图标变成放大镜检查图标 至少一个签名需要验证。(见图 7-43)。

图 7-43　没有验证有效性的签名示例

此时可选择"任务"窗格—"签名"—"验证签名",可以验证签名是否通过。

如果在文件发出后更改了文档,签名标志图标马上就会发生变化(见图 7-44) 已签名且所有签名都是有效的,但是在最后一个签名后发生了未签名的更改。,这样可以保证用户随时了解文档的原始性状态,这对于合同类文本特别有用。

如果要更改签名的外观,如使用个性字体或图片文件作签名标识,可以在创建或导入了数字身份证文件后,点击"编辑"菜单—"首选项"命令,在出现的对话框中选择左侧"种类"中的"安全性",在右侧窗格点击"新建"按钮。在图 7-45 所示的对话框中可以进行设置签名标题、选择签名照片、增减在签名域中显示的各种签名信息等操作。

图 7-44 被更改的文档签名示例

以后再次签名时,可在图 7-46 所示的对话框的"外观"下拉列表中选择已经更改了外观了的签名,如"王小明"。

图 7-45 "配置签名外观"对话框　　图 7-46 "签名文档"对话框

第五节　PDF 文档的审阅与注释

对 PDF 电子公文审阅和注释操作可以增加 PDF 的信息附加值,体现的是电子公文制作的团队意识。通过向导操作,可帮助分发 PDF 电子公文给审阅人。"追踪器"可追踪全部有组织的审阅操作,包括每个审阅活动的参与者的信息。

要发起基于电子邮件的审阅，需要先设置好支持此操作的电子邮件应用程序，如 Outlook、Out Express、Fox mail 等，然后发起人将 PDF 作为电子邮件附件发送给审阅人。审阅人添加他们的注释到 PDF 文件并且使用"注释和标记"工具栏中的"发送注释"按钮返回文档。当接收这些注释时，发起人可以合并它们到 PDF 副本中。

本节所介绍的操作也适用于动态 PDF 表单文件。

一、发起基于电子邮件的审阅

（一）基于电子邮件的审阅的基本操作

打开正在编辑的 PDF 文件，单击"任务"工具栏—"注释"—"附加以供电子邮件审阅"。也可从支持 PDFMaker 打印机功能的其他应用程序直接启动一个基于电子邮件的审阅，如在 Word 中，选择"Adobe PDF"菜单—"转换为 Adobe PDF 并发送供审阅"或者单击工具栏上"转换为 Adobe PDF 并发送供审阅"按钮。这两步操作都会启动图 7-47 所示向导。在"身份设置"对话框中输入发起人信息。点击"完成"按钮。

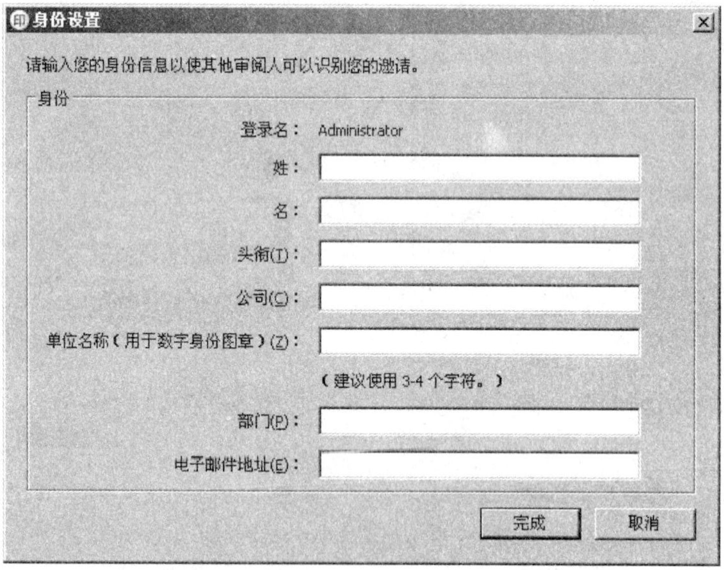

图 7-47 "审阅配置文件"对话框

在图 7-48 所示对话框中，指定当前打开的 PDF，然后单击"下一步"按钮。指定的 PDF 会变成主文件。这一步设置会合并从审阅人处收到的注释到此文件中。如果是其他 PDF 文件，则点击"浏览"按钮。

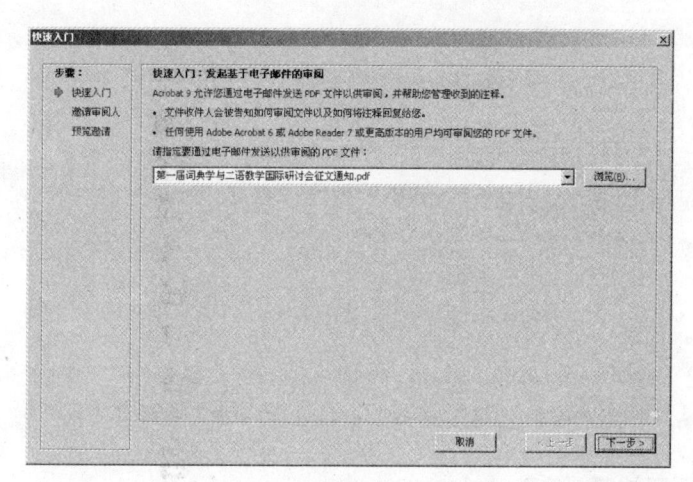

第七章　静态 PDF 格式电子公文的制作与使用技巧　　·203·

图 7-48　"通过电子邮件发送以供审批"向导（一）

在图 7-49 所示对话框中，输入审阅接收人的电子邮件地址，在每个地址间插入英文分号或者换行。或者单击"地址簿"按钮从 Outlook（Out express）等邮件客户端软件的地址簿中选择电子邮件。要指定除本人之外的其他人接收审阅注释，单击"自定义审阅选项"按钮，并在"请求审阅人将注释回复给您"文本框中输入这些人的电子邮件地址。

图 7-49　"通过电子邮件发送以供审批"向导（二）

单击"下一步"按钮来预览、修改电子邮件邀请信的主题和内容（见图 7-50），然后单击"发送邀请"按钮。PDF 的副本将作为附件发送给审阅人。

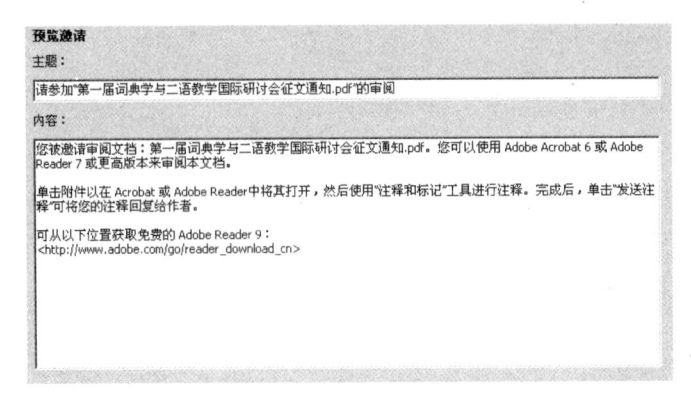

图 7-50 "通过电子邮件发送以供审批"向导（三）

（二）返回注释

当审阅人从电子邮件附件中打开 PDF 文件，Acrobat 将自动显示"注释和标记"工具栏（见图 7-51）。通过这个工具栏添加注释意见，完成后，点击工具栏上的按钮 ![发送注释]，修改邮件的主题和内容后（见图 7-52），点击"发送"按钮即可将包含注释的 PDF 电子公文作为电子邮件附件返回审阅发起人。

图 7-51 "注释和标记"工具栏

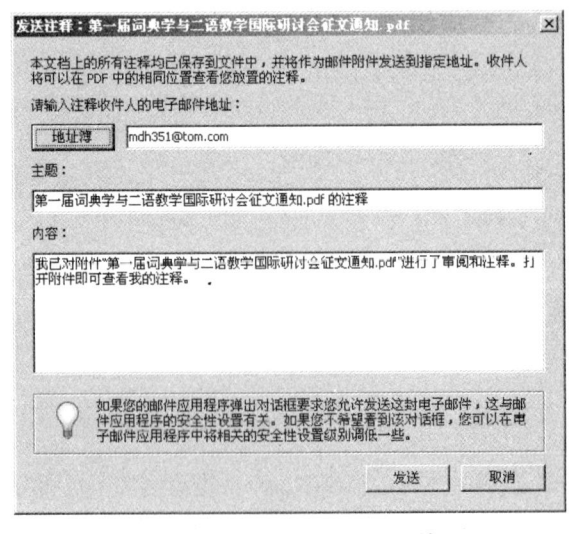

图 7-52 "发送注释"对话框

（三）邀请其他审阅人

可以由审阅发起人邀请其他审阅人，发起人可以自动追踪所有参与者。点击"注释"菜单—"邀请其他审阅人"，将再次启动图 7-47 所示的向导。也可在下文介绍的"追踪器"中，单击选择正在审阅的 PDF，然后在右侧单击"添加审阅人"按钮。然后指定要添加审阅人的电子邮件地址，然后单击"确定"。添加的审阅人和其他参与人将出现在"追踪器"的右侧窗格中。

（四）合并注释

从各个审阅人处收到注释之后，可以合并注释到主 PDF 文件，针对同一内容的不同的人的注释可以集中体现在同一位置。

审阅人返还发送注释之后，发起人收到邮件后，打开电子邮件的附件。如果由本人发起了注释，"合并注释"对话框将出现：选择"是"，将打开 PDF 的主本并合并所有注释到其中。注释合并后，保存主 PDF；选择"否，仅打开本副本"，仅打开审阅人带注释的 PDF 副本，不对注释进行合并操作。如果选择本选项，仍然可以通过选择"注释"菜单—"合并注释至主 PDF"来合并注释。

（五）追踪审阅的 PDF 电子公文

可以使用"追踪器"来管理电子文档的审阅流程。从审阅追踪器窗口，可以看到加入共享审阅的人数和审阅人发表注释的数量，列出了每个 PDF 发送的日期和时间以及邀请的审阅人的列表。

选择"注释"菜单—"追踪审阅"命令，弹出图 7-53 所示的对话框。在"我已发送的审阅"链接中列出本人发起审阅中的所有 PDF 文件。在"我已加入的审阅"链接中列出收到的审阅中包含的 PDF 文件。粗体的 PDF 提示该文件中有未读的注释。点击相应 PDF 文件，审阅信息会出现在右侧窗格。点击相应的链接可进行发送电子邮件、添加审阅人等操作。

图 7-53 "追踪器"对话框

(六) 查看与回复注释

合并后的注释,可以通过"页面"导览窗格中的"注释"按钮 来打开"注释"列表,集中查看和管理注释。"注释列表"窗格显示了 PDF 文件中所有的注释,并且包括排序、筛选、删除和回复注释等工具的工具栏。

查看注释:可以将所有合并后的注释进行排序,在工具栏上单击"注释排序" 下拉列表,可按类型、页码、作者、日期、颜色、勾形标记状态或注释人状态来为注释排序(见图 7-54)。

图 7-54 "注释"列表

回复注释:通过回复注释操作,审阅人也可以得到发起人对于自己的注释的处理方法或结果信息的反馈。在"注释列表"中选择相应注释,单击工具栏上的"回复"按钮 回复 ,在显示的对话框中键入你的回复。

(七) 打印注释小结

在打印对话框中,点击"小结注释"可获取当前 PDF 文件所有注释纲要,新建可打印注释的 PDF 文件,或者直接打印小结。在默认状态下,Acrobat 会打印盖有公章的 PDF 电子公文。打印包含注释的文件,还可选择"注释"菜单—"打印时包括注释小结"命令;要单独创建注释的 PDF,选择"注释"菜单—"小结注释"命令。

二、为 PDF 文件添加注释

点击"视图"菜单—"工具栏"命令—"注释和标记",将调出全功能的注释标记工具栏(见图 7-55),如果被邀请审阅一篇 PDF 文件,打开文件后,此工具栏将自动显示。单击相应的工具,在待注释区域单击或拖中选中对象,即可进行各种标注。

图 7-55 "注释和标记"工具栏

（一）附注注释

在"注释和标记"工具栏中选择"附注工具"，然后单击要放置附注的位置，或拖动创建自定义大小的窗口。在弹出式附注中输入文字。如果要编辑附注注释，可单击或双击正文中相应的附注图标，然后按需要做更改。删除附注，选择附注图标，然后按 Del 键。

（二）标记批改文本

可以在 PDF 文件中使用文本编辑工具进行注释。"文本编辑"注释不会更改 PDF 中的真实文本。它们只是注释内容，与 PDF 主文件内容是相对独立的。

给文本加上高亮、删划线或下划线等标记，选择"文本编辑"工具，将显示图 7-56 所示二级菜单，选中相应的文本标记工具，如可分别选择"用高亮标记选定文本"，"用删划线标记要删除的文本"或"用下划线标记选定的文本"等，然后从要待标记的文本开始处拖动应用标记。按 Ctrl 键并拖动标出文本的矩形区域，这在标记列中的文本特别有用。

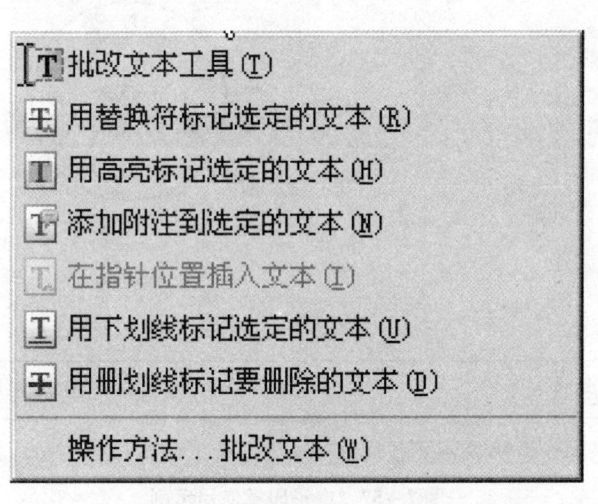

图 7-56 "文本编辑"工具下拉菜单

再如插入文本，可先选择"文本编辑"工具，先后将光标定位到插入点，键入要插入或添加的文本，文本出现在弹出式附注中，插入点出现段落插入符号。插入文本不同于编辑 PDF 文件部分介绍的用 Touchup 文本工具对 PDF 做出的修改，后者是直接针对 PDF 正文的修改，而前者只是文本注释。

（三）在文档上加盖图章

电子印章是电子公文生效的标记。可以使用书生、金山等的专用电子印章工具软件对 PDF 文件加盖电子印章,如果是在普通电子公文中,也可用图章制作软件制作电子印章,但要注意使用加密信息。然后使用"注释和标记"工具栏上的"图章工具"加盖。

应用图章:在"注释和标记"工具栏上,单击"图章工具"旁的箭头从二级菜单中选择一个种类,然后选择需要的图章。在要放置图章的文档页面位置上单击,或用鼠标拖画一个矩形区域来定义图章的大小和位置(见图 7-57)。如果没有在"身份"首选项中提供姓名,会弹出"身份设置"对话框会提示输入姓名等信息。

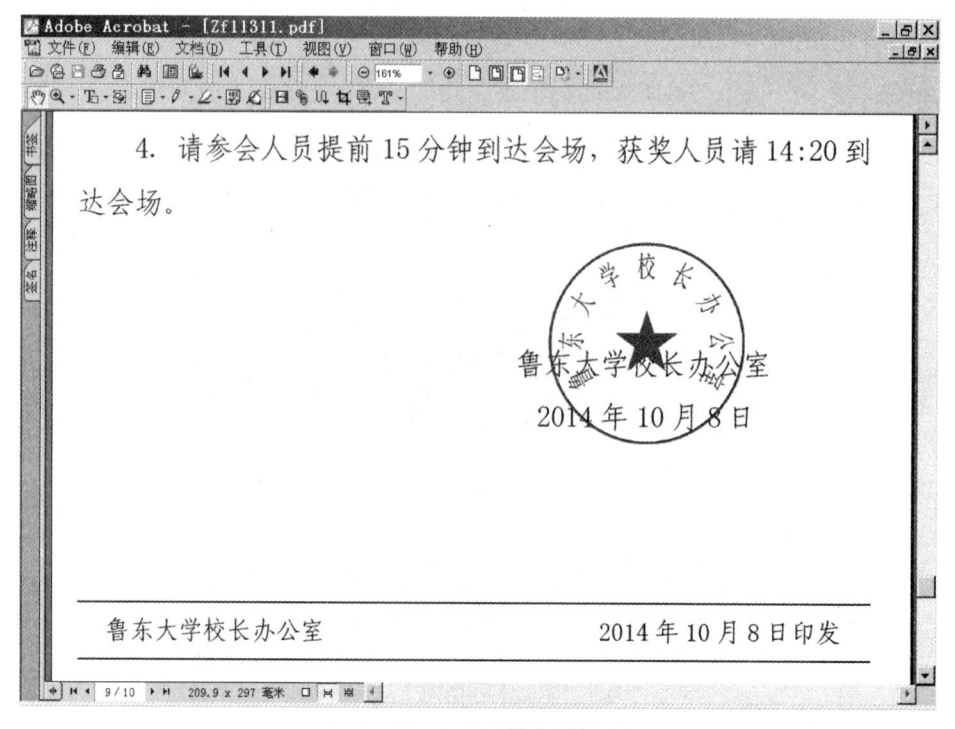

图 7-57 电子印章使用示例

要更改图章位置,选中图章后,请将其拖至新的位置。要调整图章的尺寸,单击图章,然后拖动选择手柄放大或缩小。要旋转图章,将指针移动到位于图章顶部的手柄之上,当旋转图章图标显示时拖动。要改变图章的不透明度,用鼠标右键单击图章,然后选择"属性"。在"外观"标签上,设置不透明度或颜色。

创建自定义图章:可以从多种不同的图像格式来创建自定义图章。在"注释和标记"工具栏点击"图章"按钮旁的下拉三角,选择"创建自定义图章",在随后出现的对话框上载入自己图章的图像文件，确定后，再从对话框上选择一个种类或者键入新种类名称，命名自定义图章，然后单击"确定"按钮。

（四）添加录音注释

声音附件工具允许在文档中添加预先录制的声音作为注释，或在文档中录制并放入音频注释。添加预先录制的音频注释：选择声音附件工具 。在要放置音频注释的位置单击。弹出图 7–58 所示对话框。

图 7–58　"录音机"对话框

单击"浏览"按钮可以添加已有的声音文件。单击"录制"按钮●，然后对着麦克风讲话，可以实时录制音频文件。在完成录制之后，单击"停止"按钮■，然后单击"确定"按钮。音频图标 标识了注释的位置。

（五）在 PDF 文件中嵌入附件

可以使用"附件注释"工具将文件嵌入 PDF 中选定的位置，以使审阅者打开它进行查看。附件与主 PDF 文件集成在一起，随 PDF 文件移动，嵌入的文件也会自动一起移动。要查看附件，阅读者必须安装可打开附件的应用程序，如 Word 或 WPS。附件不同于链接，链接只是打开一个文件，文件并不与当前 PDF 集成，而附件是集成进当前 PDF 的。

点击"注释和标记"工具栏的"附件注释"按钮 ，在 PDF 文档中单击要放置附件的位置。选择要附加的文件，然后单击"选择"。要删除附件，右键单击"附加文件"图标，然后选择"删除"。

选中附件标记，在鼠标右键菜单中选择"属性"，在图 7–59 所示对话框中设置相应的外观属性。

带有附件的 PDF 文件可以在"页面导览"窗格中集中管理，在"附件"面板里，选择附件，然后打开"选项"菜单，可以进行"打开"、"保存"、"删除"等常规操作。

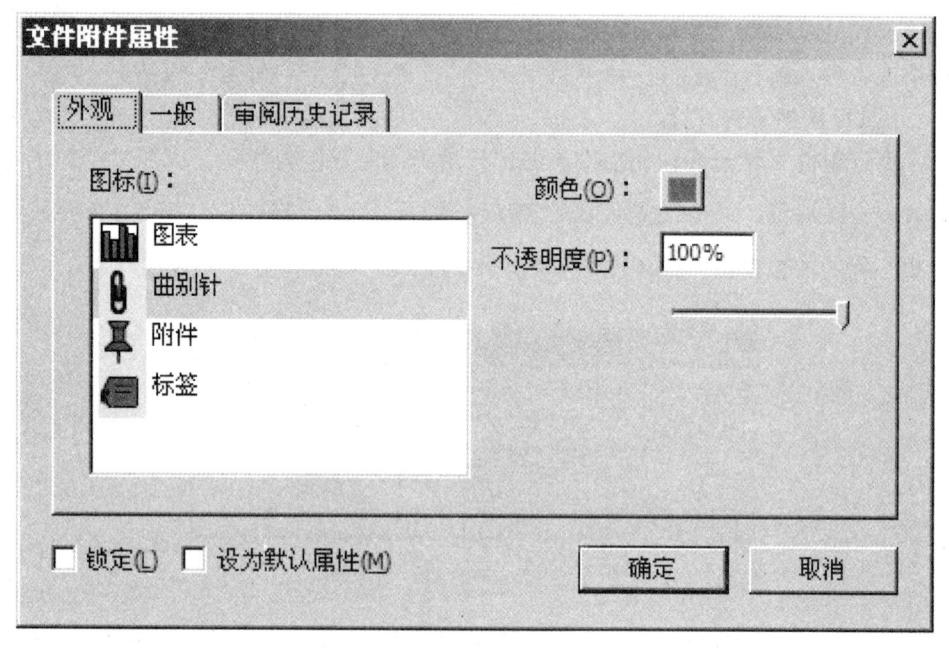

图 7-59 "文件附件属性"对话框

思考题

1. 在 Word 2010 中，把一份格式完整的电子公文转换为 PDF 文件。
2. 将一份法定公文和三份单独的 DOC（X）格式的附件合并为一份 PDF 文件。
3. 三人一组，试着用同一数字身份证对一份电子公文加密，并分发身份证文件，用来打开加密电子公文，同时练习用身份证文件进行数字签名操作。整个操作需要基于电子邮件的审阅机制。

第八章 动态电子表单式电子公文的制作

近些年，国际上包括 Adobe、IBM、Microsoft 等业界领先的软件公司都在致力于开发动态表单（或称智能表单）。动态表单文件是指带有空白交互域的由接收者填写并提交给发送者的电子文档。这种文档不同于静态文档，它带有交互功能，体现出鲜明的智能和动态特性，可以由收件人在表单上录入或选择相关信息，然后反馈给发件人，发件人可以对反馈回来的各种信息进行汇总和分析，将一个完整的公文处理工作流程体现在一张交互表单中，表单可以通过电子邮件或 CD 分发，可以通过内部公文处理专用系统传送，也可以在网站上发布。由于计算机的智能参与，动态表单的使用缩短了电子公文工作流的处理周期，提高了工作效率。

目前常用的表单制作软件中，最主流的是 Acrobat 制作的 PDF 表单文件，在政府、银行、保险、教育、制造、物流等众多领域已经得到了很好的应用，并正在迅速普及和推广。微软公司也迅速跟进，其 Office 办公套件 2003 版后增加了专门的表单制作软件 Infopath，但尚未普及。国内也有专门的公司开发了表单制作软件，如开普智能表单应用平台 Ucap Formpro3.5。因为 PDF 表单的国际性、通用性和普及性，所以本章主要介绍基于 Acrobat 组件 Livecycle designer 的 PDF 表单制作。

注意：Acorba 9 软件中所带的 Designer 表单设计软件是 8.2 版本，Acrobat X、Acrobat XI 等新版本中，Designer 已经被剥离出来，成为一个单独的商业软件，其所带的免费表单制作软件也没有汉化，故本书介绍的是 8.2 中文版本的操作。

第一节 PDF 动态表单的常规创建

PDF 表单制作组件 Adobe Live Cycle Designer 包括在 Adobe Acrobat Professional 版安装中。LiveCycle Designer 增强了 Acrobat 中表单创建功能，并提供了强大的高级功能和充足的控件，可以自由方便地添加通用的交互控件，如静态文本、输入框、密码框、列表框、单选框、按钮、图形、图像域等，用户无须编程，通过简单的鼠标拖放就能将控件选中并拖曳到表单中，然后设置这些控件的名称、值、标题、交互行为、验证机制、提示信息、外观等属性，还支持数据合法性校验和自动计算，也可以格式化输入内容，如身份证号码、电话号码、邮政区号、E-mail 地址、出生日期等数据。Designer 中还提供了大量常用的电子表单模板，可以将其修改为自己的模板文件，也可将自己的文件保存为模板，提高表单设计速度和复用性。

一、启动 PDF 表单向导

在 Acrobat 软件的"任务"窗格—"表单"—"创建新表单"，可以启动新建表单向导（见图 8-1）。

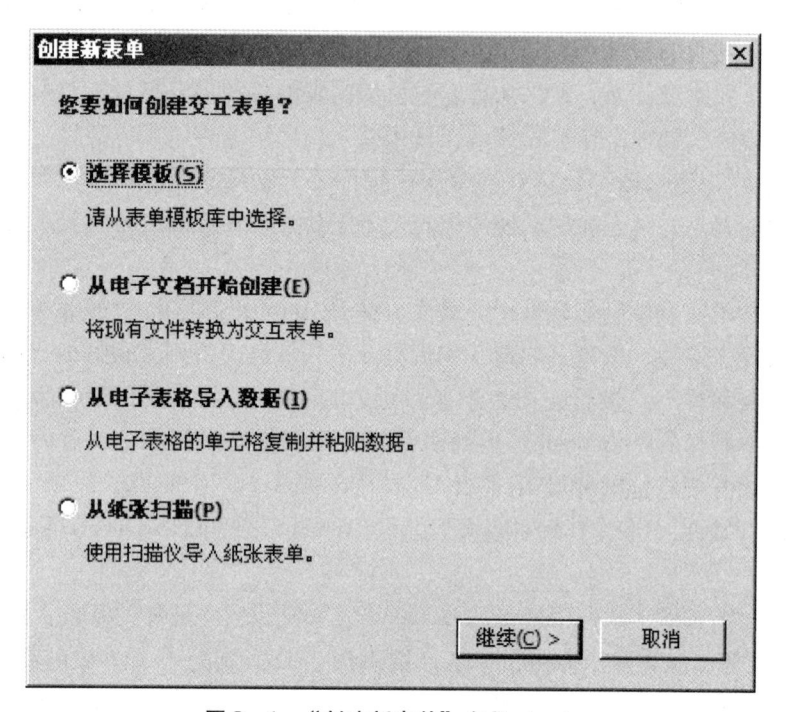

图 8-1 "创建新表单"向导（一）

也可从"开始"菜单启动 Adobe LiveCycle Designer 8.0，直接启动 Designer 程序，选择"文件"—"新建"，启动表单设计向导（见图 8-2）。

前一种方式比较适合于将正在编辑的 PDF 文件添加到交互表单域，形成表单文件。后一种方式适合从头新建一个表单，当然也可以通过导入 PDF 文档和 DOC 文档的方式进行处理。不管采用哪一种方式，最后都会进入 Designer 中进行表单设计与制作。我们主要介绍第二种方式。

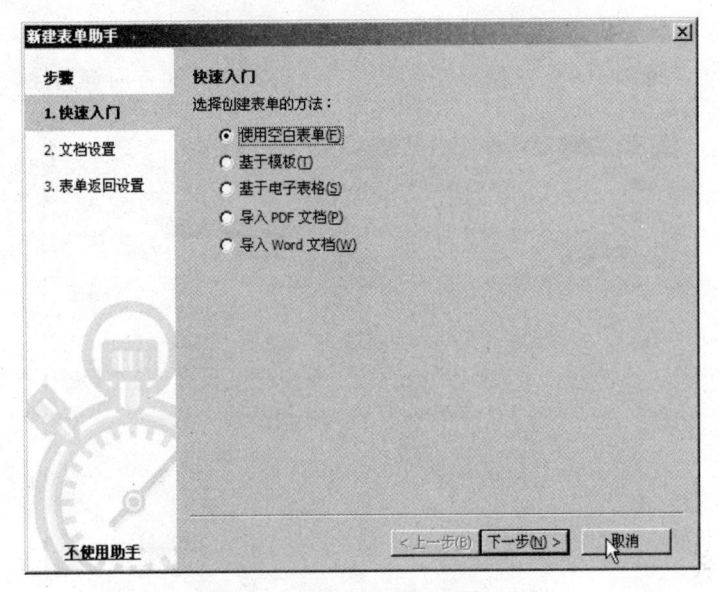

图 8-2 "创建新表单"向导（二）

在图 8-2 上如果选择"基于模板"，则会调出内置的大量专业模板进行设计（见图 8-3），只需要增删局部控件或更改控件属性，最后保存成自己需要的表单，就可以大大缩短设计时间。

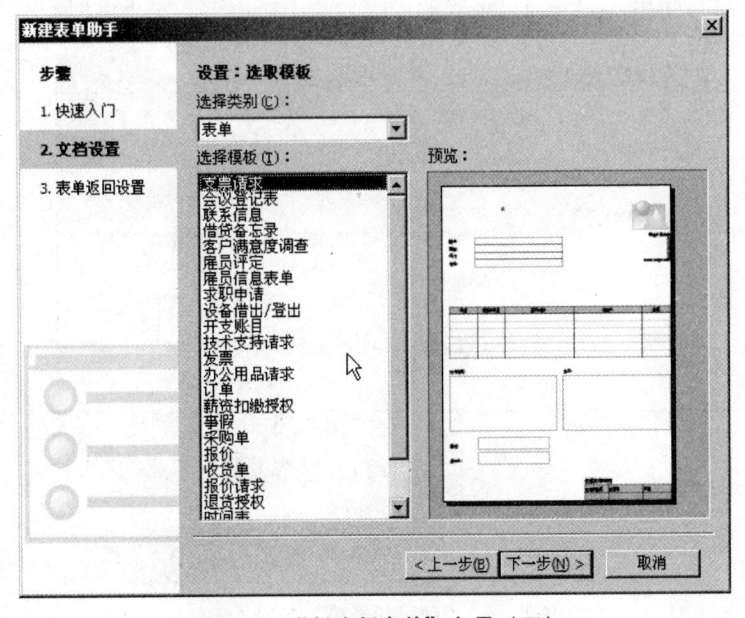

图 8-3 "创建新表单"向导（三）

为便于教学，我们选择"使用空白表单"中"下一步"按钮进入"文档设置"对话框（见图8-4）。设置好页面大小、页数和页面方向等属性。

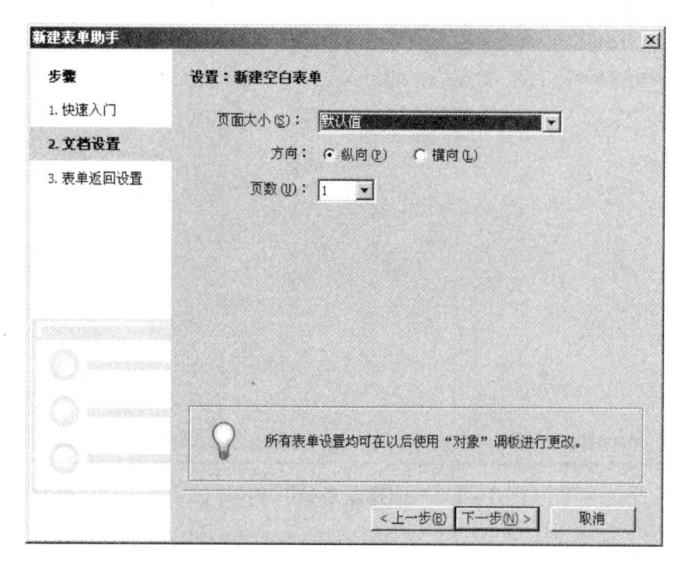

图8-4　"创建新表单"向导（四）

点击"下一步"按钮进入"表单返回设置"对话框（见图8-5），这里需要添加"回复电子邮件地址"，如果选择"添加打印按钮"，则允许接收人将表单添加好后打印出来，并通过纸媒的传统公文工作流方式手工返回。

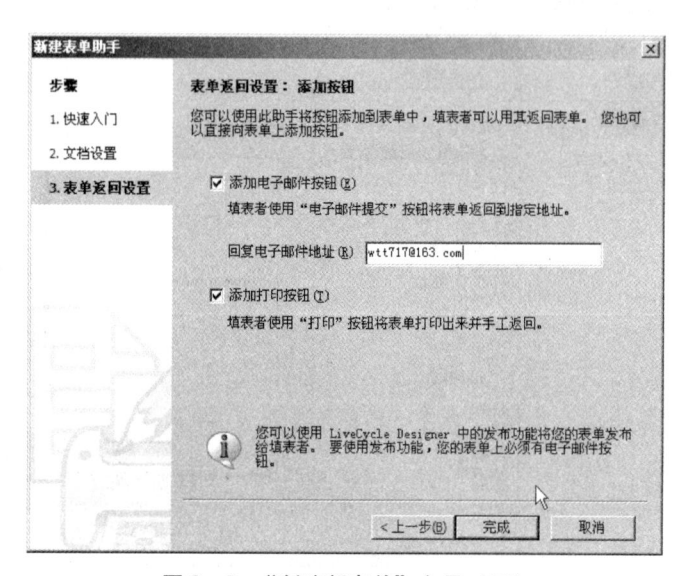

图8-5　"创建新表单"向导（五）

点击"完成"按钮，一个空白表单文件就生成了，新的表单文件还没有主要信息，只有"通过电子邮件提交"和"打印"等辅助功能按钮。

二、设置表单主页面属性

Designer 的界面右侧窗格显示操作方法、库和对象三个调板。在"对象"调板的"主页面"标签中，可为每个主页面设置页面名称和各种布局选项（见图 8-6）。

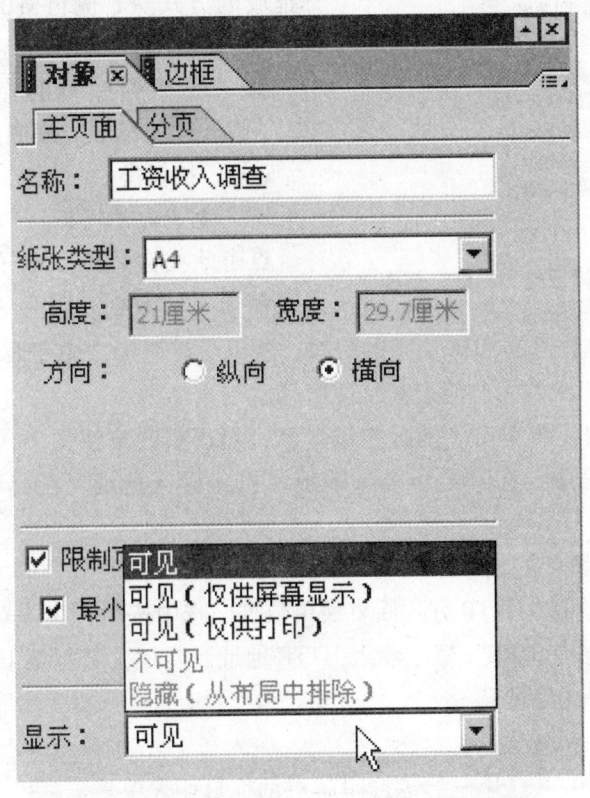

图 8-6 "对象"调板——"主页面"对话框

名称栏可以输入当前页面的名称。在纸张类型下拉列表中可更改向导中设置好的纸张类型，也可以自定义纸张大小。纸张方向也可以设置。限制页面次数、最小次数和最大次数等选项，用于启用或禁用基于选定主页面的页面重复显示，选定该选项，可以在"最小次数"和"最大次数"框输入相应重复次数。

"显示"下拉列表中的选项用于设置查看或打印表单时是否在 PDF 表单中显示对象："可见"——对象在屏幕上可见，在打印出的表单中可见；"可见（仅供屏幕显示）"——对象在屏幕上可见，在打印出的表单中不可见；"可见（仅供打印）"——对象在屏幕上不可见，在打印出的表单中可见。另外两个选项使用较少。

三、添加设置表单控件

控件是表单上的内容容器。各个控件具有不同的功能，例如输入文本的文本域，输入口令的口令栏，使用电子邮件发送表单的按钮等。在创建表单时，可以通过鼠标拖放的方式从右侧窗格的"库"调板中将需要的控件对象添加至表单设计的页面中。如果要见到完整的控件列表，选择"库"调板的"标准"视图（见图8-7）。

图8-7 "库"调板的"标准"视图

（一）按钮类

1. "电子邮件提交"

点击此按钮可以以电子邮件的形式返回表单录入的数据。因为 Adobe Reader 不保存对包含表单数据的 PDF 文件的更改，所以最好添加"电子邮件提交"按钮，以保证使用 Reader 的用户能正常反馈信息。

选中该按钮，再单击激活标签编辑区，可以更改按钮文字，在"对象"调板—"域"标签中，在"电子邮件地址"框中输入地址。在"电子邮件主题"框中输入主题。

2. "HTTP 提交"按钮

点击此按钮可以 HTTP 方式回复表单数据。选中按钮，在"对象"调板——"域"标签中，在"URL"框中输入 HTTP 地址。当提交数据至 URL 时，建议指定一个绝对目标（地址）。

3. "打印"按钮

点击该按钮可以打开一个"打印"对话框打印表单。

4. "复位"按钮

点击该按钮可以复位表单上的所有域的值，将其默认值或者清空录入的数值，恢复到刚打开表单时的原始状态。

（二）复选框

复选框被选中时其状态为"打开"，复选框未选中时其状态为"关闭"。复选框允许多选。也就是说，在一个复选组中可有多个复选框处于"打开"状态。

指定复选框的属性：在"对象"调板——"域"标签中，在"状态"中选择一个选项：有"打开/关闭（清除）"两种状态以及"打开（选中）、关闭（清除）和中性（非选中或清除）"三种状态可供选择。

从"默认值"列表中选择一个状态:"打开"——复选框初始为选中;"关闭"——复选框初始为未选中;"中性"——复选框初始时以灰色填充。

(三) 单选钮

单选钮组成的选项组中只能有一个单选钮处于选中状态,也就是说在一个组中只能有一个单选钮处于"打开"状态。定义单选钮的样式:在"对象"调板——"域"标签中,设置单选框样式为默认的实心圆,选择"默认值",还可选择"对勾"、"圆形"、"十字"、"钻石"、"正方形"等样式。

从库中连续拖出多个单选对象,排列在一起,自动成为一个"单选钮组",以后拖入页面新的单选钮,会自动添加进组内,并进行赋值。要将单选钮移动至不同的单选组,把对象拖放到另一个单选组的边框内即可。如果要将组内成员重新整合,创建新的单选组,选中组内成员,选择右键菜单"围绕入新的单选钮组"。合并单选组,按住 Shift 键,选中其他组和其他单个单选钮,选择"布局"菜单—"合并单选钮组"命令。

(四) 文本

文本对象提供用户无法编辑的只读文本,一般在页面上标记表单中区域标签,提供填表说明,设定表头和表尾等。将"文本"控件拖入编辑区后,鼠标在框内闪烁,这时可按需要修改文本。

(五) 文本域

文本域可供用户进行输入、选择、编辑、剪切、复制、粘贴或删除域中任何文本的操作。文本域可以接受一行或多行换行文本并支持其他增强的功能。

要在文本域中允许输入多行文本,单击"对象"调板—"域"标签,选择"允许多行"。如果要限制在文本域中的字符数目,可以用指定最大允许字符数功能。如果要将字符数目限制为文本域的宽度,选择"将长度限制在可见区域"选项。

(六) 日期/时间域

此域可在表单中提供记录、显示日期和时间的功能,用户可通过图 8-8 所示的对话框输入日期。

指定显示在日期/时间域中的数据格式:在"对象"调板—"绑定"标签—"数据格式"列表中(见图 8-9),指定域中显示的内容,有日期、时间、日期和时间三个选项供选择。然后在数据模式中选

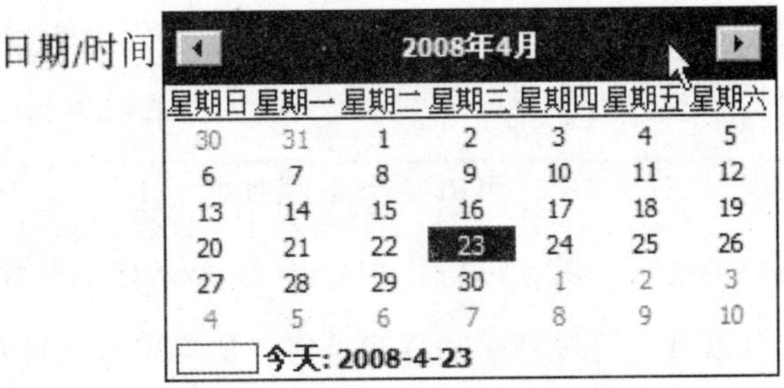

图 8-8 日期域示例

择日期的显示方式。

(七) 小数域、数字域

小数域与数字域功能和操作都非常相似。小数域是以小数格式显示数字，数字域支持包括货币在内的浮点或整数数据的显示，默认为浮点格式，此情况下，小数域中的数字数据只可保存到小数点后两位，小数点两位以后的数据将被四舍五入。

在"对象"调板—"绑定"标签—"数据格式"列表中选择合适的格式（见图 8-10）：要将数字格式指定为包含基数字符的由三部分组成的数字表示方式，选择"浮点数"；要将数字指定为数字 0~9 的任意排列，前面可加上一个负号的数字表示方式，选择"整数"选项卡。

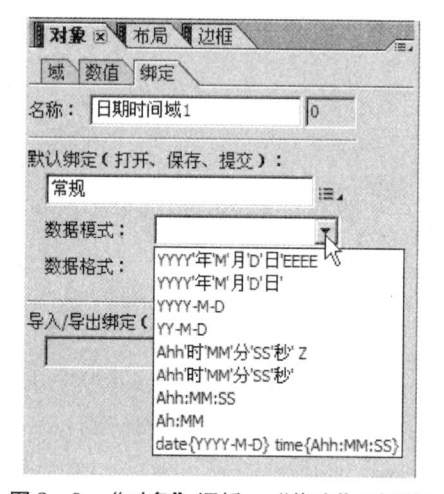

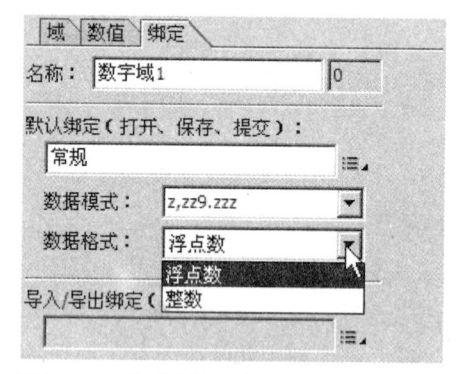

图 8-9 "对象"调板—"绑定"对话框　　图 8-10 "对象"调板—"绑定"对话框

(八) 下拉列表、列表框

下拉列表和列表框是两个常用的控件，它们功能是一致的，用户可通过下拉列表和列表框在列表中选择单个选项。选项用文本表示。下拉列表由于选项折叠进框内，比较节省页面空间，列表框以平面铺展的方式存在。

为下拉列表或列表框指定选项列表：在"对象"调板—"域"标签—"列表项目"栏（见图 8-11）中，单击"添加项目"　，可在下方输入项目文本，通过这种方式，可以一个个添加候选项。选中项目，点击　可以删除项目；分别按　　，可以实现选中项目位次的上下移位；分别点击　　按钮，可以将项目按升序和降序排序；如果要修改项目文本，对准项目双击，即可进入修改编辑状态。要使用户能够不在列表中限定的项目中选择，而自己输入项目，选择"允许自定义文本输入"选项。

可以为下拉列表或列表框指定默认选项。选择"对象"调板—"数值"标签—"默认值"下拉列表中的项目，可以设置其为默认显示值。如果需要在下拉列表框中显示提示信息，可以在项目值中新增加一个项目，文本为"请选择××类型"，然后设置其为默认值（见图8-12）。

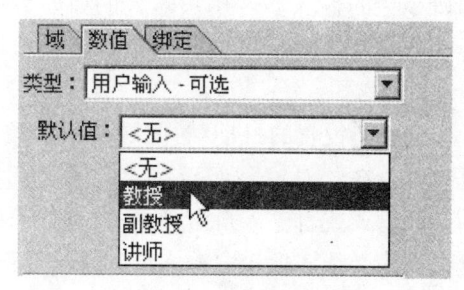

图8-11 "对象"调板—"域"对话框　　图8-12 "对象"调板—"数值"对话框

（九）口令栏

口令栏类似于文本域，但当用户在口令栏输入时，所输入字符以 * 号显示。在"对象"调板—"域"标签（见图8-13）中，在"口令显示字符"框中，输入运行时显示用来隐藏口令值的字符，默认使用的是 * 号。

图8-13 "对象"调板—"域"对话框

四、控件的共性设置

（一）编组与取消编组对象

多个对象在表单页面上可以类聚成组，以便于统一操作。

选中多个对象，选择"布局"菜单—"编组"命令。如果要取消编组，选中要取消的编组，选择"布局"菜单—"取消编组"命令。要添加一个新对象到组中，可在表单设计中拖动对象到编组中。

（二）验证用户输入

可以定义控件的验证模式，以验证用户在日期/时间域、数字域、文本域和口令栏的输入。若用户输入的原始数据和验证模式不匹配，出现一个错误或者警告。若需要，可以写一个自定义验证模式消息，替换默认的错误或者警告消息。

选择待设置的日期/时间域、数字域、文本域、口令栏、下拉列表或者列表框控件，在"对象"调板—"数值"标签—"验证模式"列表中，选择预定义的验证模式或者输入自定义模式。对于日期/时间域、数字域、文本域和口令栏，验证模式必须匹配用户输入值的语法。例如：若已指定编辑模式，验证模式必须匹配编辑模式。在"验证模式消息框"中，输入消息提示用户输入正确值，在此框中要开始新行，按组合键 Ctrl + Enter。

（三）定义控件行为

在"对象"调板—"数值"标签，以设置控件行为。

允许用户选择是否输入数据，选择"用户输入—可选"；要使域成为只读并显示通过附加脚本计算并显示的数值，选择"计算—只读"。用户无法编辑此计算值，要使域成为可编辑并显示通过附加脚本计算并显示的数值，选择"计算—用户可重写"；要使域成为只读并在运行时显示合并的或计算并显示的数值，选择"只读"，用户无法编辑该值。

若值将进行计算，使用脚本编辑器在对象中附加计算脚本。如果计算值可重写，可在"重写消息"框中输入消息。

第二节 控件的高级交互操作示例

Designer 内置很多专业的高级开发功能，例如使用 JavaScript 语言进行代码开发，使各种域与数据源相连，减少重复输入，使表单文件集成数据库功能等。本章仅举两例进行说明，更多专业操作参看 Designer 所带的帮助参考。

一、脚本计算示例

可以使用 JavaScript 对小数域、数字域进行计算。例如，在表单设计中有三个数字域。第一个命名为 a，第二个为 b，第三个为 Total。要执行 a 与 b 相加的计算，可执行如下操作：

如果脚本编辑器没有显示，选择"窗口"菜单—"脚本编辑器"，选择在计算中将存放计算结果的数字域 total，从脚本编辑器的"显示"列表中选择"calculate"，在"语言"列表中选择"JavaScript"，并从"运行于"列表中选择"客户端"。在"脚本源代码"输入框中输入以下脚本：Total.rawValue = Number (a.rawValue) + Number (b.rawValue)，单击"输入脚本源代码更改"按钮，选择"视图"菜单—"预览 PDF"查看表单。

再如，现在需要添加显示"国税"、"地税"、"运费"三个数字域总数的"总计"域的操作（见图 8 – 14）。

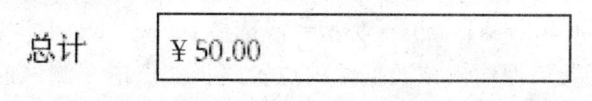

图 8 – 14 脚本计算示例

先在页面的"国税"、"地税"、"运费"控件下方添加小数域和"总计"标签。选中后：在"对象"调板—"绑定"标签中，在"名称"框输入"总计"。在"域"标签中，从"显示模式"列表中选择 $ z, zz9.99。在"数值"标签上，从"类型"列表中选择"计算—只读"。在脚本编辑器，从"显示"列表中选择"计算"。在"脚本源代码"域中输入以下代码：sum（国税，地税，运费）。执行后即可实现图 8 – 14 所出现的效果。

注意：具体的脚本代码命令、函数介绍请参考 Designer 自带的帮助文件。

二、数据源使用示例

使用 Designer 可以把数据库与表单设计整合起来，可以连接至一个或多个数据源并绑定数据至表单中的一个或更多控件上。使用数据源后，控件的内容就由数据源控制了。如果需要修改，只需改数据源的记录即可。数据连接方面的高级操作需要结合 PDF 中的脚本语言进行处理。

（一）创建 OLE 数据连接

连接数据源是绑定数据到表单控件的第一步。OLEDB 数据库源连接方式使用最多，也最易于操作。在表单设计中创建一个或更多数据源连接后，"数据视图"调板就会显示每个数据源的情况和属性。

选择"文件"菜单—"新建数据连接"命令，启动数据连接向导（见图 8 – 15）。在"命名新连接"框中输入连接名，选择"OLEDB 数据库"，并单击"下一步"按钮。

在"数据连接属性"对话框（见图 8 – 16）中选择"Microsoft OLE DB Provider for ODBC Drivers"。点击"下一步"。

在图 8 – 18 所示对话框中，点击"连接字符串"输入框边的"建立"按钮，在出现的对话框中使用默认类型，点击"下一步"按钮。在图 8 – 17 所示的对话框的"使用数据源名称"列表中，可以选择 Microsoft Access Database 类型，或选择 Dbase、Excel 类型。再在"输入要使用的初始目录"框输入该数据源的位置路径。点击"测试连接"按钮，若成功，点击"确定"按钮退出。

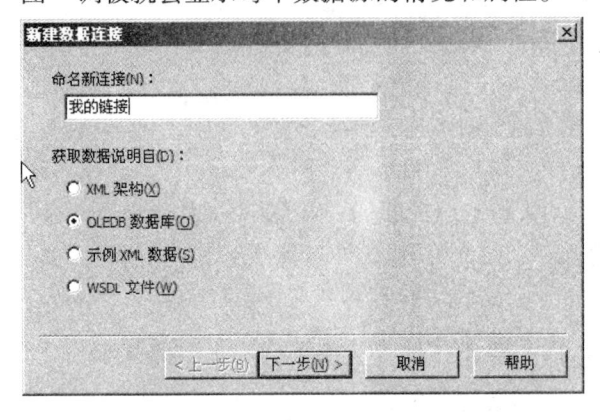

图 8 – 15　"新建数据连接"向导

图 8 – 16　"数据链接属性"向导（一）

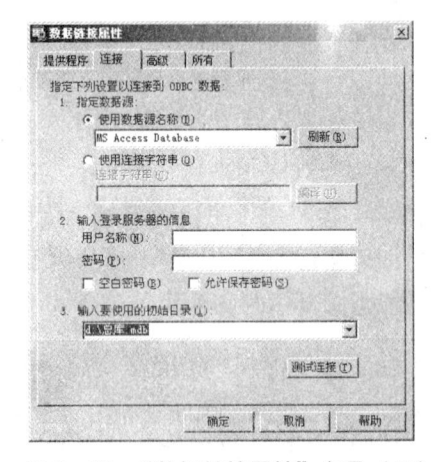

图 8 – 17　"数据链接属性"向导（二）

回到 OLE 链接对话框（见图 8 – 18），选择"表格"下拉列表中的一个 Access 数据库表格作为数据源。点击"下一步"按钮。

在图 8 – 19 所示对话框中输入 Access 数据库的用户名称和口令，如果没有，此项可略。同时可以设置合适的 ADO recordset 选项。

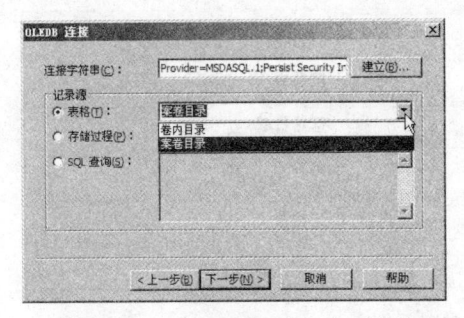

图 8-18 "OLEDB 连接"对话框

图 8-19 "ADO 属性"对话框

单击"完成"按钮,在表单页面编辑区的"数据视图"调板中显示该数据源的所有字段(见图 8-20)。

(二)删除数据连接

可以删除表单设计中的数据连接。在"数据视图"调板中选择需要删除的数据连接,右键菜单选择"删除数据连接"对话框,单击"删除"(见图 8-21)。

图 8-20 "数据视图"调板

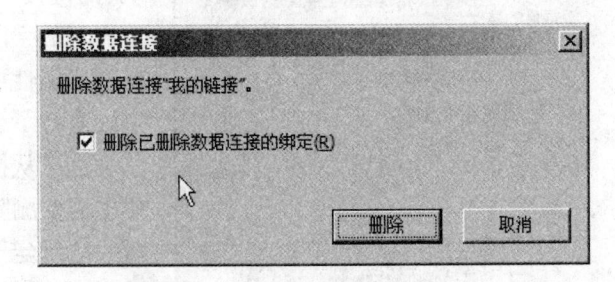

图 8-21 "删除数据连接"对话框

(三)生成域

可以将数据源内的所有字段直接用表格在表单编辑区进行布局。

选中建立的数据链接名称,右键快捷菜单,选择"生成域",即可插入图

8－22所示的表格，将各字段布局于表格内。预览结果如图8－23所示。

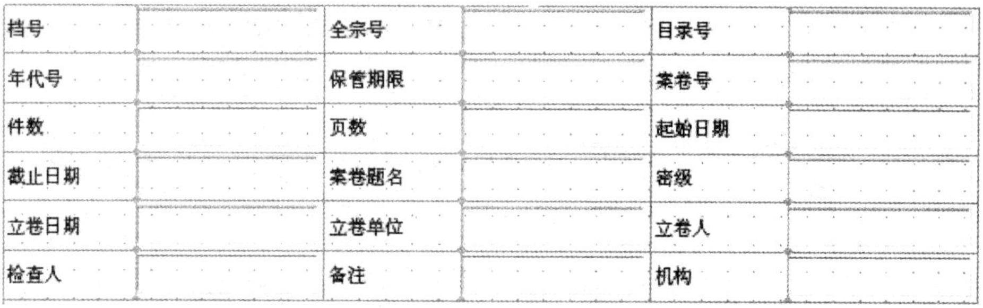
档号
全宗号
目录号
年代号
保管期限
案卷号
件数
页数
起始日期
截止日期
案卷题名
密级
立卷日期
立卷单位
立卷人
检查人
备注
机构

图8－22　生成域示例

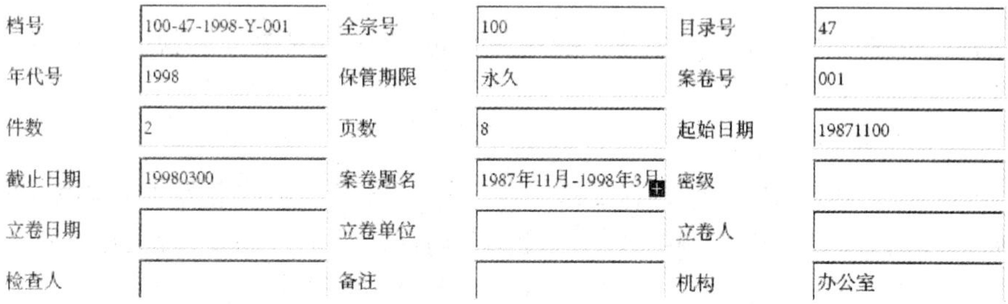
档号
100-47-1998-Y-001
全宗号
100
目录号
47
年代号
1998
保管期限
永久
案卷号
001
件数
2
页数
8
起始日期
19871100
截止日期
19980300
案卷题名
1987年11月-1998年3月
密级
立卷日期
立卷单位
立卷人
检查人
备注
机构
办公室

图8－23　生成域效果示例

（四）将控件或与字段绑定

选中表单页面编辑区的控件，如文本域，在“对象”调板—“绑定”标签—“默认绑定”下拉列表中，选择连接名“我的链接”，在弹出的二级菜单中选择需要绑定的字段。然后在图8－24所示对话框进行属性更新设置，就将这个文本域与字段进行了绑定显示。

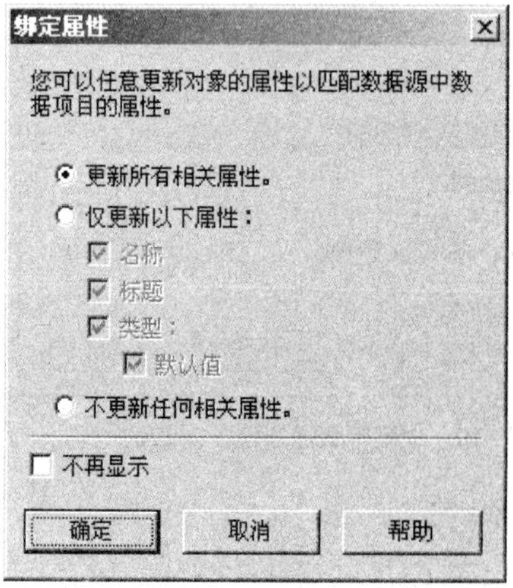
绑定属性
您可以任意更新对象的属性以匹配数据源中数据项目的属性。
更新所有相关属性。
仅更新以下属性：
名称
标题
类型：
默认值
不更新任何相关属性。
不再显示
确定
取消
帮助

图8－24　“绑定属性”对话框

也可从控件中删除绑定。选择一个或更多需要删除绑定的控件，在“对象”调板—“绑定”标签—“默认绑定”列表中选择“无”。

（五）数据源列表框或下拉列表对象的绑定

由于PDF文件并非是数据库管理程序，所以设置数据库记录浏览功能需要专业的脚本写作知识。但可以将一个字段的所有记录与一个下拉列表或列表框关联起来，将这个字段的所有记录作为这个下拉列表或列表框的项目候选值。因为下拉列表的折叠性特点和列表框的滚动条特性，可以展示更多的数据源信息。

首先要激活 Designer 的"动态属性"功能。动态属性是从数据源指定数值并在运行时更新的表单对象属性。选择"工具"菜单—"选项"命令—左边列表的"数据绑定"项（见图 8 - 25），在右侧窗格选择"显示动态属性"选项，还可以设置动态属性标签的颜色，单击"确定"按钮。

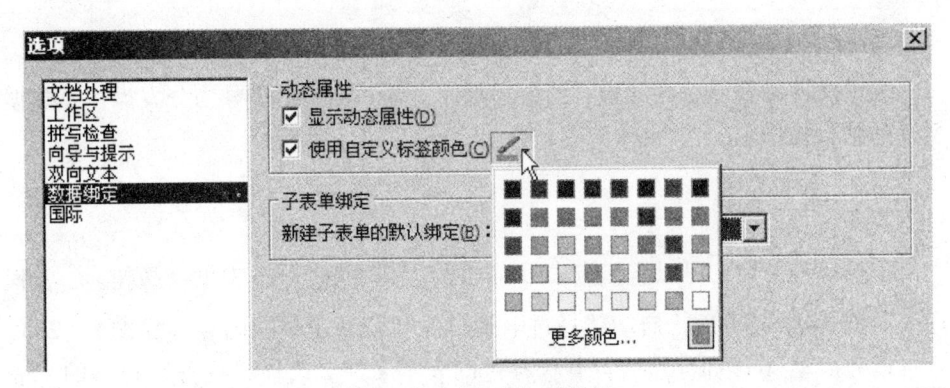

图 8 - 25 "选项"对话框

在"数据视图"调板中拖动一个字段到表单编辑区。选中该对象，在"对象"调板—"域"标签，将"类型"改为"列表框"或"下拉列表"，点击"列表项目"绿色动态标签。在图 8 - 26 所示对话框中进行动态属性设置：在"数据连接"下拉列表选择创建的链接名称；在"项目文本"右侧的三角按钮选择一个字段名称或输入自定义的名称；在"项目值"右侧三角按钮选择同一字段名。点击"确定"按钮退出后，预览 PDF 文件，发现原 Access 数据库表中"档号"字段下所有的值都置于列表框中（见图 8 - 27）。

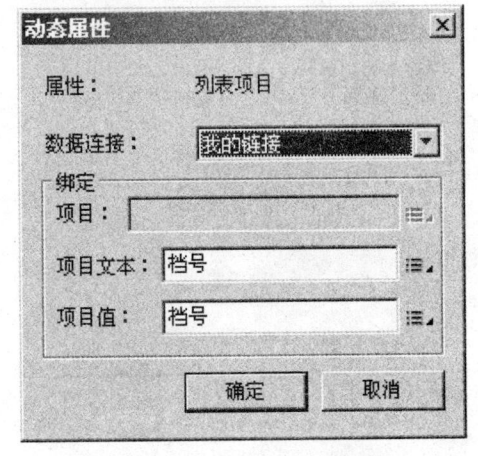

图 8 - 26 "动态属性"对话框

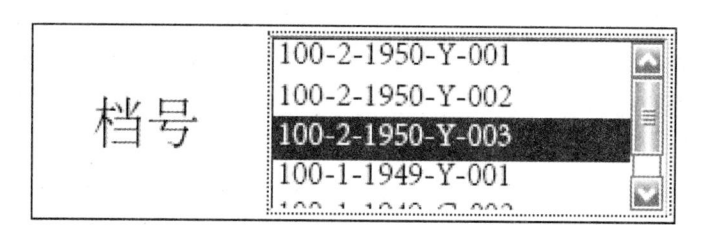

图 8-27　结果示例

第三节　表单处理

表单文件设置好后,就进行到处理阶段,这一阶段主要分为分发操作及数据反馈的整合操作。

一、分发表单

设计好表单后,可以直接点击 Designer 工具栏的"分发表单"按钮,程序会回到 Acrobat 软件,启动"通过电子邮件"分发表单的向导(见图 8-28)。也可以先启动 Acrobat,然后打开保存过的表单文件。选择"任务"窗格的"表单"—"分发表单",也能启动该向导。

下一步,设置返回表单的接收邮箱(见图 8-29)。

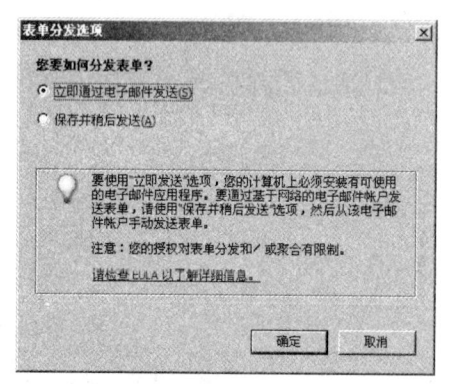

图 8-28　"分发表单"向导(一)　　　图 8-29　"分发表单"向导(二)

下一步,指定收集表单数据的位置和文件(见图 8-30)。

下一步,添加收件人(见图 8-31)。

图 8-30 "分发表单"向导（三）　　图 8-31 "分发表单"向导（四）

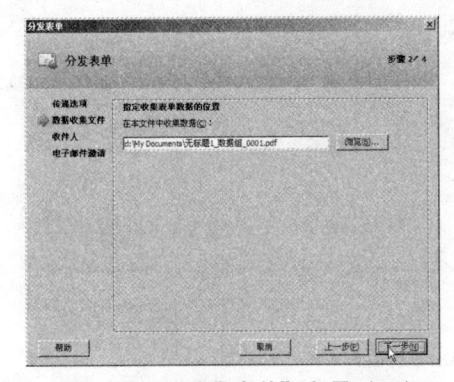

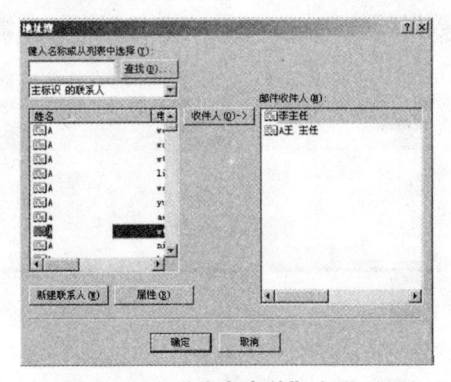

下一步，添加邮件的主题和正文内容（见图 8-32）。

完成后，如果计算机已经联网，电子邮件就会群发给收件人。

接收到邮件后，收件人填写表单，并通过点击表单上的按钮"通过电子邮件发送"，将邮件返回收件人的信箱。由于是多个收件人反馈回来的信息，所以下一步的汇总分析功能非常重要。

二、汇总分析表单反馈数据

打开反馈表单附件，会出现提示将完成的表单保存到设定好的表单数据组文件中（见图 8-33）。

图 8-32 "分发表单"向导（五）　　图 8-33 "添加完成的表单到数据组"对话框

点击"确定"按钮后该文件会被添加到设置好的数据组文件中，然后数据组会在 Acrobat 中打开（见图 8-34）。上方显示收到的反馈数据文件，下方显示表单原文件。在反馈数据列表中，原表单各个控件的值都会以列表的方式列出，方便浏览对比。所有的数据收集全后，点击"导出数据"按钮，可将反馈的数据组数据导出为 CSV 文件，然后可以在 Excel 中打开，进行统计和分析。点击"导入数据"按钮,可以导入已经保存的反馈数据文件到数据组中。

图 8-34　数据组汇总窗口

也可以将邮件的反馈数据附件先全部保存,然后在 Acrobat 中,在"任务"窗格——"表单"——"编译返回的表单"中,如图 8-35 所示的对话框上点击"添加文件"按钮,依次将返回的表单文件都添加进来,然后回到图 8-34 所示的界面。

图 8-35　"编译数据"对话框

还可用"表单追踪器"管理表单的填写、反馈与合并工作。

思考题

1. 制作一份下岗职工消费情况调查表单。
2. 制作一份带有数据连接功能的电子公文表单,数据控件要求使用下拉列表或列表框。
3. 三人一组,发起一个基于电子邮件的分发表单与分析表单反馈信息的操作,最后形成书面的数据分析报告。

第九章　电子公文传输

鉴于与最新党政机关公文处理工作配套的新电子公文标准仍在酝酿中，本书第九章、第十章、第十一章三章中关于电子公文传输、处理、归档等内容的阐述，仍然沿用已由国家权威部门发布并在事实上参照使用的现行标准。

党政电子公文传输是依托党政电子政务网络实现部门内部和部门之间公文的发送和签收等操作，以电子文件传输取代传统纸质文件传输的网络办公模式。实现这一办公模式的网络、软件、人员、业务流程和规章制度等构成党政电子公文传输系统。

第一节　电子公文传输流程

电子公文传输与纸质公文传输有三大不同。一是载体的天然差异，电子公文的物理存在形式是电子文件，纸质公文的物理存在形式是纸质文件；二是传输路径的特殊依赖，电子公文传递于电子网络中，纸质公文传递于物流网络中；三是不同的安全控制行为，电子公文的安全因网络环境设定，纸质公文安全因物流环境设定。上述三点决定了电子公文特有的传输流程和操作行为。图 9-1 展示了一个较为完整的传输流程。

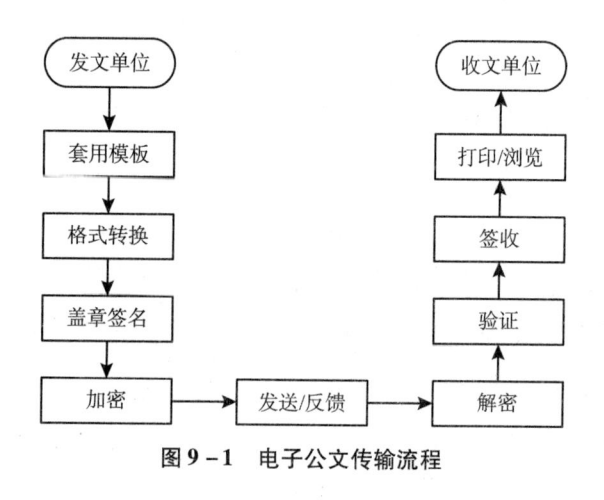

图 9-1　电子公文传输流程

一、公文传输的关键环节

公文传输中涉及的关键环节有以下几个。

(一) 发稿前的规范化编排

电子公文在定稿之后,要按照公文规范格式进行编排。通行的做法是:

(1) 在 Word 等编排软件中根据文种套用规范化红头公文格式模板,形成电子公文红头可编排文件。

(2) 将第一步生成的可编排格式红头文件转换为 PDF 格式、CEB 格式或 SEP 格式的电子公文。

(二) 数字签名和电子公章

传统的手写签名和盖章在电子公文上是无法进行的,这就必须依靠网络技术手段来替代。而能够在电子公文传输过程中识别发文和收文双方真实身份,保证电子公文安全性和真实性以及不可抵赖性,起到与手写签名或盖章同等作用的电子技术手段,主要有电子签名和数字水印技术。相比之下,电子签名技术更为适用和成熟。国外国内都有关于电子签名的立法。

实现电子签名的技术手段很多,目前比较成熟的是数字签名。数字签名是通过某种密码运算生成的一系列符号和代码组合成电子密码进行签名,来代替书写签名或印章,对于这种电子式签名可进行技术验证,其验证的准确度是一般手工签名和图章的验证无法比拟的。数字签名是目前电子商务、电子政务中应用最普遍、技术最成熟、可操作性最强的一种电子签名方法。它能验证出文件的原文在传输过程中有无变动,确保传输过程中电子文件的完整性、真实性和不可抵赖性。

有了数字签名的保障,人们为什么还是希望电子文件里有红色的公章才像是公文呢?这主要是长期以来形成的一种认知习惯,由于红头和公章已经成为纸质公文的内在属性和人们的外在感观,人们还是希望这些特质在电子公文里予以保留。所以实践中一般的做法是将数字签名技术和公章的图像技术结合在一起,加盖电子公章的过程,也就是数字签名的过程。

(三) 加密解密

由于网络环境的广泛性和复杂性,普通电子文件很容易在网络传输过程中被截取,因此除了电子签名,加密是保障电子公文安全的又一道防线。有加密就有解密,发文时加密,收文时解密,二者是一个互逆过程。以某一电子公文传输系统采用的加解密算法为例:

(1) 在公文发送阶段,通过 DES 算法加密电子公文的正文,用收文单位公钥通过 RSA 算法加密 DES 的解密密钥,加密后的密文和密钥一起发给收文单位。

(2) 在公文的收取阶段,收文单位收到密文和密钥后,首先用私钥对密钥进行 RSA 解密，获取密文解密密钥，再通过 DES 算法将密文解密为明文。

（四）文件打包和压缩

多个文件打包压缩成一个文件再传输，传输文件的数量减少了，文件的长度变小了，如果需要，还可以对被压缩的文件给予密码保护，压缩的直接效果是尽可能降低网络传输数据量，保障网络运行效率、公文运行效率和公文运行安全。由于公文中的数据主要是文字，所以经 LZW 等压缩算法处理后，压缩比率往往高达几十倍，可以大幅提高电子公文传输效率。

（五）电子公文签收和验证

收文单位解密收文后，用发文单位公钥对收文的电子签名验证，以确定来文的合法性并向发文单位发送签收回执或签收证明。

（六）原样打印输出

为了保证打印输出的文件是红头和红章，并保证公文内容和版式的原样复原，收文单位往往需要彩色印刷设备支持。可打印份数一般由发文单位设定。

二、书生电子公文传输系统

下面以书生公文传输系统为例，介绍文秘人员收发公文的一般操作步骤。

（一）发送公文

1. 系统登录

图 9-2 为书生公文传输系统登录后的发文工作界面。

图 9-2　客户端界面

2. 公文登记

公文登记是记录电子公文的基本要素，发文、收文、转发、归档都是以它为依据进行的。在完成发送工作前，要创建公文登记表，将排版好的公文发送给盖章人员去盖章签名。创建公文登记表时将公文类别、发文字号、秘密等级、公文标题、附件、备注、发送盖章人等逐一登记（见图9-3）。公文登记表还提供了浏览、保存功能，可确认待发文件的正确与否。同时可直接从数据库中调出公文进行修改、重发或发送已发过的文件。

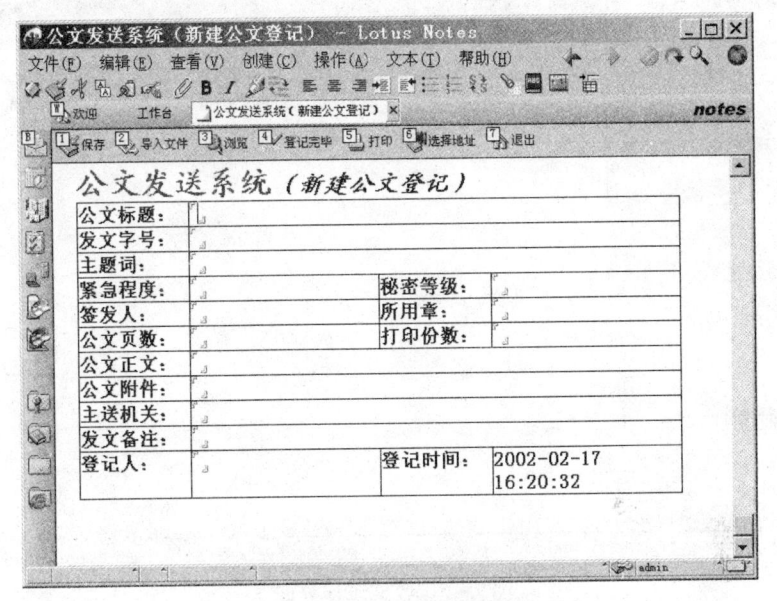

图9-3 发文登记

3. 公文盖章、加密及发送

从公文登记表中调出待盖章的公文，输入正确的密码，即可将二扫文件与红头、公章、插图及附件等打包成打包文件，再次浏览无误后可对需加密的文件加密后发送。系统可自动生成"用章记录"文档备查（见图9-4）。

图9-4 电子公文盖章

(二) 接收公文

1. 签收公文

双击图 9-2 中的"收文系统"按钮，进入收文处理界面，如图 9-5 所示。

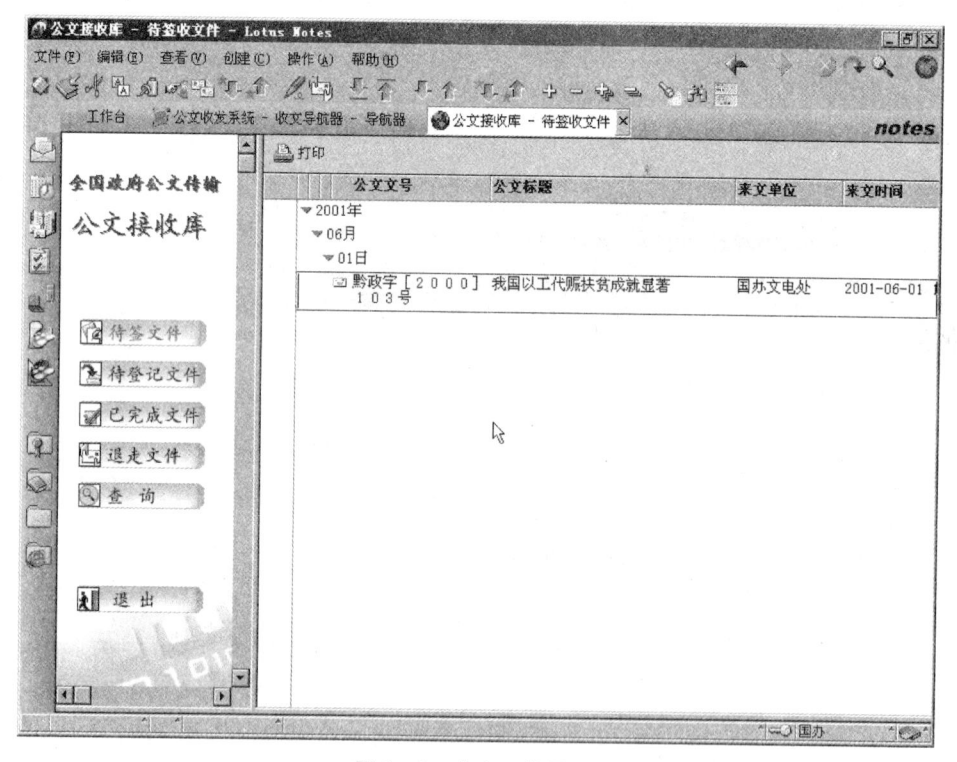

图 9-5　收文工作界面

在图 9-5 所示收文处理界面中，列出了"待签文件"、"待登记文件"、"已完成文件"、"退走文件"、"查询"等导航按钮。单击"待签文件"，视图中显示了 2001 年 6 月 1 日文号为"黔政字〔2000〕103 号"的收文。双击此文件，进入图 9-6 所示的"待签收"界面。

在图 9-6 所示待签收界面中，操作条中列出了"保存"、"编辑"、"浏览"、"签收"、"退回"、"打印"等按钮，现在单击"签收"按钮，进入图 9-7 所示界面，提示输入密码。

第九章　电子公文传输

图 9-6　待签收界面

图 9-7　输入签收密码

在图 9-7 所示输入签收密码中输入密码后，系统自动完成签收过程，并向来文单位自动发送回执，完成后出现图 9-8 所示签收完毕界面。

图 9-8　签收完毕界面

2. 收文登记

在图9-8所示签收完毕界面中单击"确定"按钮，进入图9-9所示的待登记视图。

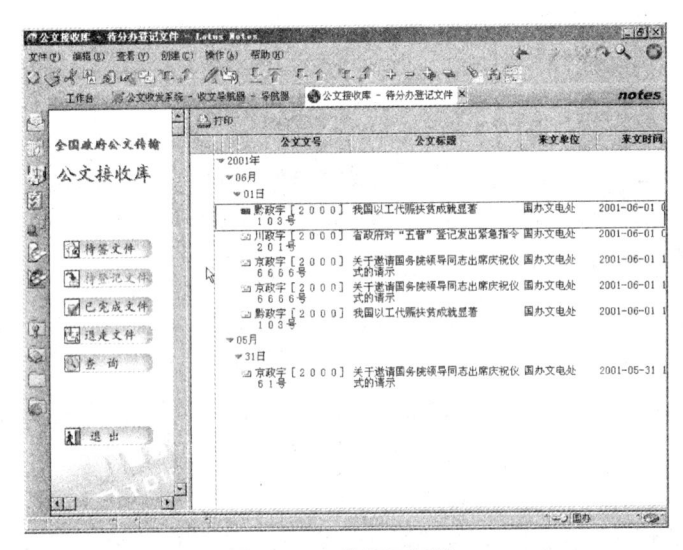

图9-9 待登记视图

在图9-9所示待登记视图中，列出了刚刚签收完毕的文号为"黔政字〔2000〕103号"的收文，双击该收文，进入图9-10所示的"待登记入库"界面。

图9-10 "待登记入库"界面

在图9-10所示"待登记入库"界面中，设置好相关公文要素后，即可单击"登记入库"按钮。

3. 浏览打印

在公文要素登记完成后，单击"浏览"按钮，系统要求输入密码，如图9-11所示。

在图9-11输入正确密码后，单击"确定"按钮，进入浏览界面。关闭浏览界面，即可进入打印输出界面。

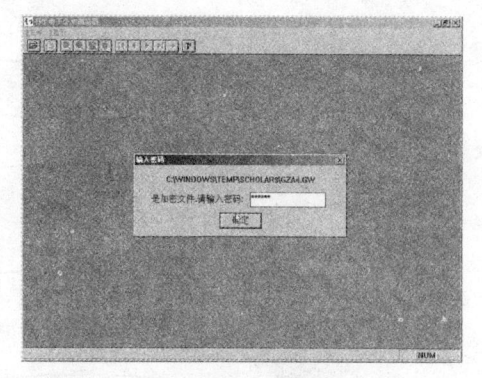

图9-11 浏览收文前输入密码

第二节 电子公文传输网络

电子公文传输涉及各种传输媒体、互联设备和办公设备等的物理布局，远程传送电子公文的工作机制，有点像拨打一个异地电话那样，需要经过大量传输线路和交换设备，所有这些传输媒介和设备共同构成了电子公文传输网络。由于电子公文属于国家电子政务总体框架的一部分，因此，电子公文主要运行于部门内部的局域网和部门间的电子政务专网。

一、网络拓扑

电子政务专网自上而下可以分为中央、省（自治区、直辖市）、地级市、县级市四级骨干网。电子公文的传输主要运行于这四级骨干网及各部门内部的OA网。

（一）国家电子公文传输网络

图9-12给出了国家电子公文传输网络的四级概念拓扑简图。根据这个简图，可以拓扑出烟台市农业局向无锡市农业局发送的一份函性质的电子公文所经过的大致路径如下：

烟台市农业局文秘员→登录发文专用机→登录发文系统→完成发文登记、签名、盖章、加密、选择收文单位等一系列操作→发送→……→文件离开发文专用机→经过烟台市农业局内部OA网→路由至烟台市电子政务骨干专网→路由至山东省骨干专网→路由至国家骨干专网→路由至江苏省骨干专网→路由至无锡市骨干专网→路由至无锡市农业局内部OA网→无锡市农业局文秘员通过收文机处理收文……

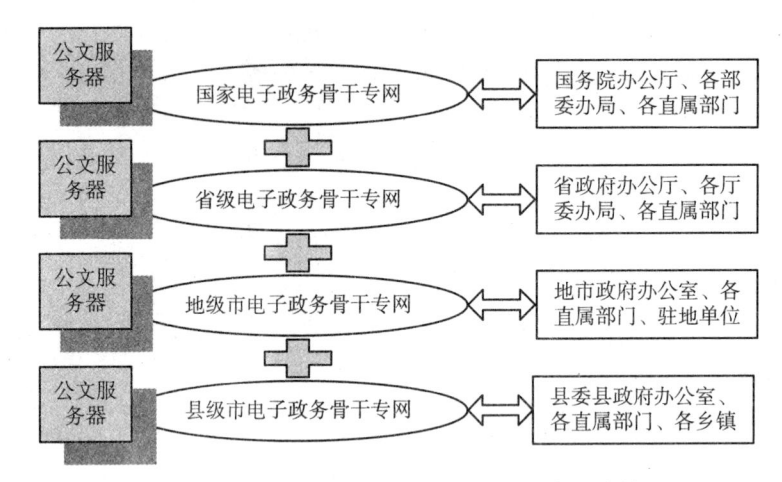

图 9-12　国家电子公文传输网络四级概念拓扑简图

（二）烟台市电子公文传输网络

图 9-13 给出的是烟台市电子公文传输网络实物拓扑简图。该网络上联山东省电子政务骨干专网，实现与省委省政府、省内各地市的互联互通，并可通过省

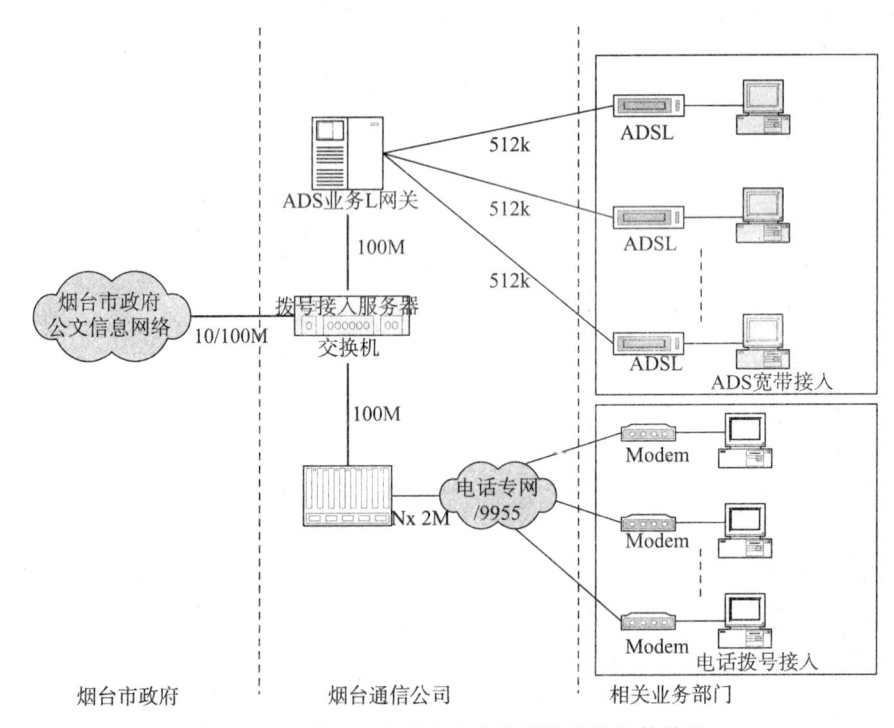

图 9-13　烟台市电子公文传输网络实物拓扑简图

电子政务骨干专网路由至国家电子政务骨干专网及其他省区和地市；下联12个县市区和开发区管委的骨干专网，横联100多个直属部门及20多个中央、省驻烟单位内部OA网。

二、公文服务器

在图9-12所示的电子公文传输网络拓扑结构中，公文服务器是电子公文分级交换的数据中心。公文服务器类似于传统的邮局。我国的电子公文传输从中央到地方分为五个层次。一层为中央级公文服务器，二层为省部级公文服务器，三层为地市级公文服务器，四层为县市区级公文服务器，五层为乡镇级公文服务器。公文服务器也可以根据地区实际情况只设到县一级。各单位均在其对应层级服务器节点上注册专用账号，作为收发文单位的标识，通过专用客户端软件登录公文服务器实现文件收发工作。

公文服务器是实现公文传输交换的关键平台，在实际建设过程中，由于客观原因，从硬件到软件，从应用到管理各地均有一些差异。例如，有的公文服务器采用Louts平台的邮局模式，有的采用WEB+关系数据库的服务模式，为了保障各种公文系统的互联互通，实现数据跨区域跨部门的共享和无缝交换，对电子公文的数据交换业务作出进一步规范化设定是非常必要的。

第三节 电子公文交换数据规范

电子公文传输的本质是发文方和收文方双向的数据交换。收发双方的异域和所属网络的异构可能导致数据交换的障碍。要实现电子公文全网络的无缝对接、畅通交换，就必须统一电子公文数据交换标准。下面介绍的电子公文交换数据规范是由天津市档案局组织研制并由国家档案局公布的《电子公文文档一体化管理规范（征求意见稿）》的部分内容。

一、电子公文交换数据结构

电子公文交换数据结构，在发文和收文环节中，可采用如下结构中的任何一种进行数据传递：

（一）完全符合国家标准的XML格式

（二）版式公文+公文的描述信息

（三）公文文头（图形格式）+公文内容（TXT格式）+公文的描述信息

二、电子公文描述信息数据格式

在发文和收文环节中，电子公文的描述信息应符合表9-1的要求。

表 9-1　　　　　　　　　电子公文基本描述信息

元素	数据类型	说明
发文字号	字符型（长度≤100）	公文的发文字号，应严格按照国标规定的形式进行记录
文件标题	字符型（长度≤192）	文件标题信息，应能准确反映公文内容
文种	字符型（长度≤10）	党政机关或其他机关公文的种类名称
发文机关（责任者）	字符型（长度≤100）	公文制发机关的规范性全称。联合行文时，包括主办机关和协办单位
主送机关	字符型（长度≤100）	公文的主送机关信息
抄送机关	字符型（长度≤100）	公文的抄送机关信息
签发人	字符型（长度≤20）	公文签发人
签发时间	字符型（长度≤20）	公文签发时间
密级和保密期限	字符型（长度≤20）	公文密级和保密期限信息
紧急程度	字符型	公文的紧急程度信息，公文的紧急程度包括特急、加急、急件、平件
附件名称	字符型（长度≤260）	公文附件的名称信息
内容描述	字符型（长度≤500）	对公文内容的简要描述信息
页数	字符型	公文页数
控制标识	字符型	公文允许上互联网的控制标识

三、电子公文描述信息元数据项目 XML 结构形式

```
<? xml version ="1.0"encoding ="GB2312"? >
= <主节点>
= <FIELDS>
   <FIELD FieldName ="发文字号"FieldType ="String"WIDTH ="100"/ >
   <FIELD FieldName ="文件标题"FieldType ="String"WIDTH ="192"/ >
   <FIELD FieldName ="文种"FieldType ="String"WIDTH ="10"/ >
   <FIELD FieldName ="发文机关（责任者）"FieldType ="String"WIDTH ="100"/ >
   <FIELD FieldName ="主送机关"FieldType ="String"WIDTH ="100"/ >
   <FIELD FieldName ="抄送机关"FieldType ="String"WIDTH ="100"/ >
   <FIELD FieldName ="签发人"FieldType ="String"WIDTH ="20"/ >
   <FIELD FieldName ="签发时间"FieldType ="String"WIDTH ="10"/ >
   <FIELD FieldName ="密级和保密期限"FieldType ="String"WIDTH ="20"/ >
   <FIELD FieldName ="紧急程度"FieldType ="String"WIDTH ="4"/ >
```

     < FIELD FieldName = "附件名称"FieldType = "String"WIDTH = "260"/ >
     < FIELD FieldName = "内容描述"FieldType = "String"WIDTH = "500"/ >
     < FIELD FieldName = "页数"FieldType = "String"WIDTH = "4"/ >
     < FIELD FieldName = "控制标识"FieldType = "String"WIDTH = "4"/ >
  </FIELDS >
  = < ROWDATA >
  < ROW 发文字号 ="津 X 发〔2004〕15 号"文件标题 ="关于开展人员密集场所消防安全疏散通道安全出口专项治理的意见"文种 ="意见"发文机关（责任者）="天津市××局" 主送机关 =""抄送机关 =""签发人 ="张××"签发时间 ="2004 – 6 – 16"密级和保密期限 =""紧急程度 =""内容描述 =""附件名称 =""页数 =""控制标识 =""/ >
  </ROWDATA >
  </主节点 >

四、版式文件规范

在排版格式上应符合《党政机关公文格式》（GB/T 9704—2012）要求。

思考题

1. 阅读数字签名、电子签名相关知识，理解数字签名工作原理。
2. 阅读 DES 和 RSA 两种加密算法，正确区分二者异同。
3. 阅读公钥、私钥相关知识。公钥、私钥与数字签名的关系是什么？
4. 分别打包压缩几个 Word 文件、PDF 文件并设定解压密码，注意观察压缩前后文件大小之不同。
5. 申请两个免费邮箱模拟发文单位和收文单位，通过电子邮件的方式互发几个打包压缩后的文件并索取回执，体验电子公文的传输流程和签收流程。写出电子邮件方式与电子公文传输方式的不同。
6. 试分别列举三条影响电子公文传输安全的技术因素和人为因素，写出防范措施。
7. 以书生系统为例，简述电子公文传输系统的构成。
8. 我国的公文传输骨干网分为哪几级？试写出烟台市人民政府发送公文至深圳市人民政府的网络传递路径。
9. 简述电子公文交换数据规范的内容。

第十章　电子公文管理

电子公文管理有别于纸质公文管理，主要表现在电子公文可以完全依靠 OA 系统来实现自动化处理。由于 OA 系统本身还处于发展的初级阶段，目前还缺乏标准化系统，本章介绍的电子公文的收文处理和发文处理及其归档管理是一个理想模型，有待于接受实践的进一步检验。目前，实际工作中电子公文管理主要参照以下相关规范标准执行：

（1）《中华人民共和国电子签名法》（第十届全国人大常委会第十一次会议通过，2005 年 4 月 1 日施行）；

（2）《党政机关公文处理工作条例》（中办发〔2012〕14 号）；

（3）《党政机关公文格式》（GB/T 9704—2012）；

（4）《电子公文传输管理办法》（国务院办公厅 2003 年 10 月 1 日起施行）；

（5）《电子公文归档管理暂行办法》（国家档案局 2003 年 9 月 1 日起施行）；

（6）《信息交换用汉字编码字符集　基本集》（GB 2312—1980）；

（7）《信息交换用汉字编码字符集　基本集的扩充》（GB 18030—2000）；

（8）《电子文件归档与管理规范》（GB/T 18894—2002）；

（9）《基于 XML 的电子公文格式规范》（GB/T 19667—2005）；

（10）《信息与文献——文件管理》（ISO15489）。

电子公文管理应遵循原则是：电子政务活动中产生的有价值的电子公文应归档的原则；归档电子公文应规范的原则；电子公文全程管理和文档一体化管理原则；确保和有效维护电子公文的真实性、完整性、安全性和可识别性原则；确保归档电子公文得到科学保管和有效利用原则。

电子公文文档一体化管理是基本趋势，这就要求电子公文从形成、办理到归档、保管、利用等管理过程是连续的、不间断的，对电子公文的管理过程及其控制是全程的、预知的、可控的。文档一体化管理可以有效保证电子公文内容的完整性、元数据等数据结构的一致性，保证从文书部门到档案部门的数据流畅通、完整。

第一节　电子公文发文管理

发文管理是对发文机关制发电子公文的全过程实施有效管理，主要包括以下环节：电子拟稿、电子审稿、电子签发、电子缮印、电子校对、电子盖章、电子登记、电子分发以及电子立卷、归档和销毁等。

一、电子拟稿

电子拟稿，即拟制电子稿件的过程，是在遵循拟稿指导思想的基础上，将拟好的文稿录入、编排、修改，制作成较为规范的可修订格式公文，借助内部 OA 系统送相关人员审稿之前的工作过程。

二、电子审稿

电子审稿是根据审稿工作的基本要求，借助内部 OA 中的签批系统，将审稿意见直接记录、批注和修订于电子稿件并反馈给拟稿人的过程。

三、电子签发

电子签发是指领导人核准文稿并通过 OA 系统进行电子签名，签署同意发出的意见、姓名及日期。文稿一经领导签发即成为定稿。将文稿送领导人签发时，要根据文稿的重要程度和涉及面的大小等送相应的领导人。

四、电子缮印

电子缮印是指电子公文经领导签发后，文秘人员通过 OA 系统编注发文字号、紧急程度、密级和保密期限、纸质存档文件的印刷份数、发文日期等。然后送入印刷系统打印纸质归档文件或进入电子校对环节。

五、电子校对

电子校对是在忠于原稿并善于发现问题的原则下，在人工校对的基础上，借助软件校对技术，对文稿的文字、标点符号、版式等进行全面仔细的校对，确保无误后才能准备分发。电子校对结果应该录入电子校对处理单。

六、电子盖章

电子盖章是对电子公文落款处加盖电子公章（电子公章就是发文机关的数字签名）。与传统用印相比，无论收文单位有多少，只需加盖一次电子公章。

七、电子登记

电子登记是借助 OA 系统，将发文要素（参见表 9-1）录入电子公文发放登记簿，以利于电子公文的跟踪、查询等。

八、电子分发

纸质公文分发工作是指对公文进行装封发送，将公文准确无误地传递给收文单位。首先对文件按数量进行清点装封，书写封皮，然后根据文件的密级和紧急程度等情况采用邮寄、机要、文件交换柜、专人送达等适当的形式发送。发送机要文件时在正常装封的基础上要加密封标记。

电子公文分发与装封方式不同。电子分发是依靠公文远程传输系统，以电子文件的形式发送，通过电子签收或电子回执的方式进行跟踪、确认。

九、电子立卷、归档和销毁

电子立卷和归档指对发送完成的电子公文实施立卷归档的过程。具体方法参照国家档案局令第6号《电子公文归档管理暂行办法》执行。其中电子数据的销毁要特别慎重，一定要按照有关原则和程序进行，避免误操作带来损失。

发文流程管理如图10-1所示。

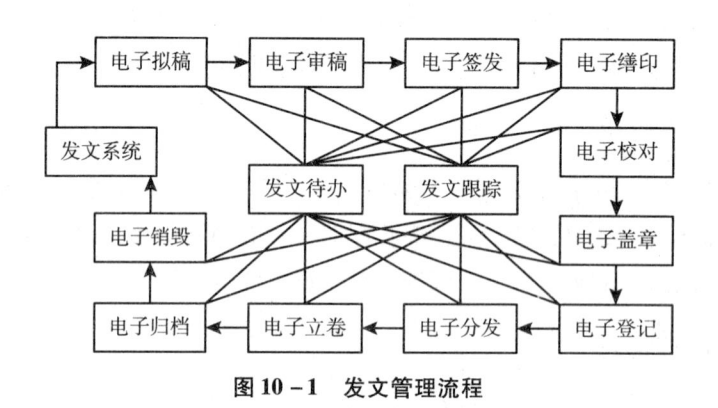

图10-1 发文管理流程

发文管理设有"发文待办"和"发文跟踪"两个模块。"发文待办"体现为软件系统中的一个工作视图界面，有利于工作人员提高办公效率。"发文跟踪"跟踪记录文件全程办理情况，详细记录发文的当前状态、发文审核的过程和领导签发意见等，形成发文日志。发文日志要随文件一起归档。

第二节 电子公文收文管理

收文管理是对上级机关、下级机关和不相隶属机关发送至本机关的电子公文实施有效办理的全程管理，主要包括下述环节：电子签收和登记、电子分发、电子拟办、电子批办、电子承办、电子催办、电子查办、电子立卷和归档、电子销毁等。

一、电子签收和登记

电子签收是指收件人对发文机关发来的电子公文实施解密验证之后进行电子签名，发送回执，或者通过访问电子签收目录，通知发件人公文已被正确接收的过程。如果发件人在规定时限内没有收到收文单位的正确接收回执单，则需要联系收文单位进行确认。

电子登记是电子公文签收结束后，将电子公文导入内部OA系统的第一步工作，其目的是将原始收文登记入库，进入部门内部OA系统传阅和办理。收文人在收到外来公文时，要认真核实文件主送或抄送机关中是否有本机关，认真核实文件标题、秘密等级、份数等公文要素。如果核实有错误，要向原发文单位发送电子拒收回执。如果核实无误后，方可进入登记环节，送入OA系统处理。

二、电子分发

电子分发是把电子签收、登记的公文，按其文种、性质、涉及事项类别等通过内部OA系统分送有关领导或具体承办部门（科室）参阅办理。

电子分发原则遵循传统纸质公文分发原则执行。

三、电子拟办

拟办是指文件的承办人或文秘机构负责人根据文件内容提出初步的办理或贯彻意见，以供领导定夺。电子拟办是将拟办意见录入收文处理单，通过OA系统送领导处理前所作的工作。

四、电子批办

电子批办是机关领导人直接通过OA系统对电子公文的办理、贯彻执行等作批示的过程。

五、电子承办

承办是收文处理过程中的主要环节，是收文中所要求事项或所涉及事项的具体办理工作，包括对上级指示的贯彻执行和下级机关报送的请示、报告的处理等。

电子承办是借助OA系统，对电子批办件进行处理，有的简单批办件可能在OA系统中处理一下就可以了，有的可能需要进行人力、物力、财力组织和落实活动，并将承办结果录入电子承办单，将承办进度或结果反馈给领导。

六、电子催办

催办是对还没有出现最终结果或回复的公文,对承办部门或承办人进行督促。

电子催办是通过部门内部 OA 系统和电子公文传输网络,根据办理时限等要素,自动或手动发送电子催办通知单的办公过程。

七、电子查办

查办是对公文中涉及需要检查、验收的事项,由上级部门或主管部门对承办部门或承办人的现场检查办理。

电子查办作为电子公文处理的一个环节,主要是在查办活动的基础上将查办结果录入电子查办单,并通过 OA 系统发布督察通报等。

八、电子立卷和归档

电子立卷和归档指对接收处理完成的电子公文实施立卷归档的过程。具体方法参照国家档案局令第 6 号《电子公文归档管理暂行办法》执行。

九、电子销毁

电子公文销毁是定期对电子公文库中没有保存价值的电子公文或办理过程中的草稿、回执单、日志等进行物理删除操作。

电子公文的立卷、归档和销毁要比传统纸质文件复杂得多,更要慎重处理,避免误操作带来的各种损失。

收文管理流程如图 10-2 所示。

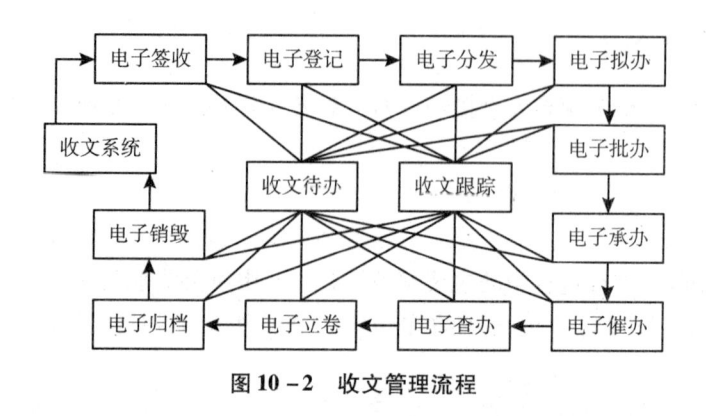

图 10-2 收文管理流程

收文管理中设有"收文待办"和"收文跟踪"两个模块。"收文待办"提供一个集约化的工作视图界面,对公文处理状态进程进行控制,有效提高文秘人员工作效率。"收文跟踪"跟踪记录文件全程办理情况，详细记录公文的当前状态、办理的过程和办理结果，最后产生处理日志。日志文件要随同公文一起存档。

第三节　电子公文归档管理

公文归档是定期把符合归档条件的公文信息转入档案部门集中保管的工作过程。电子公文没有固定的实体形态，也就无法像传统纸质文件那样以实物交换的方式进行，其归档方式和方法有自身特点。

一、归档模式

电子公文的传递分为载体传递和网络传递两种，相应的电子公文归档技术可划分为物理归档和逻辑归档两种方式。

（一）物理归档

物理归档是各部门将自身形成的电子公文存储在各种载体上移交给档案室（馆）保管。个人计算机形成的存储在软磁盘、磁带或光盘上的电子公文及网络中形成的被拷贝至可脱机保存的载体上的电子公文常采用物理归档的方法。电子公文的可变性、内容与载体的可分离性等特征决定了进行物理归档时，要做一些辅助和认证工作，保证电子公文的真实性和完整性，如果形成单位对电子公文采用了某些技术保护措施，则应在物理归档时将其技术鉴定方法和相关软件等一同移交给档案部门。物理归档表现为载体的实体形态，仍可将其以"盘"（磁盘、光盘）或"卷"（磁带）作为保管单位，每一保管单位应是具有一定联系的电子公文的集合。归档后，档案部门如需重新整理或转换格式，应事先做好电子公文备份，以便在不慎丢失信息时得到及时补救。

（二）逻辑归档

逻辑归档是指部门将处理办结的电子公文通过网络和归档系统远程入库（网络档案室）的归档过程。逻辑归档是在计算机网络上实现的电子公文信息的归档，这种归档是一种非实体性的归档方法。只要有系统归档权限，只需轻敲几下键盘，就快速地完成了归档工作。考虑到网络阻塞、病毒、窃听等安全问题常会影响到归档的顺利进行，威胁电子公文的安全，为了安全和可靠，在网络中已完成了逻辑归档的电子公文可以随后完成其脱机下载的物理归档过程以作补充。

二、归档范围时间

电子公文归档和不归档的范围主要参照国家档案局令第6号《电子公文归档管理暂行办法》执行。确定归档范围要全面系统。不仅要考虑文本、图形

（像）、声音、多媒体等原文件，还应根据其形成规律，考虑电子公文生命周期中各个阶段形成的具有价值的中间文件、日志文件等附加信息，使之能完整再现公文处理生命周期细节。必要时，配套的软硬件系统要随电子公文一起归档。

电子公文的归档时间没有统一的规定，可根据系统功能予以设定，但不宜像纸质文件那样规定每年六月底前为归档时间。一般来说，电子公文的归档可以按年度、按季度、按月度、按周、按日或公文办结后实时归档，或一段时间内集中进行归档。比如，实行双套制归档（电子公文与纸质文件均需归档）的组织或机关，两种形式文件的归档时间应相互协调，以便对应查询和处置；采用物理归档方式的组织，在任务完成后 2～3 月内，由形成部门积累、鉴定、整理后归档，应尽量使单位载体（保管单位）上的电子公文具有一定的联系；采用逻辑归档的组织或机构，可实行定期归档或随办随归档。

三、归档鉴定

电子公文的归档鉴定工作，是指鉴别档案文件的价值，确定其保管期限，并据此删除已收集积累但无保存价值的电子公文，并予以销毁。因此，鉴定工作是保证归档电子公文准确、完整、系统，确定档案文件属性的工作。电子公文的鉴定内容，主要体现在两个方面：一是归档电子公文的原始性、准确性、完整性，即是否是形成时的或通过审批更改的电子公文。二是确定电子公文的价值和保管期限，这主要取决于电子公文内容所含信息的价值及社会对它的需要，要根据国家关于档案文件保管期限表确定其保管期限。

四、归档程序

电子公文的归档通常按照如下过程进行：

（1）把带有归档标识的电子公文集中，制成归档数据集，拷贝至耐久性的载体上。

拷贝的份数至少为两套，一套保存，一套供查阅使用。重要文件，应保存多套，其中一套异地保存。因为电子档案在长期的保存中可能会受到不可抗拒因素的影响出现信息变异或失真，而两套同时出错的概率较低，两套保存能提高其安全性和可靠性。

电子公文归档所用的载体，应选用性能稳定、检查方便、显示还原容易的材料，同时还应考虑保管期限。作为档案长期保存的载体选择，按优先顺序可选：只读光盘、一次写光盘、可擦写光盘、磁带等，禁用软磁盘作为归档电子公文长期保管的载体。对于那些特别珍贵的电子档案，如重要文献、法律凭证等文件，在目前技术条件下最安全的方法仍是将其转到纸上或缩微胶片上保存。

（2）在存储电子公文的载体或包装盒上应贴上标签，标签内填写上编号、名称、密级和保密期限、硬件及软件环境等，主要是为检索查找电子公文提供必要的数据。

（3）将相应的电子公文的背景信息、日志文件和元数据说明一同归档。

背景信息是描述文件形成背景的信息，如文件形成的目标、结构、形成和利用的活动记录以及形成、维护的历史环境等；元数据是指电子公文的技术数据，如文件产生时间、地点、业务功能、代码一览表、数据结构方式等。这些数据能帮助人们理解文件，顺利地使用文件。

（4）需要长期保存的电子公文，应当把归档电子公文与相应的机读目录存在同一载体上。如果是在网络中实现逻辑归档的电子公文，应同时完成其脱机下载的物理归档过程。

（5）填写归档电子公文登记表，详细记录归档的电子公文的各类信息。

第四节　电子公文归档移交

下面介绍的电子公文归档移交规范是由天津市档案局组织研制并由国家档案局公布的《电子公文文档一体化管理规范（征求意见稿）》。

一、归档移交数据内容

（1）符合归档范围的电子公文，包括正文（版式文件）、定稿（签发文）和附件、重要文件的历次修改稿等；

（2）电子公文产生和管理过程的有关数据，包括文件处理单、领导审阅签署的重要意见、电子签名等；

（3）电子公文归档元数据；

（4）电子公文的日志文件。

二、归档移交数据结构

（一）电子公文归档和移交的数据结构

电子公文归档和移交的数据结构（含脱机保管需要将相关数据迁移到每一张光盘、磁带等光磁介质上的数据结构）采取树形结构，一般以"全宗号—年度—保管期限"设置根目录名称，根目录下可再设文件夹，分别管理不同类型的电子公文（见图10-3）。

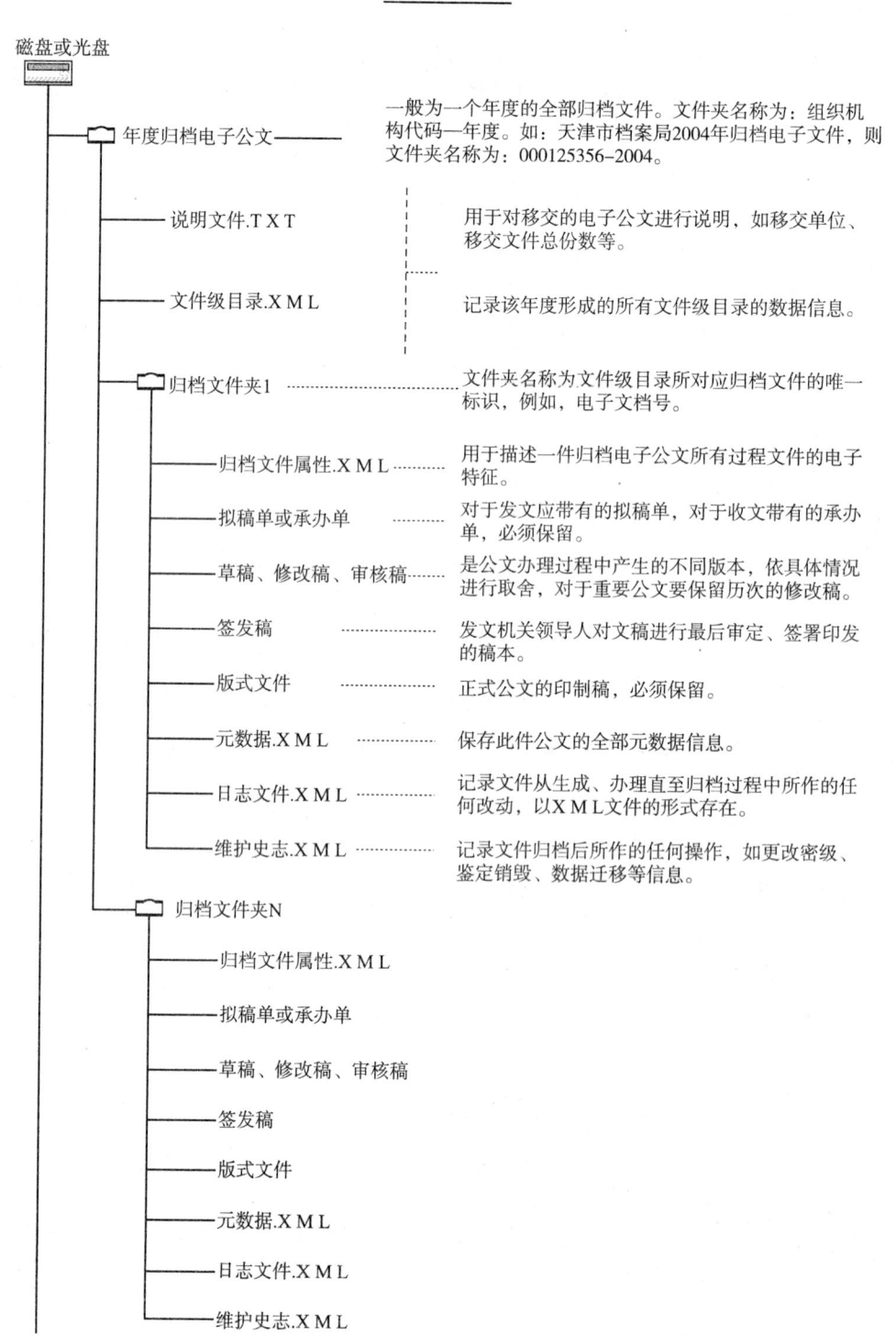

```
磁盘或光盘
│
├─ 年度归档电子公文 ─────── 一般为一个年度的全部归档文件。文件夹名称为：组织机
│   │                      构代码—年度。如：天津市档案局2004年归档电子文件，则
│   │                      文件夹名称为：000125356-2004。
│   │
│   ├─ 说明文件.TXT ─────── 用于对移交的电子公文进行说明，如移交单位、
│   │                      移交文件总份数等。
│   │
│   ├─ 文件级目录.XML ───── 记录该年度形成的所有文件级目录的数据信息。
│   │
│   ├─ 归档文件夹1 ──────── 文件夹名称为文件级目录所对应归档文件的唯一
│   │   │                  标识，例如，电子文档号。
│   │   │
│   │   ├─ 归档文件属性.XML ── 用于描述一件归档电子公文所有过程文件的电子
│   │   │                     特征。
│   │   ├─ 拟稿单或承办单 ─── 对于发文应带有的拟稿单，对于收文带有的承办
│   │   │                     单，必须保留。
│   │   ├─ 草稿、修改稿、审核稿 ── 是公文办理过程中产生的不同版本，依具体情况
│   │   │                          进行取舍，对于重要公文要保留历次的修改稿。
│   │   ├─ 签发稿 ────────── 发文机关领导人对文稿进行最后审定、签署印发
│   │   │                    的稿本。
│   │   ├─ 版式文件 ──────── 正式公文的印制稿，必须保留。
│   │   ├─ 元数据.XML ────── 保存此件公文的全部元数据信息。
│   │   ├─ 日志文件.XML ──── 记录文件从生成、办理直至归档过程中所作的任
│   │   │                    何改动，以XML文件的形式存在。
│   │   └─ 维护史志.XML ──── 记录文件归档后所作的任何操作，如更改密级、
│   │                        鉴定销毁、数据迁移等信息。
│   │
│   └─ 归档文件夹N
│       ├─ 归档文件属性.XML
│       ├─ 拟稿单或承办单
│       ├─ 草稿、修改稿、审核稿
│       ├─ 签发稿
│       ├─ 版式文件
│       ├─ 元数据.XML
│       ├─ 日志文件.XML
│       └─ 维护史志.XML
```

图10-3　电子公文归档和移交数据结构

根目录下应包括说明文件、盒目录信息、归档电子公文目录信息三个文件以及多个归档电子公文夹。

(二) 电子公文归档和移交数据结构中有关文件的说明

1. 说明文件

文件名为说明文件.TXT。

一个年度只需一个说明文件,说明本年度的各种信息,包括:

移交单位(全宗名称)、制作人、检查人、制作时间、软件环境(软件操作系统及其版本、显示电子公文的软件等)、其他各种有助于说明的信息。

对于脱机保管的光盘等介质上的数据结构,要求一张光盘介质只有一个说明文件,说明存放有关本张光盘等介质的各种信息,包括:

光盘编号(各单位为所保管的光盘统一顺序编号)、移交单位(全宗名称)、光盘制作单位、制作人、检查人、制作时间、阅读本光盘所需要的硬件、软件环境(光盘驱动器的型号、计算机配置、软件操作系统及其版本、显示电子公文的软件等)、其他各种有助于说明本张光盘的信息。

2. 盒目录信息文件

文件名为盒目录.XML。此文件用来存放该年度生成的所有盒目录的著录信息。包括盒档号、全宗号、保管期限代码、年度、归档机构代码、盒号、起件号、止件号、文件件数、整理人、检查人、盒内文件说明、备注等项目。

盒目录信息为字符文件,如采用 XML 数据文件应包括字段信息节点与记录节点,信息格式如下:

```
<? xml version ="1.0"encoding ="GB2312"? >
<主节点>
  < FIELDS >
   ……          字段信息
  </FIELDS >
  < ROWDATA >
   ……          多条数据记录
  </ROWDATA >
</主节点>
```

举例说明:

```
<? xml version ="1.0"encoding ="GB2312"? >
= <主节点>
=  < FIELDS >
```

            < FIELD FieldName = "盒档号"FieldType = "String"WIDTH = "32"/ >
            < FIELD FieldName = "全宗号"FieldType = "String"WIDTH = "5"/ >
            < FIELD FieldName = "保管期限代码"FieldType = "String"WIDTH = "1"/ >
            < FIELD FieldName = "年度"FieldType = "String"WIDTH = "4"/ >
            < FIELD FieldName = "归档机构代码"FieldType = "String"WIDTH = "10"/ >
            < FIELD FieldName = "盒号"FieldType = "String"WIDTH = "6"/ >
            < FIELD FieldName = "起件号"FieldType = "String"WIDTH = "4"/ >
            < FIELD FieldName = "止件号"FieldType = "String"WIDTH = "4"/ >
            < FIELD FieldName = "文件件数"FieldType = "String"WIDTH = "4"/ >
            < FIELD FieldName = "整理人"FieldType = "String"WIDTH = "8"/ >
            < FIELD FieldName = "检查人"FieldType = "String"WIDTH = "8"/ >
            < FIELD FieldName = "盒内文件说明"FieldType = "String"WIDTH = "500"/ >
            < FIELD FieldName = "备注"FieldType = "String"WIDTH = "100"/ >
        </FIELDS >
        = < ROWDATA >
            < ROW 盒档号 ="00X50 – Y – 2004 – BGS – 010000"全宗号 ="00X50"保管期限代码 ="Y"年度 ="2004"归档机构代码 ="BGS"盒号 ="010000"起件号 ="0001"止件号 ="0030"文件件数 ="30"整理人 ="王某某"检查人 ="张某某"盒内文件说明 =""备注 =""/ >
        </ROWDATA >
    </主节点 >

3. 归档电子公文目录信息文件

文件名为归档电子公文目录.XML。此文件用于存放该年度生成的所有文件目录的著录信息。包括电子文档号、全宗号、保管期限代码、年度、归档机构代码、盒号、件号、文件档号、文件题名、文件编号、稿本、文种、责任者、文件形成时间、控制标识、页数、分类号等项目。

归档电子公文目录信息为字符文件，如采用 XML 数据文件应包括字段信息节点与记录节点，信息格式如下：

    <？xml version ="1.0"encoding ="GB2312"？ >
    < 主节点 >
        < FIELDS >
            ……   字段信息
        </FIELDS >
        < ROWDATA >

……　　　　　多条数据记录
　　</ROWDATA>
</主节点>
举例说明：
<? xml version ="1.0"encoding ="GB2312"? >
= <主节点>
= <FIELDS>
　　<FIELD FieldName ="电子文档号"FieldType ="String"WIDTH ="32"/ >
　　<FIELD FieldName ="全宗号"FieldType ="String"WIDTH ="5"/ >
　　<FIELD FieldName ="保管期限代码"FieldType ="String"WIDTH ="1"/ >
　　<FIELD FieldName ="年度"FieldType ="String"WIDTH ="4"/ >
　　<FIELD FieldName ="归档机构代码"FieldType ="String"WIDTH ="10"/
　　<FIELD FieldName ="盒号"FieldType ="String"WIDTH ="6"/ >
　　<FIELD FieldName ="件号"FieldType ="String"WIDTH ="4"/ >
　　<FIELD FieldName ="文件档号"FieldType ="String"WIDTH ="36"/ >
　　<FIELD FieldName ="文件题名"FieldType ="String"WIDTH ="192"/ >
　　<FIELD FieldName ="文件编号"FieldType ="String"WIDTH ="72"/ >
　　<FIELD FieldName ="文种"FieldType ="String"WIDTH ="8"/ >
　　<FIELD FieldName ="责任者"FieldType ="String"WIDTH ="96"/ >
　　<FIELD FieldName ="文件形成时间"FieldType ="String"WIDTH ="8"/ >
　　<FIELD FieldName ="控制标识"FieldType ="String"WIDTH ="4"/ >
　　<FIELD FieldName ="文件形成部门"FieldType ="String"WIDTH ="48"/ >
　　<FIELD FieldName ="保管期限"FieldType ="String"WIDTH ="4"/ >
　　<FIELD FieldName ="分类号"FieldType ="String"WIDTH ="30"/ >
　　<FIELD FieldName ="语种"FieldType ="String"WIDTH ="20"/ >
　　<FIELD FieldName ="发文依据或相关文件"FieldType ="String"WIDTH ="128"/ >
　　<FIELD FieldName ="载体"FieldType ="String"WIDTH ="12"/ >
　　<FIELD FieldName ="载体规格"FieldType ="String"WIDTH ="20"/ >
　　<FIELD FieldName ="存储位置"FieldType ="String"WIDTH ="128"/ >
　　</FIELDS>
= <ROWDATA>
　　<ROW 盒档号 ="00X50 - Y - 2004 - BGS - 010000"全宗号 ="00X50"保管期限代码 ="Y"年度 ="2004"归档机构代码 ="BGS"盒号 ="010000"文件标题 ="关

于开展人员密集场所消防安全疏散通道安全出口专项治理的意见"文件编号="津×发〔2004〕15号"文种="意见"责任者="天津市××局"文件形成时间="2004-6-16"主送机关="天津市人民政府办公厅"密级和保密期限=""文件形成部门="三处"保管期限="永久"归档时间="2004-06-28"电子文档号="48256EC10029CF3948256EC100291A82"分类号=""全宗号="XX01"接收人=""接收时间=""语种=""载体=""载体规格=""存储位置=""/>

　　</ROWDATA>

　<//主节点>

4. 归档电子公文原件信息文件

文件名为归档电子公文原件.XML。此文件用于存放归档电子公文目录信息中的每一条记录所对应的该电子公文包含的所有原件信息。包括文件类型、文件大小、文件格式、载体数量、载体单位、原件名称等。

举例说明：

<?xml version="1.0"encoding="GB2312"?>

=<主节点>

　=<FIELDS>

　　<FIELD FieldName="文件类型"FieldType="String"WIDTH="38"/>

　　<FIELD FieldName="文件大小"FieldType="String"WIDTH="20"/>

　　<FIELD FieldName="文件格式"FieldType="String"WIDTH="4"/>

　　<FIELD FieldName="载体数量"FieldType="String"WIDTH="4"/>

　　<FIELD FieldName="载体单位"FieldType="String"WIDTH="13"/>

　　<FIELD FieldName="文件名称"FieldType="String"WIDTH="13"/>

　</FIELDS>

　=<ROWDATA>

　　<ROW 文件类型="application/CEB"文件大小="153836"文件格式="ceb"载体数量=""载体单位=""文件名称="办文单.ceb"/>

　　<ROW 文件类型="application/CEB"文件大小="859258"文件格式="ceb"载体数量=""载体单位=""文件名称="版式文件.ceb"/>

　　<ROW 文件类型="application/CEB"文件大小="41706"文件格式="ceb"载体数量=""载体单位=""文件名称="页01.ceb"/>

　　</ROWDATA>

</主节点>

5. 归档电子公文夹

文件夹名称为归档电子公文目录信息中的每一条记录的唯一标识，即电子文档号。

归档电子公文子文件夹下存放应归档的各种电子公文，可包括多个归档电子公文的不同版式文件、原件信息.XML、日志文件、留痕留真信息。

第五节 电子公文文档一体化管理

电子公文文档一体化是电子公文管理发展的基本趋势。电子公文归档与其前期处理密切相关，而且电子公文网络化的办公模式为实现文档一体化也提供了良好的技术手段。本节内容主要参考天津市档案局组织研制并由国家档案局公布的《电子公文文档一体化管理规范（征求意见稿）》。

一、文档一体化业务流程规范

（一）业务流程简图

图10-4中的业务流程描述了电子公文从形成、办理、归档、保管、利用或销毁的一般过程。

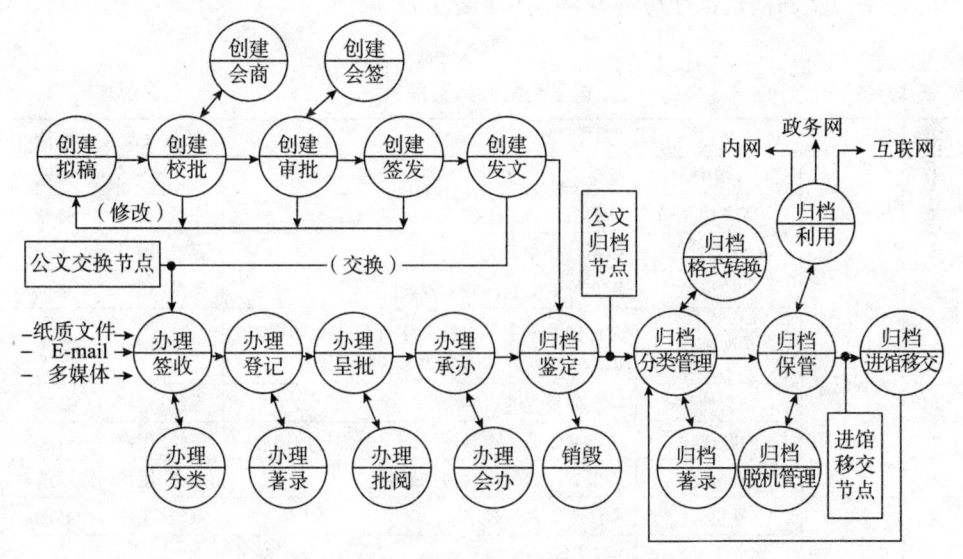

图10-4 电子公文文档一体化业务流程简图

（二）流程中的关键节点

电子公文的交换（收发文）、归档和移交三个节点，是电子公文文档一体化业务流程中的三个关键点，涉及不同的办公系统（OA）之间、办公系统和档案室档案管理系统之间、档案室档案管理系统和档案馆档案管理系统之间的数据交换，直接影响电子公文全程管理业务数据流的畅通。

（三）业务流程中其他节点

电子公文文档一体化业务流程中的其他节点，也是电子公文管理的组成部分。各节点的全部事务处理活动和元数据、背景信息，如责任人、时间、结果等，都要完整和准确地记录下来。

电子公文形成单位应在电子公文处理系统中设置符合安全要求的保存日志，随时自动记录对电子公文实时操作的人员、时间、设备、项目、内容等，以保证归档电子公文的真实性。

二、归档数据规范

（一）电子公文归档数据格式

对于各种不同类型的电子公文，其文件存储格式均应尽量采用通用格式（XML、CEB、PDF、TXT），采用现阶段允许格式（DOC、WPS、RTF、SEP）要同时保存该格式的阅读器。如果采用不符合本规范要求的格式，收集时应进行转换，如无法转换，则应将相关软件一并收集。

（二）电子公文归档数据项

电子公文归档数据项应符合表10-1要求。

表10-1　　　　　　　电子公文归档数据表

序号	元素类型	名称	定义	数据来源	备注
1	标识信息	电子文档号	管理电子公文的一组符号代码	用户	必选
2		文件档号	分配给每份文件的唯一识别编号	系统/用户	必选
3		分类号	档案分类中的类目代号	系统/用户	必选
4	内容信息	文件标题	指文件的主题内容和性质	系统/用户	必选
5		文件编号	文件的发文字号，指文件制发过程中由制发机关、团体或个人赋予文件的顺序号	系统/用户	必选
6		文种	指文件种类的名称	系统/用户	必选
7		内容描述	内容摘要或文本描述（对文件内容的描述）	系统/用户	可选
8		附件名称	指正文后的附件材料的题名	系统/用户	可选
9	背景信息	签发人	文件签发人员姓名	系统/用户	必选
10		责任者	指对档案内容进行创造、负有责任的团体或个人	系统/用户	必选
11		文件形成部门	归档工作承担单位的全称	系统/用户	必选
12		文件形成时间	指文件产生、签署和批准的时间	系统/用户	必选
13		密级和保密期限	记录文件保密程度等级和时限	系统/用户	必选
14		归档时间	记录文件归档的时间信息	系统/用户	可选
15		页数	文件以件为单位编制的总页数	系统/用户	必选

续表

序号	元素类型	名称	定义	数据来源	备注
16	背景信息	控制标识	指判定该份文件是否无须控制，可向社会公开提供利用的符号代码	系统/用户	必选
17		保管期限	在采取处置行为之前，文件必须保存的时间期限	系统/用户	必选
18		接收单位	接收文件的单位	系统/用户	可选
19		接收人	对文件接收承担责任的人	系统/用户	可选
20		接收时间	接收单位收到文件的时间	系统/用户	可选
21		语种	记录文件内容所用的语言种类	系统/用户	可选
22		发文依据或相关文件	对相关文件的参照	系统/用户	可选
23		存储位置	电子公文存储的物理/逻辑位置	系统/用户	可选
24		硬件环境	主机、网络服务器型号、制造厂商等	系统/用户	可选
25		软件环境	文件创建时的软件环境情况，如操作系统型号主版本等	系统/用户	可选
26		数据库系统	处理文档所必需的数据库系统	系统/用户	可选
27		相关软件	文字处理工具、浏览器、压缩或解密软件等	系统/用户	可选
28	原件描述信息	数据类型	关于文件数据的类别信息	系统/用户	必选
29		数据大小	记录文件数据的字节数	系统/用户	必选
30		数据格式	构成文件的数据的逻辑格式	系统/用户	必选
31		文件存储名	指电子公文存储在载体上的文件名	用户	可选

（三）电子公文元数据项目 XML 结构形式

```
<？xml version ="1.0"encoding ="GB2312"？>
= <主节点>
= <FIELDS>
    <FIELD FieldName ="电子文档号"FieldType ="String"WIDTH ="32"/>
    <FIELD FieldName ="文件档号"FieldType ="String"WIDTH ="36"/>
    <FIELD FieldName ="分类号"FieldType ="String"WIDTH ="20"/>
    <FIELD FieldName ="文件标题"FieldType ="String"WIDTH ="192"/>
    <FIELD FieldName ="文件编号"FieldType ="String"WIDTH ="72"/>
    <FIELD FieldName ="文种"FieldType ="String"WIDTH ="8"/>
    <FIELD FieldName ="内容描述"FieldType ="String"WIDTH ="500"/>
    <FIELD FieldName ="附件名称"FieldType ="String"WIDTH ="200"/>
    <FIELD FieldName ="签发人"FieldType ="String"WIDTH ="20"/>
    <FIELD FieldName ="责任者"FieldType ="String"WIDTH ="96"/>
```

< FIELD FieldName = "文件形成部门"FieldType = "String"WIDTH = "48"/ >
　　< FIELD FieldName = "文件形成时间"FieldType = "String"WIDTH = "8"/ >
　　< FIELD FieldName = "密级和保密期限"FieldType = "String"WIDTH = "20"/ >
　　< FIELD FieldName = "页数"FieldType = "String"WIDTH = "4"/ >
　　< FIELD FieldName = "控制标识"FieldType = "String"WIDTH = "4"/ >
　　< FIELD FieldName = "保管期限"FieldType = "String"WIDTH = "4"/ >
　　< FIELD FieldName = "接收单位"FieldType = "String"WIDTH = "48"/ >
　　< FIELD FieldName = "接收人"FieldType = "String"WIDTH = "20"/ >
　　< FIELD FieldName = "接收时间"FieldType = "String"WIDTH = "8"/ >
　　< FIELD FieldName = "语种"FieldType = "String"WIDTH = "20"/ >
　　< FIELD FieldName = "发文依据或相关文件"FieldType = "String"WIDTH = "128"/ >
　　< FIELD FieldName = "数据类型"FieldType = "String"WIDTH = ""/ >
　　< FIELD FieldName = "数据格式"FieldType = "String"WIDTH = ""/ >
　　< FIELD FieldName = "数据大小"FieldType = "String"WIDTH = "128"/ >
　　< FIELD FieldName = "文件存储名"FieldType = "String"WIDTH = "40"/ >
　　< FIELD FieldName = "加密方式"FieldType = "String"WIDTH = "100"/ >
　　< FIELD FieldName = "硬件环境"FieldType = "String"WIDTH = "100"/ >
　　< FIELD FieldName = "软件环境"FieldType = "String"WIDTH = "100"/ >
　　< FIELD FieldName = "数据库系统"FieldType = "String"WIDTH = "100"/ >
　　< FIELD FieldName = "相关软件"FieldType = "String"WIDTH = "100"/ >
　　< FIELD FieldName = "备注"FieldType = "String"WIDTH = "100"/ >
　　</FIELDS >
　　= < ROWDATA >
　　< ROW 电子文档号 = "48256EC10029CF3948256EC100291A82"文件档号 = ""分类号 = ""文件标题 = "关于开展人员密集场所消防安全疏散通道安全出口专项治理的意见"文件编号 = "津×发〔2004〕15 号"文种 = "意见"内容描述 = ""附件名称 = ""签发人 = "张××"责任者 = "天津市××局"文件形成部门 = "三处"文件形成时间 = "2004 - 6 - 16"密级和保密期限 = ""页数 = ""控制标识 = ""保管期限 = "永久"接收单位 = "天津市政府办公厅"接收人 = ""接收时间 = ""语种 = ""发文依据或相关文件 = ""数据类型 = ""数据格式 = ""数据大小 = ""加密方式 = ""硬件环境 = ""软件环境 = ""数据库系统 = ""相关软件 = ""备注 = ""/ >
　　</ROWDATA >
　　</主节点 >

(四) 电子公文归档的数据结构

电子公文归档数据结构,应符合图 10-3 要求。

三、归档移交规范

归档电子公文在完成有关档案著录、整理、鉴定、保管等工作之后,应在一定的时间内或即时向档案馆(电子文件中心)移交。

- 向档案馆移交的电子档案应是文书处理过程中产生的最后核定归档的定稿。
- 移交的电子档案应包括说明文件形成的背景信息和元数据,以及电子文件办理过程的记录信息。
- 移交档案馆的电子公文格式应符合规定的文件格式要求,专用软件产生的电子文件应转换为规定的格式;不能转换的应将相关软件随同文件一同移交进馆。
- 对于加密的电子档案,应解密后再行移交。
- 移交进馆的电子档案应按照 DA/T 22 的要求,经过系统整理、鉴定和编目。

(一) 归档电子公文移交数据

归档电子公文移交数据项应符合表 10-2 要求。

表 10-2　　　　　　　　归档电子公文移交数据表

序号	元素类型	名称	定义	数据来源	备注
1	标识信息	电子文档号	管理电子公文的一组符号代码	用户	必选
2		全宗号		用户	必选
3		保管期限代码	永久-Y;长期-C;短期-D	用户	必选
4		年度		系统/用户	必选
5		归档机构代码	文件形成部门汉语拼音缩写	系统/用户	必选
6		盒号		系统/用户	必选
7		件号		系统/用户	必选
8		文件档号	分配给每份文件的唯一识别编号	系统/用户	必选
9		分类号	档案分类中的类目代号	系统/用户	必选
10	内容信息	文件标题	指文件的主题内容和性质	系统/用户	必选
11		文件编号	文件的发文字号,指文件制发过程中由制发机关、团体或个人赋予文件的顺序号	系统/用户	必选
12		文种	指文件种类的名称	系统/用户	必选
13		内容描述	内容摘要或文本描述(对文件内容的描述)	系统/用户	可选
14		附件名称	指正文后的附件材料的题名	系统/用户	可选

续表

序号	元素类型	名称	定义	数据来源	备注
15		签发人	文件签发人员姓名	系统/用户	必选
16		责任者	指对档案内容进行创造、负有责任的团体或个人	系统/用户	必选
17		文件形成部门	归档工作承担单位的全称	系统/用户	必选
18		文件形成时间	指文件产生、签署和批准的时间	系统/用户	必选
19		密级和保密期限	记录文件保密程度等级	系统/用户	必选
20		归档时间	记录文件归档的时间信息	系统/用户	可选
21		页数	文件以件为单位编制的总页数	系统/用户	可选
22		控制标识	指判定该份文件是否无须控制，可向社会公开提供利用的符号代码	系统/用户	必选
23		保管期限	在采取处置行为之前，文件必须保存的时间期限	系统/用户	必选
24		接收单位	接收文件的单位	系统/用户	可选
25		接收人	对文件接收承担责任的人	系统/用户	可选
26		接收时间	接收单位收到文件的时间	系统/用户	可选
27	背景信息	语种	记录文件内容所用的语言种类	系统/用户	可选
28		发文依据或相关文件	对相关文件的参照	系统/用户	可选
29		处置授权机构	具有文件处置授权权力的机构	系统/用户	可选
30		处置责任者	实施处置行为的责任人	用户	可选
31		处置行为	保管期限期满时对文件采取的处置行为	用户	可选
32		处置时间	对文件采取处置行为的时间	用户/系统	可选
33		保管日志	文件长期保管利用中对所有操作日期及行为的记录和描述	系统	可选
34		存储位置	电子公文存储的物理/逻辑位置	系统/用户	可选
35		加密方式	如何对文件进行加密的信息	系统/用户	可选
36		硬件环境	主机、网络服务器型号、制造厂商等	系统/用户	可选
37		软件环境	文件创建时的软件环境情况如操作系统型主版本等	系统/用户	可选
38		数据库系统	处理文档所必需的数据库系统	系统/用户	可选
39		相关软件	文字处理工具、浏览器、压缩或解密软件等	系统/用户	可选
40		数据类型	关于文件数据的类别信息	系统/用户	必选
41	原件描述信息	数据大小	记录文件数据的字节数	系统/用户	必选
42		数据格式	构成文件数据的逻辑格式	系统/用户	必选
43		文件存储名	指电子公文存储在载体上的文件名	用户	可选

续表

序号	元素类型	名称	定义	数据来源	备注
44	载体信息	载体类型	存储电子公文载体类型	用户	必选
45		载体编号	存储电子公文载体编号	用户	必选
46	其他	纸文件地址	对应的纸质文件存储地址	用户	可选
47		备注	对文件的其他说明	用户	可选

(二) 归档电子公文移交数据 XML 结构格式

```xml
<?xml version="1.0" encoding="GB2312"?>
=<主节点>
=<FIELDS>
    <FIELD FieldName="电子文档号" FieldType="String" WIDTH="32"/>
    <FIELD FieldName="全宗号" FieldType="String" WIDTH="5"/>
    <FIELD FieldName="保管期限代码" FieldType="String" WIDTH="1"/>
    <FIELD FieldName="年度" FieldType="String" WIDTH="4"/>
    <FIELD FieldName="归档机构代码" FieldType="String" WIDTH="10"/
    <FIELD FieldName="盒号" FieldType="String" WIDTH="6"/>
    <FIELD FieldName="件号" FieldType="String" WIDTH="4"/>
    <FIELD FieldName="文件档号" FieldType="String" WIDTH="32"/>
    <FIELD FieldName="分类号" FieldType="String" WIDTH="20"/>
    <FIELD FieldName="文件标题" FieldType="String" WIDTH="192"/>
    <FIELD FieldName="文件编号" FieldType="String" WIDTH="72"/>
    <FIELD FieldName="文种" FieldType="String" WIDTH="8"/>
    <FIELD FieldName="内容描述" FieldType="String" WIDTH="500"/>
    <FIELD FieldName="附件名称" FieldType="String" WIDTH="200"/>
    <FIELD FieldName="签发人" FieldType="String" WIDTH="20"/>
    <FIELD FieldName="责任者" FieldType="String" WIDTH="96"/>
    <FIELD FieldName="文件形成部门" FieldType="String" WIDTH="48"/>
    <FIELD FieldName="文件形成时间" FieldType="String" WIDTH="8"/>
    <FIELD FieldName="密级和保密期限" FieldType="String" WIDTH="20"/>
    <FIELD FieldName="归档时间" FieldType="String" WIDTH="8"/>
    <FIELD FieldName="页数" FieldType="String" WIDTH="4"/>
    <FIELD FieldName="控制标识" FieldType="String" WIDTH="4"/>
    <FIELD FieldName="保管期限" FieldType="String" WIDTH="4"/>
    <FIELD FieldName="接收单位" FieldType="String" WIDTH="48"/>
```

< FIELD FieldName = "接收人"FieldType = "String"WIDTH = "20"/ >
< FIELD FieldName = "接收时间"FieldType = "String"WIDTH = "8"/ >
< FIELD FieldName = "语种"FieldType = "String"WIDTH = "20"/ >
< FIELD FieldName = "发文依据或相关文件"FieldType = "String"WIDTH = "128"/ >
< FIELD FieldName = "处置授权机构"FieldType = "String"WIDTH = "48"/ >
< FIELD FieldName = "处置责任者"FieldType = "String"WIDTH = "48"/ >
< FIELD FieldName = "处置行为"FieldType = "String"WIDTH = "20"/ >
< FIELD FieldName = "处置时间"FieldType = "String"WIDTH = "8"/ >
< FIELD FieldName = "保管日志"FieldType = "String"WIDTH = ""/ >
< FIELD FieldName = "存储位置"FieldType = "String"WIDTH = "128"/ >
< FIELD FieldName = "加密方式"FieldType = "String"WIDTH = "100"/ >
< FIELD FieldName = "硬件环境"FieldType = "String"WIDTH = "100"/ >
< FIELD FieldName = "软件环境"FieldType = "String"WIDTH = "100"/ >
< FIELD FieldName = "数据库系统"FieldType = "String"WIDTH = "100"/ >
< FIELD FieldName = "相关软件"FieldType = "String"WIDTH = "100"/ >
< FIELD FieldName = "数据类型"FieldType = "String"WIDTH = "10"/ >
< FIELD FieldName = "数据大小"FieldType = "String"WIDTH = "20"/ >
< FIELD FieldName = "数据格式"FieldType = "String"WIDTH = "20"/ >
< FIELD FieldName = "文件存储名"FieldType = "String"WIDTH = "40"/ >
< FIELD FieldName = "载体类型"FieldType = "String"WIDTH = "12"/ >
< FIELD FieldName = "载体编号"FieldType = "String"WIDTH = "30"/ >
< FIELD FieldName = "纸文件地址"FieldType = "String"WIDTH = "40"/ >
< FIELD FieldName = "备注"FieldType = "String"WIDTH = "100"/ >
</FIELDS >
= < ROWDATA >
< ROW 电子文档号 = "48256EC10029CF3948256EC100291A82"全宗号 = "××01"保管期限代码 = ""年度 = ""归档机构代码 = ""盒号 = ""件号 = ""文件档号 = ""分类号 = ""文件标题 = "关于开展人员密集场所消防安全疏散通道安全出口专项治理的意见"文件编号 = "津×发〔2004〕15号"文种 = "意见"内容描述 = ""附件名称 = ""签发人 = "张××"责任者 = "天津市××局"文件形成部门 = "三处"文件形成时间 = "2004 - 6 - 16"密级和保密期限 = ""归档时间 = "2004 - 06 - 28"页数 = ""控制标识 = ""保管期限 = "永久"接收单位 = "天津市人民政府办公厅"接收人 = ""接收时间 = ""语种 = ""发文依据或相关文件 = ""处置授权机构 = ""处置责任者 = ""处置行

为 =""处置时间 =""保管日志 =""存储位置 =""加密方式 =""硬件环境 =""软件环境 =""数据库系统 =""相关软件 =""数据类型 =""数据大小 =""数据格式 =""文件存储名 =""载体类型 =""载体编号 =""纸文件地址 =""备注 ="" / >

</ROWDATA >
</主节点 >

四、日志和留痕归档规范

电子公文日志和留痕信息应做到真实、准确,所采用的相关技术应是经过各方面实践认可、成熟稳定的技术。

对于电子公文留痕信息的保留有两种类型,一种为保留电子公文的具体修改内容,即修改内容留痕。另一种为保留修改痕迹,即为留真信息。

(一) 电子公文日志文件归档要求

电子公文形成单位应在电子公文处理系统中设置符合安全要求的保存日志,随时自动记录电子公文的办理节点及办理过程的信息留痕,以保证归档电子公文的真实性。

至少保留具体的公文流程节点、操作者、时间、动作及其他相关内容并将其存储在日志文件中。

归档时,电子公文日志文件名为:文件名 + 日志 . TXT 或文件名 + 日志 . XML,并打印成纸质载体长期保存。

电子公文日志文件归档时,显现效果如表 10 – 3 所示。

表 10 – 3　　　　　　　　　日志文件归档明细表

文件名					
序号	公文流程节点	操作者	时间	单位部门	版本标记
	...				

文件名:将要产生或刚接收的电子公文标题。

公文流程节点:电子文件生命期内的一个活动阶段。一般包括起草、改稿、审稿、定稿、归档等几个活动阶段,其中起草、定稿、归档只能出现一次,其余不限。

操作者:系统认可、允许在该电子文件生命期内各阶段进行工作的人员名单(中文)。

时间:由系统自动记载工作人员结束本程序工作的时间,包括年、月、日、时、分、秒。

单位部门：操作者所在单位和工作部门（中文）。

版本标记：指记录工作人员在本节点操作内容的文件版本，如草稿、第 n 次修改稿、送审稿、定稿等。

（二）电子公文内容留痕

对于修改内容留痕要求不仅能保留历次修改的版本，而且各版本之间还要在同一界面下有明显标志标出修改之前和修改之后的内容。

（三）电子公文留真信息

电子公文留真信息主要记录并保留领导对电子公文修改签发意见手迹，并打印成纸质载体长期保存。留真涉及的主要操作环节如图 10-5 所示。

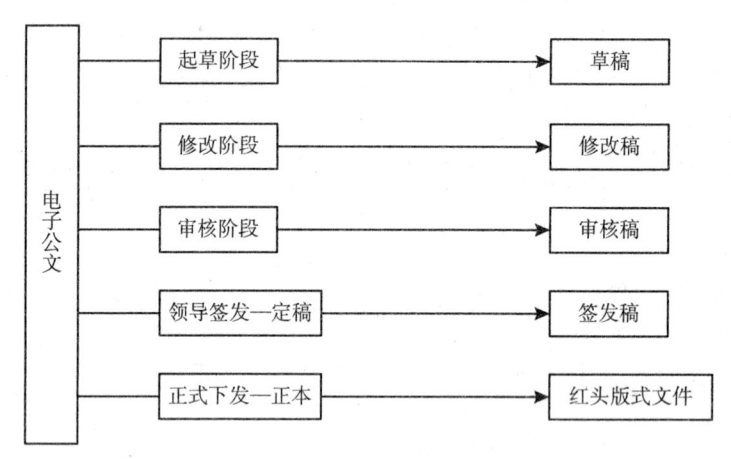

```
                    ┌─ 起草阶段 ────────→ 草稿
                    │
                    ├─ 修改阶段 ────────→ 修改稿
                    │
          电子公文 ──┼─ 审核阶段 ────────→ 审核稿
                    │
                    ├─ 领导签发—定稿 ──→ 签发稿
                    │
                    └─ 正式下发—正本 ──→ 红头版式文件
```

图 10-5　电子公文留真操作框图

第六节　鲁东大学公文管理系统演示

鲁东大学公文管理系统实现了公文制作、传输、收发文办理和归档的一体化管理过程。公文用 Word 模板起草，最后以 PDF 格式传输处理和归档。系统操作演示如图 10-6 所示。

第十章　电子公文管理

一、系统登录

图 10-6　用户登录界面

二、系统首页

系统首页包括"首页"、"拟办发文"、"拟办收文"、"发文管理"、"收文管理"、"编号管理"、"系统管理"共七个模块。这七个模块囊括了图 10-7 所展示的发文管理与收文管理的基本环节。

图 10-7　系统首页

三、拟办发文

点击拟办发文模块，进入拟办发文工作界面。在这里按照工作进度分为待办发文和发文拟稿、已发公文、已办发文四个子栏目，实现了公文的拟制、检索、传阅等操作（见图 10-8、图 10-9 和图 10-10）。

图 10-8　拟办发文主界面

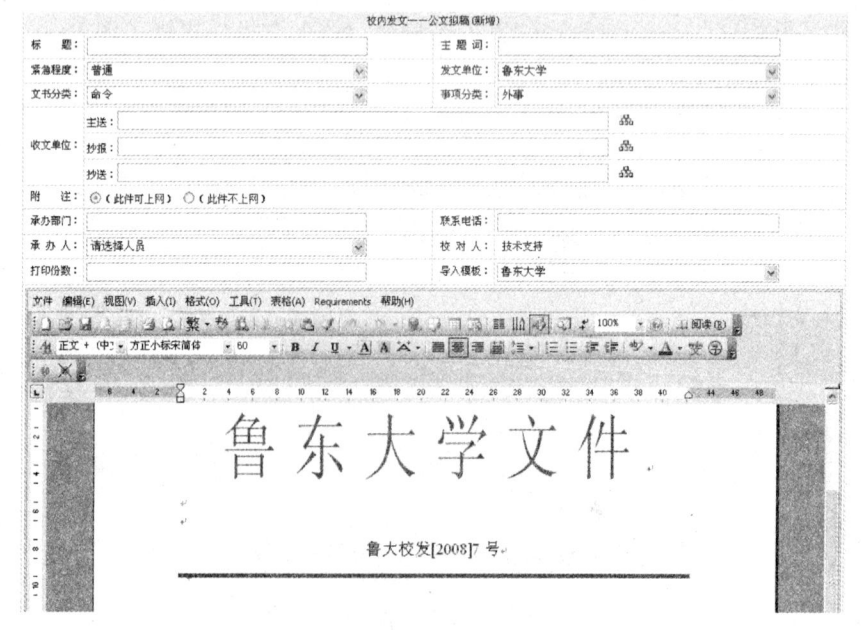

图 10-9　发文拟稿登记单

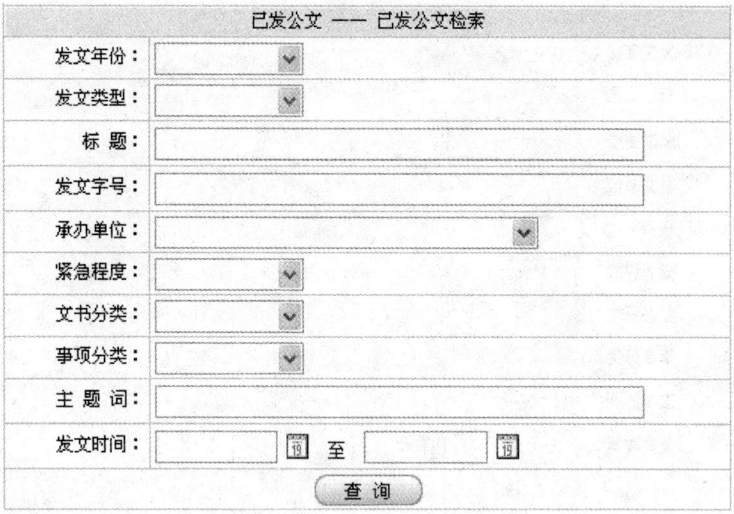

第十章 电子公文管理

图 10-10 已发公文检索

图 10-9 发文拟稿登记单实现了公文交换元数据、录入及公文正文的导入。

图 10-10 已发公文检索可以按照公文年份、类型、标题、字号、发文时间等要素进行组合查询。

四、拟办收文

拟办收文是收文处理的主工作界面，包括拟办收文、已办收文两个栏目，可以实现收文办理的全程跟踪与流程定制等（见图 10-11、图 10-12）。

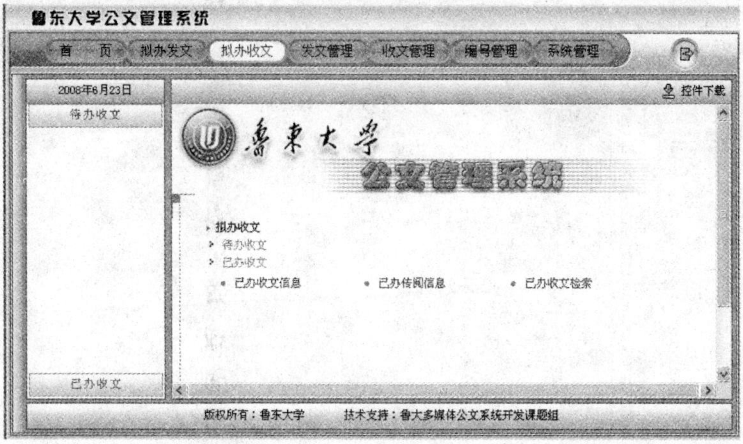

图 10-11 拟办收文主界面

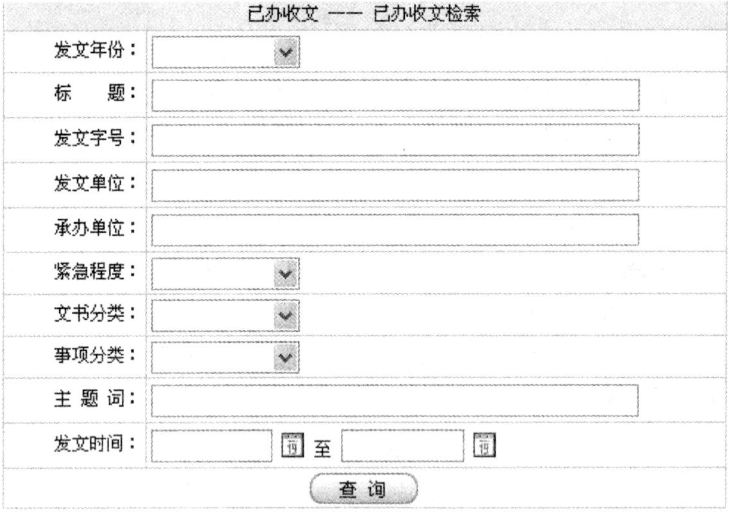

图 10 – 12 已办收文检索

已办收文检索类似于已办发文检索。

五、发文管理

发文管理包括发文登记、发文汇总、发文检索等栏目,可以实现发文过程的文档一体化管理(见图 10 – 13)。

图 10 – 13 发文管理主界面

六、收文管理

收文管理包括待处理公文、收文登记、收文汇总、收文检索、文件借阅等，可以实现收文的全程跟踪办理（见图 10-14）。

图 10-14 收文管理主界面

七、流程和模板管理

图 10-15、图 10-16、图 10-17 的工作场景实现了公文文号、工作流、模板的个性化定制，是完成系统初始设置、系统应用的起点。

图 10-15 公文文号、流程和模板管理主界面

序号	流程库名	备注说明	创建时间	包含流程数	操作
1	人字号公文流程库	人字号公文流程库	2007-06-21	6个可用,0个不可用,0个已停用	
2	科字号发文流程库	科字号发文流程库	2007-06-21	6个可用,0个不可用,0个已停用	
3	办字号发文流程库	办字号发文流程库	2007-06-21	7个可用,0个不可用,0个已停用	
4	党字号发文流程库	党字号发文流程库	2007-06-21	6个可用,0个不可用,0个已停用	
5	财字号发文流程库	财字号发文流程库	2007-06-21	6个可用,0个不可用,0个已停用	
6	基字号发文流程库	基字号发文流程库	2007-06-21	6个可用,0个不可用,0个已停用	
7	函字号发文流程库	函字号发文流程库	2007-06-21	0个可用,0个不可用,0个已停用	

图 10-16　流程管理界面

序号	模板名称	模版类型	管理员	创建时间	操作
1	党委上行文头模板	文档模版	张晓梅	2007-06-22	
2	函文头模板	文档模版	张晓梅	2007-06-22	
3	平行文头模版	文档模版	张晓梅	2007-06-22	
4	上行文头模板	文档模版	张晓梅	2007-06-22	

图 10-17　模板管理界面

八、系统管理

图 10-18、图 10-19、图 10-20 和图 10-21 是系统管理主场景。实现系统中的部门管理、角色管理、用户管理、功能管理、栏目管理、编码维护、登录信息、系统帮助、系统参数等管理功能，是系统运行和维护的起点。

图 10-18　系统管理主界面

第十章 电子公文管理

编号	角色名称	操作
1	普通用户	
2	公文管理员	
20	系统管理员	
21	院领导	

图 10-19　系统角色管理

编号	名称	排序	操作
3	党群系统	100	
7	党委办公室（统战部）	1050	
8	纪委（监察审计室）	1100	
9	组织部	1150	
10	机关党总支	1200	
11	宣传部	1250	
12	工会	1300	
13	学生工作部（处、学生资助管理中心）	1350	
14	团委	1400	

图 10-20　系统用户管理

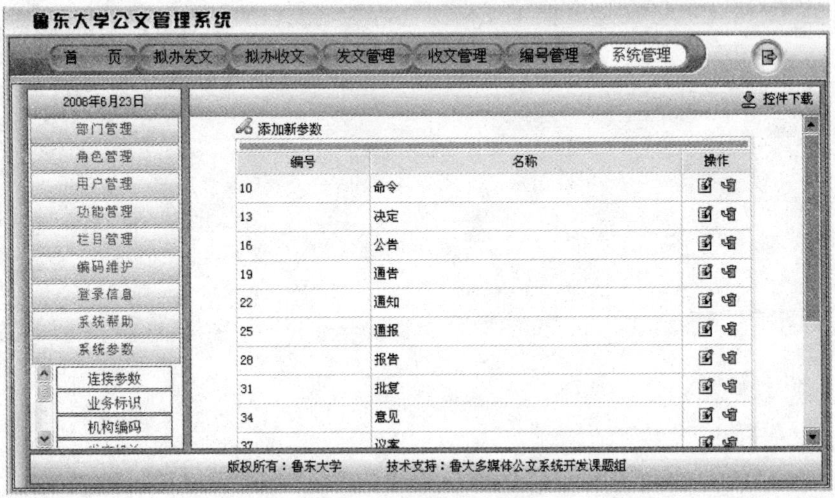

编号	名称	操作
10	命令	
13	决定	
16	公告	
19	通告	
22	通知	
25	通报	
28	报告	
31	批复	
34	意见	
37	议案	

图 10-21　系统参数管理

思考题

1. 简述电子公文发文管理和收文管理的主要环节。
2. 电子公文归档方式有哪两种，有何不同？
3. 电子公文留真所涉及的操作环节有哪些？
4. 电子公文日志文件记录的基本内容有哪些？
5. 电子公文归档移交的内容有哪些？数据结构是什么？
6. 简述电子公文归档数据表项内容。
7. 简述电子公文移交数据表项内容。
8. 参照文档一体化管理流程图，写出某一公文 A 从发文至收文再至归档的主要环节描述。

第十一章 电子公文安全

电子公文在制作、传输、办理、归档、检索利用以及销毁等各个环节，其安全可靠性严重依赖相关信息技术环境的安全可靠，严重依赖相关管理制度措施的科学性。前者属于技术安全保障的范畴，后者属于制度安全保障的范畴。二者缺一不可，相互补充。

第一节 电子公文安全概述

掌握电子公文安全技术，首先要了解电子公文安全的基本知识，如什么是电子公文安全，电子公文安全有哪些属性，采用信息技术保证电子公文安全的原则等。

一、电子公文安全的含义

电子公文是运用计算机系统和现代信息管理技术发布的全数字化形式的公文。与传统纸质公文相比，电子公文具有存储体积小、检索速度快、远距离快速传递，同时满足多用户共享等优点。但其本身也存在一些无法克服的局限性，如：信息与载体分离、不能直接阅读、必须依赖于相应的软件和硬件才能被识别和利用、电子公文信息容易被恶意修改和复制而且修改后几乎不留痕迹，难以直观辨别该信息是否被修改过。

电子公文在运行过程中涉及不同的部门和用户，如电子公文的制发部门、电子公文的网络运行部门等。从电子公文制发部门来说，电子公文安全是指密级公文能得到机密性、完整性和真实性的保护，避免其他人利用窃听、冒充、篡改、抵赖等手段破坏公文信息，同时也避免其他用户的非授权访问和破坏。从网络运行和管理部门的角度来讲，希望从技术和权限上保护网络的健壮性，避免病毒、非法存取、拒绝服务和网络资源非法占用及非法控制等威胁，有效抵御网络黑客的攻击。

电子公文安全在不同处理阶段和处理层面其含义有所区别，公文运行的安全，主要侧重于保证系统正常运行，避免因为系统的崩溃和损坏而对系统存储、处理和传输的信息造成破坏和损失，避免由于电磁泄漏产生信息泄露，干扰他人或受他人干扰。公文操作的安全，包括用户口令鉴别，用户存取权限控制，数据存取权限、方式、控制，安全审计，安全问题跟踪，计算机病毒防治，数据加密等。网络上信息内容的安全，侧重于保护信息的保密性、真实性和完整性，避免攻击者利用系统的安全漏洞进行窃听、冒充、诈骗等。

综上所述，电子公文安全首先是指公文网络的技术安全，即网络系统的硬件、软件及其系统中的公文数据受到可靠保护，不被恶意窃取、破坏、更改、泄露，系统保持连续不间断可靠运行。

二、电子公文安全属性

由于电子公文的日常处理是以数据形式进行的，因此，讨论电子公文安全就是讨论公文处理过程中的数据安全。电子公文的安全属性包括多个方面，归纳起来主要有：保密性、真实性、完整性、可用性、不可否认性、可控性和可靠性等。

（一）保密性

保密性是建立在可靠性和可用性的基础上的，指电子公文信息不被泄露给非授权的用户，也就是说电子公文信息只能给授权用户使用。

（二）真实性

真实性是指用户的身份是真实的，在电子公文传输过程中能够对通讯实体身份的真实性进行鉴别，能够保证用户的身份不被别人冒充。

（三）完整性

完整性要求信息不受到各种破坏，即未经授权不被偶然或蓄意地添加、删除、修改、伪造、乱序、重放等破坏和丢失的特性，电子公文系统必须能对抗主动攻击，保证数据的一致性，防止数据被非法用户修改和破坏。

（四）可用性

可用性是指信息可以被授权者访问并按需求使用的特性，或者是网络部分受损或需要降级使用时，仍能为授权用户提供有效服务的特性，即保证合法用户对信息和资源的使用不会被不合理地拒绝。对可用性的攻击就是阻断信息的合理使用，例如，破坏系统的正常运行就属于这种类型的攻击。

（五）不可否认性

不可否认性也称为不可抵赖性，是在电子公文网络系统信息交互中，确信参与者的真实同一性，所有参与者都不可能否认或抵赖曾经完成的操作。利用信息源证据可以防止发信方不真实地否认已发送信息，利用递交接收证据可以防止收信方事后否认已经接收的信息。

（六）可控性

可控性是指对信息的传播及内容具有控制能力的特性。授权机构可以随时控制信息的机密性，能够对信息进行实时安全监控，不允许不良内容通过公共网络进行传输。在电子公文系统中，可控性是非常重要的特点，所有需要公开发布的信息必须审计通过后才能发布。

（七）可靠性

可靠性是电子公文系统安全的最根本要求之一，是所有网络信息系统建设和运行的基本目标。衡量电子公文系统可靠性主要有三个标准：抗毁性、生存性和有效性。

三、电子公文安全指导原则

（一）综合性原则

威胁电子公文安全的因素来自多方面，有网络方面引起的威胁，有操作人员自身失误导致的威胁，还有蓄意破坏电子公文完整性的电脑黑客利用技术手段对公文信息造成的威胁。各种威胁对公文信息影响的表现也不相同，有的是信息泄露，有的是信息丢失，还有的会使信息无法读取或识别，因此，任何一种单一的技术、策略、方法和手段作为保障电子公文安全的唯一方式使用都不全面。电子公文的安全必须从多角度出发，进行全面综合考虑。

（二）合理性原则

电子公文需要保持一定的开放性，以满足政务公开的需要，实现党政机关与公众的双向交流，同时还要求电子公文安全体系应支持不同层次不同部门之间复杂交互的应用。因此，只有科学合理地架构电子公文安全体系，使其在安全性、保密性与开放性之间取得平衡才能真正保障电子公文安全。

（三）标准化原则

公文处理与其他文件的不同之处在于公文中的信息代表的是某一单位或团体的整体意志，而且进行公文往来的单位之间也要共同遵守统一的公文处理标准体系。因此，各个单位之间使用的安全措施也应具有一定的标准，尤其是加密解密技术这种需要双方参与的环节更需要统一的标准。

（四）灵活性原则

电子政务系统是由不同安全域的网络组成的，应当按照不同安全域对安全的不同要求采取有所区别的安全措施，同时兼顾不同安全域之间的联系。此外，安全技术的迅速发展，电子公文安全需求的不断提高也要求电子公文安全系统设计保持灵活性，以适应新的技术和安全需求变化。

第二节 电子公文载体安全

电子公文载体的特殊性增大了电子公文日常保管和日常维护的技术难度，由于电子公文储存介质可重写，且修改后不留痕迹，电子公文原始性确认难度较大。因此只有保证电子公文载体安全才有可能有效实现电子公文的各种功能。

一、电子公文载体与常规公文载体的比较

（一）载体保存期限不同

纸质档案的载体是纸张，电子公文的载体是磁性物质和光盘，而各种载体不同的耐久性决定了纸质档案和电子公文保存期限的不同。纸张的耐久性取决于纸张中纤维素的性质，磁盘和磁带的支持体是聚酯底基，聚酯底基具有易产生静电、吸附尘埃从而导致磁盘或磁带卷曲、易与磁粉脱离、伸长后不易恢复等缺点。光盘是利用激光进行信息存取的，常用的记录介质主要有碲、碲合金、碳铝化合物以及一些在激光热效应作用下易产生物化性质变化的材料。这些材料不稳定、易氧化、易与碱溶液发生反应。与纸质档案载体相比，电子文件载体材料保存期限要短得多，一般仅为5～15年。

（二）保存环境差异

1. 温湿度对载体影响的不同

电子公文载体（光盘、磁带等）在温度过高或过低条件下，容易膨胀或收缩变形，进而影响磁介质分子原有的排列顺序，加速带基老化，影响激光束精确定位和数据的读写。

2. 灰尘的影响

灰尘对纸张的危害主要是损害纸张、使纸张发生黏结而形成"档案砖"、给纸张带来霉菌等。即使灰尘已经对其产生实质性的损害，如磨损纸张、形成"档案砖"、产生色斑和霉斑等，也可以通过修复手段在很大程度上恢复其所记录信息。灰尘对电子文件载体的损坏主要指污染划伤磁盘、磁带、光盘表面，造成记录信息的损毁；或灰尘中所含的化学成分不同程度地引起磁盘、磁带、光盘载体发生腐蚀等化学反应而毁坏，造成记录信息消失；一旦灰尘对电子文件载体造成危害，载体上所记录的信息可能会局部丢失，在计算机系统上便无法读出原始信息，使电子文件失去保存价值。因此，在电子文件形成和使用过程中，要采取严密的防灰尘措施。

（三）保护的目标重点不同

纸质档案保护工作的目标是保护档案的载体——纸张，因为纸质文件一旦形成，其制成材料——纸张、字迹材料、字迹三者永远结合在一起，保住了纸质文件的形体，以文字记录的信息就得以保存。电子文件的信息与载体是可分离的，是通过计算机将信息与载体结合在一起而形成的，必须通过计算机才能识读，而它的可分离性使文件信息随时面临着被修改、盗窃和被销毁的危险。因此有必要

使用防火墙技术、存取权限控制、数据加密法、数字水印法、数字时间印章法等保护措施进行防范。

当然，采用技术手段保证电子公文信息安全也只能是相对的，因为任何一种技术在发展过程中总是会存在这样那样的缺陷，必须与时俱进，才能适应公文信息安全的需要。

二、电子公文载体类型及特点

（一）电子公文载体类型

电子公文的载体主要可分为磁性载体和光学载体两种，其中磁性载体又包括磁带、软磁盘、硬磁盘等。利用磁性载体记录数据的基本原理是将电流（代表信息）转换为磁记录介质上的剩磁，读出则为其逆过程，即由剩磁转换为电流。光学载体如光盘，是采用激光技术在某种介质上写入信息，然后再利用激光读出信息。光盘适用于存储大容量文件，适用于存储利用率高的文件和档案，适合做多媒体系统的记录介质。

（二）电子公文载体特点

1. 寿命比纸质公文载体短

一般手工纸的寿命可以达到上千年，即使是新闻纸也能维持50年的寿命，存储电子公文的磁盘或光盘，其寿命不过30年，一些磁盘或光盘仅能保存5年。相对较短的使用寿命使电子公文在长期保管过程中面临严峻考验。

2. 信息存储的高密度性

电子公文载体的存储密度大大高于以往各种人工可识读的信息介质，一张5英寸光盘约可以存储3亿~4亿个汉字或A4幅面的文稿图像数千页，利用信息压缩技术后其存储能力还可以再增加数倍。

3. 信息与载体的可分离性

传统纸质公文的信息都被固定在某一载体上，成为不可分离的"实体"，而电子公文的信息不再具有物理意义上的固定实体状态，也不再具有固定的位置，而是可以在不同的载体上同时存在或相互转换，可以根据需要随时改变或扩展、缩小其存储空间。

4. 信息的非人工识读性

人们在面对传统纸质文字材料时，可以直接读出文件中的信息，并理解它的意思，不需要任何中介物。而电子公文在记录信息时则使用了人工不可识读的记录符号——数字代码，如果没有信息设备特定的程序解码，人们就不能识别它。

5. 系统依赖性

电子公文对制作、处理以及归档的系统有很强的依赖性，一旦原有的电子公文的生成软件、运行系统和硬件被更新换代，如果新系统不能很好兼容旧系统，那么原有的电子公文数据可能无法在新系统中使用。

三、电子公文载体的安全威胁

1. 温湿度对载体的影响

由于温湿度的变化导致的物理变化和水解反应，可能会引起磁性载体黏合层脱落。长期放置在高温下，会使磁性载体和光盘变形；相对湿度较大，会使磁性载体材料变质造成记录的信息丢失，失去使用价值；长期处于低温中，会使电子公文载体变脆易裂；相对湿度过低，磁性载体和光盘都容易产生静电，因而吸附更多的灰尘，使读出错误率增加。

2. 灰尘对电子公文载体的安全威胁

灰尘对电子公文载体危害极大，它可以造成载体的物理损失、化学损伤和生物损伤。灰尘污染或划伤磁盘、磁带、光盘表面，造成其物理损伤，引起记录信息的损失；灰尘中所含的化学成分，会不同程度地引起磁盘、磁带、光盘的腐蚀进而破坏数据信息；灰尘上带有的霉菌在一定程度上会滋长，霉菌分泌的有机酸和霉会损坏磁性载体和光盘，载体发霉后不仅会使数据丢失，而且会污染驱动器读写磁头，甚至会不断地传染给其他载体。

3. 外来磁场对电子公文载体的安全威胁

外来磁场作用于磁性载体上，能使磁性涂层的剩磁发生消磁或磁化，造成信号失落或信噪比降低，破坏记录信息，影响读出效果。因为磁记录是通过磁头产生的磁场在磁性载体上使微小的磁粉与电信号波形相对应排列而形成的，当较强磁场与磁记录距离很近时，就会改变其磁道的磁化方向，破坏磁粉按录入信号的排列，改变原有磁记录的状态，从而导致信息丢失。

4. 震动对电子公文载体的安全威胁

机械磨损和强烈震动，也能对电子公文产生破坏。磁盘、磁带在驱动器内高速运行，长期使用会使它们摩擦损伤，使记录信息丢失。在保存和传递过程中，也会因摩擦、划伤、弯折等现象而引起磁记录和光盘记录的信息损坏；同时强烈的震动也会影响磁性载体材料中的磁物质内部分子的排列次序，造成剩磁衰减，破坏已记录信号。

5. 有害气体对电子公文载体安全的威胁

这里所说的有害气体主要是指二氧化碳、二氧化氮、氧气等。有害气体具有酸性和氧化性，在一定条件下，可沉积或吸附在载体表面，分解出酸性化合物等有害物质，腐蚀、破坏其载体，致使盘基、带基老化变质，磁粉脱落，还可能产生各种色斑，造成电子公文信息丢失。

另外，紫外线对电子公文有很大的破坏力。它能与电子公文制成材料发生氧化反应，使磁带、磁盘、光盘的盘基、带基老化，脆性增大，强度下降；同时，紫外线的能量足以破坏磁性载体剩磁的稳定性，导致信号衰减，影响磁性记录信息的读写效果。

四、电子公文载体安全保护措施

电子公文与纸质公文在载体安全方面有不同要求，电子公文保护的重点是维护载体上数字信息的可读性。为了保证数字信息的可读性，应优选高可靠材质，同时，给这些载体和所负载的信息创造长久留存的条件。

（一）控制合适的温度和湿度

按照行业标准 DA/T 15—1995《磁性载体档案管理与保护规范》规定，磁性介质的电子公文应保管在温度 15~27℃，相对湿度 40%~60% 的环境中。推荐最佳温度为 18℃，最佳相对湿度为 40%。

按照国际标准 GB/T 17678.1—1999《CAD 电子文件光盘储存归档与档案管理要求》的规定，复合介质的光盘应保管在 14~24℃，相对湿度 45%~60% 的环境中。

以上提供的两则数据可以使电子公文载体处于安全范围内，高于或低于规定的温度和湿度都会对电子公文载体造成影响。

（二）注意防止灰尘

针对由灰尘可能导致的电子公文载体隐患，日常工作中要做好防尘工作，保持环境卫生：要创造减少空气中含灰尘量的条件，保证机器清洁；严禁触摸软盘读写窗口和索引孔处；不能用手直接接触光盘的信息部；使用后应放在盘盒中存储，不应随处存放。

（三）防止外来磁场

在电子公文保存和使用过程中，一定要远离强磁场，确保不受磁场的破坏。可使用软磁性物质制成箱柜，对磁场进行屏蔽；在存有重要电子档案的库区配备必要的测磁设备，以检测隐蔽的磁场。

（四）防止电子载体发生机械震动

在电子公文载体的存放过程中要注意做好减震防冲工作。硬盘驱动器应平放固定，防止发生振动；硬盘驱动器执行读写操作时，不要移动或碰撞工作台，以免磁头划伤盘片，造成盘片上的读写错误。

（五）防止光线和有害气体的影响

光线和有害气体对电子公文载体会产生较大程度的破坏，因此，要将电子公文载体放在距离有害气体和光线较远的地方。

（六）加强日常维护工作

除了注意上述物理化学因素对电子公文载体的影响之外，在日常管理工作中，应注意以下几个方面。

（1）存放。磁带、磁盘、光盘都应当垂直放置，以防变形和重物挤压；不要用手直接接触介质，应带非棉制手套；严禁用橡皮筋、绳子、曲别针来固定磁性载体和光盘，以免造成介质损坏和变形。

（2）整理。软磁盘的标签应写好后贴上，如果软磁盘上已有标签，不能用硬笔书写或更改，防止划伤磁盘。应定期对磁带作倒带处理，缓解磁带的卷绕张力，也能避免磁带发霉。

（3）清洁。不要随便用水或其他试剂擦洗盘片，如果盘片放置时间过长，出现发霉现象，要用干净的药棉蘸取高浓度的酒精擦洗盘片裸露部分，擦拭过程中翻转盘片，然后放置于清洁的环境中让酒精挥发干燥后再使用。

第三节 电子公文传输过程安全

电子公文在传输过程中需要计算机网络技术支持，黑客可能通过网络窃取和破坏公文信息，使电子公文处于不安全环境中。因此，要保证电子公文运行的安全就要做好电子公文传输过程的安全。

一、威胁电子公文安全传输因素

利用网络进行电子公文传输面临若干技术安全问题。

（一）信息泄露

电脑"黑客"在电子公文传输过程中通过截留等方式偶然地或故意地获得目标系统中的信息，尤其是一些重要数据，这势必影响公文传输、处理的安全。密级文件泄露有可能给国家管理、政务处理造成不良影响。其破坏手段有窃听、搭线和其他错综复杂的信息探测攻击等。

（二）信息破坏

由于偶发因素或人为因素破坏，电子公文传输过程中系统信息可能被修改、添加、伪造或非法复制，从而导致信息的正确性、完整性、保密性和可用性受到破坏。

（三）病毒威胁

由于电子公文在传输过程中需要借助网络进行，这一过程中极有可能感染病毒，这些病毒会同发文单位的文件一起到达收文单位，收文单位在接收公文的同时就有可能感染病毒。

（四）假冒

电子公文的传输是抽象的网络方式，避开了人工的面对面交接，发文机关常常是通过网络直接将公文传送至收文机关。一些不具备发文资格的单位或个人为了某种私利冒充单位名义向外界发送信息，或下达通知要求对方完成所收到的任务，或通过发送公文向对方索要一些信息。如果收文单位不仔细查看则有可能由于工作失误导致信息泄露。

（五）业务否认

也称抵赖，是一种来自用户的攻击。电子公文传输涉及收发两方行为，如果电子公文办理过程缺乏必要措施，假设其中一方因某种原因进行了错误操作或做出了错误决定，在导致某种恶意后果后极有可能否认自身行为。

二、电子公文安全传输要求

（一）真实性

传输过程中的真实性，包括信息的真实和发文单位的真实。公文无论采用何种形式都要保证所传输的信息是真实的，只有这样公文才能正确地发挥其效能。如果电子公文传输中不能明确表示出发文单位的身份，该公文的可信度就得不到保障，收文机关接收到该公文时有权不对公文内容做出回应。

（二）保密性

保密性是指公文信息不会泄露给非法用户。主要有两层安全措施，一是要保证公文信息不被窃取，能安全准时地到达收文单位，二是对公文加密，这样即使被窃取，也不能被识别。

（三）不可抵赖性

电子公文传输过程的每一次操作都应该有记录和监控，甚至进行数字签名。目的是保证公文的真实有效，公文处理的任何一方不能否认或抵赖一方的操作行为。

三、电子公文安全传输技术

电子公文传输过程是电子公文在运作过程中的重要部分，主要包括生成、发送和接收三个阶段，传输过程将公文的发文机关和收文机关通过公文的传递联系起来。

电子公文在传输过程中的一大特点就是利用网络进行，利用网络一方面可以极大地提高传输速率，另一方面也由于网络的介入给公文传输过程带来了更大的威胁。传输过程中涉及的技术主要有加密技术、信息隐藏技术、防火墙技术、信息认证技术、防病毒技术等，这里重点介绍前两种技术。

（一）加密技术

加密是将有关的原始数据明文经过一些算法的转换变成密文，通俗地讲，就是将有用的信息变为看上去好似无用的乱码。信息加密是保障信息安全的最基本、最核心的技术措施和理论基础，也是现代密码学的主要组成部分。加密技术主要包括单向加密和双向加密，单向加密技术包括数字摘要技术，双向加密技术包括对称加密体制和非对称加密体制。

1. 单向加密技术

单向加密技术又称为单向函数技术，是对信息进行加密以便产生原始信息的一个签名，该签名将在以后证明它的存在。这里以数字摘要技术为例进行介绍。数字摘要技术是一种单向加密算法，是通过 HASH 函数将需加密的明文"摘要"成一串杂乱的 128 位的密文，这种加密的结果是不能解密的。发送方可以通过该算法对拟发送的原文生成一个有固定长度的散列值，不同原文将产生不同的值，只有相同的原文才会产生相同的值，这样就保证了原文的真实性。不同的明文摘要成密文，其结果总是不同的，而相同的明文其摘要必定一致，这样，加密后的摘要就可以成为验证明文是否是"真身"的指纹了。这种加密技术可以确保数据没有被修改或变化，进而保证信息的完整性不被破坏。同时，同样的密文摘要还有不可预测性和不可逆转性，不可预测性是指摘要的大小与原文的大小无任何联系；不可逆转性是指没办法通过产生的摘要直接恢复原数据。

2. 双向加密技术

根据加密密钥与解密密钥是否相同，双向加密又可分为对称加密体制和非对称加密体制。

对称加密体制是一种传统密码体制，也称私钥加密体制，是指密密钥与解密密钥相同。也就是说，在对称加密系统中，发送和接收数据的双方必须用相同的密钥对明文进行加密和解密运算。由于加密和解密的密码相同就要求通信双方必须信任对方不会将密钥泄露出去，这样就能实现数据的机密性和完整性。由于对称密码算法是采用单个密钥对数据进行加密或解密，因此其计算量较小，加密速度快。

对称加密体制也存在局限性：双方在首次通信时，必须通过网络以外的途径传递统一的密钥，并保证传递过程中不发生泄露。在用户较少的情况下，对称加密系统比较有效，但对于大型网络，当用户群很大，分布很广时，密钥的分配和管理难度增大。任何一方泄密都将造成密钥失效，而对称加密体系无法确认泄密发生在哪一方。

非对称性加密体制又称公钥加密体制，加密密钥与解密密钥不同。其特点是有两个密钥：公钥和私钥。公钥，即用于发送给加密方的密钥；私钥，即保存在接收方本地的密钥。该对密钥有这样的特点：通过公钥加密的数据，必须通过私钥解密；同样，通过私钥加密的数据（通常称为电子签名），必须通过其对应的公钥解密（通常称为签名验证）。只有二者搭配才能完成加密和解密的全过程。由于这种算法不需要在网络中传输私钥，因而在网络传输中安全性较高，同时，使用公开密钥加密技术进行数据通信时，双方可以安全地确认对方身份和公开密钥，这样能够有效地保证数据信息的机密性、完整性和不可抵赖性，基本满足了信息安全的所有目标。

（二）信息隐藏技术

1. 信息隐藏技术的原理

信息隐藏技术又称信息伪装，其原理主要是将某一机密信息隐藏于另一公开的信息中，然后通过公开信息的传输来传递机密信息。这与密码学有所不同，密码技术主要是研究如何将机密信息进行特殊的编码，以形成不可识别的密码形式后再进行传递，攻击者可通过截取密文并对其进行破译，或将密文进行破坏后再发送，从而影响机密信息的安全。信息隐藏的目的不在于限制正常的资料存取，而在于保证隐藏数据不被侵犯。用一个简单的例子可以形象地说明信息隐藏技术的原理，即古代使用的飞鸽传书。其中飞鸽是用来迷惑攻击者的公开信息，绑在飞鸽腿上的小纸条是需要保护的机密信息，如何将小纸条绑在飞鸽腿上则是信息隐藏的算法。

2. 信息隐藏技术的应用

信息隐藏技术可以广泛地应用于隐写术、数字水印、数字指纹、计算机系统中的隐通道、低截获概率通信、广播加密、匿名服务等方面，下面简介数字水印技术的应用。

数字水印技术是用信号处理的方法将指定的数字、序列号、文字、图像标志等版权信息嵌入不可见的隐藏的标记中，以起到版权保护、秘密通信、数据文件的真伪鉴别和产品标识等作用。

数字水印技术的基本思想源于古代密写术。古希腊的斯巴达人曾将军事情报刻在普通的木板上，用石蜡填平，收信的一方只要用火烤热木板，融化石蜡后就可以看到密信。可以说，人类早期使用的保密通信手段大多数属于密写而不是密码，然而由于缺乏理论基础，密写术始终没有发展成为一门独立的学科。数字化技术的发展既为密写术注入了新的活力，也带来了新的机会，尤其是近几年来信息隐藏技术理论框架研究的兴起，更是为密写术成为一门严谨的科学带来了希望。

第四节 电子公文办理过程安全

由于办理过程仅在收文单位进行，其安全性要远远高于传输过程。但是这一过程中仍然存在一些威胁，如某单位否认由于自己的责任导致的工作失误，或是将以某一特定的权限扩大化。本节针对这些问题加以阐述。

一、电子公文办理过程中的隐患

(一) 抵赖

这是一种来自用户的攻击，如一些单位已经收到另一单位的信息却声称没收到，或者出于某种私利，在没有收到对方信息的时候声称已经收到，无论哪种方式的抵赖都会对电子公文正常运转产生负面影响。

(二) 重放

出于非法目的，将所截取的某次合法的通信数据进行复制，而重新发送。例如，某县市区接到上级机关一份关于地方财政向当地政府拨款的通知，应该说当财政局将足额款拨给政府部门以后这份公文的主要事项就完成了，但如果地方政府将这些信息复制，数日后再次发给财政局要求拨款，这种威胁方式就是重放。

(三) 授权侵权

被授权以某一目的使用某一系统或资源的某个人，却将此权限用于其他非授权的目的，也称"内部攻击"。例如，某机关文字工作者由于工作需要，被获准可以查阅机密性文件，但该工作人员却将这些机密信息公之于众，这就超越了其被授权的范围，这时的威胁就是授权侵犯。

二、电子公文办理安全要求

(一) 不可否认性

这里的不可否认性与前面传输系统讲的不可否认性是一样的，即为了防止电子公文办理过程中所有参与者有可能否认或抵赖曾经完成的操作和承诺所设定的安全要求，即发送方不能否认已发送的信息，接收方也不能否认已收到的信息。

(二) 保密性

电子公文内容信息在一定时间内对外是不可公布的，在公文处理的任何一个环节都应保持电子公文信息不被泄露，只有这样才能保证电子公文处理过程的安全。而办理过程是公文最易于与外界接触的环节，因此，要保证公文信息的机密性。

(三) 完整性

由于电子公文办理仍然需要借助网络系统，而网络"黑客"有可能在任何时候窃取信息，因此，电子公文办理中应确保其完整性，只有在发送、办理、存档等各个环节保证公文的完整性才能保证政务公开时公文信息的准确性。

三、电子公文办理安全措施

保密和信息认证是电子公文安全的两个重要方面，保密是为了防止信息泄露，而认证则是为了防止第三方的主动攻击。信息认证技术又可以分为电子签名、消息认证和身份验证三种。

1. 电子签名

（1）电子签名。在传统公务活动中，为了保证交际的安全与真实，一份书面合同或公文要由当事人或其负责人签字、盖章，以便让双方识别是谁签的合同，保证签字或盖章的人认可合同的内容，在法律上才能承认这份合同是有效的。而在电子公文的虚拟世界中，合同或文件是以电子文件的形式表现和传递的。在电子公文运行系统上，传统的手写签名和盖章是无法进行的，这就必须依靠技术手段来替代。能够在电子文件中识别双方交易人的真实身份，保证交易的安全性和真实性以及不可抵赖性，起到与手写签名或者盖章同等作用的签名的电子技术手段，称为电子签名。

（2）数字签名。实现电子签名的技术手段有很多种，目前比较成熟的电子签名技术是"数字签名"。

"数字签名"是对传统文件手写签名的模拟，即通过某种密码运算生成一系列只有信息发送者才能产生的别人无法伪造的符号及代码组成电子密码，来代替书写签名或印章。它采用了规范化的程序和科学化的方法，在数据单元上附加数据，或对数据单元进行密码交换，使数据单元的接收者证实数据单元的来源和完整性，进而鉴定签名人的身份以及对一项电子数据内容的认可，它还能验证出文件的原文在传输过程中有无变动，确保传输电子文件的完整性、真实性和不可抵赖性。数字签名的作用包括：一是由于数字签名难以否认，从而确定了文件已被签署；二是由于签名不易被仿冒，从而能确保文件的真实性。

数字签名机制一般包括三个过程：系统的初始化过程，在这一过程中要产生签名中用到的一切参数；签名过程，即利用签名者的私有信息作为密钥，或对数据单元进行加密，或产生数据单元的密码校验值；验证过程，即利用公开的规程和信息来确定签名是否是利用该签名者的私有信息产生的，验证过程是利用公之于众的规程和信息，但不能推出签名者的私有信息。

（3）数字签名的类型。现有电子公文的签名技术一般包括证书式数字签名和手写式数字签名。

证书式数字签名的原理是，发文方利用自己不公开的密钥对发出文件进行加密处理，生成一个字母数字串，与文件一起发出，同时还带走一个可使其生效的公开密钥。接收方用发方的公开密钥运用特定的计算方法解码检验数字签名，是将专门的软件模块嵌入文字处理软件中，用计算机数字转换器来捕获手写签名，同时对电子文件的内容、结构等进行打包处理。采用证书式数字签名者需要向专门的技术管理机构注册登记，这种专门机构一般称作"安全电子邮件认证站点"、

"数字证书服务中心"、"数字标识授权机构"等。其职能是在其管辖的数字协议下对用户的有效身份进行认证,向用户发放有限期的密钥和数字证书等。

手写式数字签名是将专门的软件模块嵌入文字处理软件中,作者使用光笔在计算机屏幕上签名,或使用一种压敏笔在手写输入板上签名,显示出来的笔迹与在纸质公文上的签名一模一样。

2. 消息认证

消息认证是指接收方对收到的消息进行检验,检验内容包括:消息的源地址、目的地址、消息的内容是否受到篡改、消息的有效生存时间等。

3. 身份验证

(1)身份验证的定义。又称身份识别,通俗地讲,身份识别是证实用户或主体的真实身份是否与其所声称的身份相符的一个过程。

(2)身份验证技术的类型。身份验证技术一般分为基于物理形式和基于密码技术两大类。

基于物理形式的身份识别技术又可分为用户所知道的、用户所拥有的和用户的特征三种。用户所知道的,最常用的就是命令。验证方提示证明方输入口令,证明方输入后由验证方进行真伪识别。这种身份识别与银行中的自动取款机类似。用户所拥有的,如身份证、护照、IC 卡等拥有物的识别协议。用户的特征,如手写签名,指纹或 DNA 等生物特征。基于口令的身份识别系统存在口令泄露、口令猜测、口令重放以及线路窃听等弱点。为克服这些弱点,使用过程中可采用口令定期改变、一用户一口令、限制非法登录次数、限制口令最小长度等措施。

基于密码技术的身份识别协议。身份识别要求只有合法的个体能够出示身份证明,并且其出示证据的权利不能被侵犯。如果验证方是可信的,则只要保证证明方出示的证据不被第三方窃听和模仿即可。如果验证方是不可信的,则需要防范的就是验证者通过验证而对出示证据权利的侵犯。

身份识别机制的选择通常与使用环境相关,而且可能需要与时间戳、同步时钟、公证、两方或三方握手协议结合起来使用,以达到所需要的安全级别。

(3)身份验证技术的缺陷。如果用户以正常的方式打开电子公文时,身份验证技术无疑是个不错的选择,但用户如果用二进制文件方式打开时,身份识别过程会被轻易跳过,所以这种安全技术的最大问题在于要靠数据库管理软件实现安全,一旦非法用户采用别的方法查看电子公文内容时,安全性就无法保证。

(4)身份验证与数字签名的区别。身份验证一般是基于发送方和接收方共享的秘密数据,以证实被鉴别对象的身份真实性,而用于数字签名的数据却是公开的。

身份验证可以是单向认证也可以是双向认证,而数字签名则允许除发送方和接收方之外的第三者验证。

对于数字签名来说，发送方不能抵赖，接收方不能伪造，而身份验证却不一定具备这些特点。

思考题

1. 根据本章所讲解的内容，与同学一起设计一份完整的电子公文制作、传输和办理流程，在这一过程中大体分为两组，一组同学负责保护电子公文在运行各阶段的安全，另一组同学则扮演"黑客"试图在各个阶段截获电子公文的信息。
2. 选择一款安全软件完成对某件文件的加密、解密和信息隐藏等技术的操作。
3. 选择一款安全软件完成对被删除信息的恢复操作，对受损文件的修复操作。

参考文献

［1］柳新华、王东海、董相志：《实用电子公文处理教程》，科学出版社2009年版。

［2］董相志、陈伟波、柳新华：《我国电子公文的发展演变与前景》，载《中国行政管理》2006年第11期。

［3］王东海、王丽英：《公文术语的义值分析》，载《烟台师范学院学报（哲学社会科学版）》2005年第1期。

［4］柳新华、王东海、董相志：《实用电子公文传输与处理》，中国人事出版社2002年版。

［5］柳新华、董相志：《政府电子公文处理模型的前提分析与建构》，载《秘书》2004年第1期。

［6］柳新华、董相志、邵明媚、张艳伟：《电子公文发展面临的问题与对策》，载《中国行政管理》2007年第11期。

［7］柳新华：《实用行政公文写作与处理》，中国人事出版社2002年版。

［8］张庆儒：《公文处理学》，中国档案出版社2001年版。

［9］苗枫林：《中国公文学》，齐鲁书社1988年版。

［10］中国公文写作研究会：《电子文书写作》，中国言实出版社2005年版。

［11］《中国电子政务领导干部知识读本》，中共中央党校出版社2002年版。

［12］柳新华、曹菁：《中小城市电子政务建设探索与实践》，经济科学出版社2005年版。

［13］唐兰：《中国文字学》，上海古籍出版社2005年版。

［14］李玲璞、臧克和、刘志基：《古汉字与中国文化源》，贵州人民出版社1997年版。

［15］臧克和、刘志基：《汉字文化综论》，广西教育出版社1995年版。

［16］王宁：《汉字学概要》，北京师范大学出版社2001年版。

［17］周有光：《世界文字发展史》，上海教育出版社2003年版。

［18］李万福、杨海明：《图说文字起源》，重庆出版社2001年版。

［19］孙和平：《公文大辞典》，四川大学出版社1992年版。

[20] 苏武荣:《电子公文的七大问题与八大关系》,载《计算机世界》2003年第2期。

[21] 张林华:《现代文件学》,上海大学出版社2007年版。

[22] 联合国经济和社会事务部,国家行政学院电子政务研究中心译:《2012年联合国电子政务调查报告:面向公众的电子政务(中文版)》。

跋

2013年1月12日凌晨，一则噩耗显示在手机屏上：枫林先生于早上4点12分去世，享年81岁。简单明了而寒气逼人的一句话让人的心倏地抽紧，惶惶不安、反反复复看了几遍，不得不承认确是寒风吹落霜叶，先生驾鹤西去。我木然坐在书房座椅上，好半天才回过神来，枫林先生或近或远的音容笑貌翩翩而至。

枫林先生是位颇有身份的人，曾长期在北京中央机关首长身边工作，在省城那是一位地位显赫的领导干部，但那时我并不认识他，无法对他写下只言片语。我所认识的枫林先生已离开领导岗位，已是进入所谓"无官一身轻"的赋闲光景，"一身轻"的他竟然看不到一点官架，嗅不到一点官气，品不到一点官味，我所认识的仅仅是一位人人尊敬的长者，一位风度儒雅的学者，一位推新扶弱的贤者。所以，文中我不称先生的官职，非为不敬，实在是因为我认识的枫林先生，与做官和权势无关。

我第一次认识枫林先生是在1992年10月，那一年我因为工作需要，出版了一本薄薄的关于公文写作的书，应邀与枫林先生一起参加了中国公文写作研究会的成立大会。会议在烟台新闻中心举行，枫林先生在会议上当选为中国公文写作研究会第一任会长。枫林先生的当选，并非其他原因，而是由于他在1987年出版了《中国公文学》一书，由此被国内公文学界尊为中国公文学的创始人，会长一职自然非他莫属了。而后，我与他见面多了，他对我讲，这本书是他从政时由北京调山东工作时，待命期间在北京图书馆里写成的，他说，现在这个"学"、那个"学"铺天盖地，而公文"经国之大业、不朽之盛事"怎么就没有"学"呢，这就是他写作此书的动因。后来先生还专门将《中国公文学》题名赠送了我一本，拜读之后，至今受益匪浅。先生写过多少公文已经无人知晓，只是知道"文化大革命"刚刚结束时，为老干部平反冤假错案、党的生活准则等许多重要中央文件均出自他手。中国公文写作研究会是一个名不见经传的全国性二级学术团体，但自成立以来，每次年会他都参加，这个学会后来在全国渐渐有了些影响，实在是赖先生所赐。后来他年纪大了，毅然决然辞去会长职务，推荐年轻同志担任会长，他则成为名誉会长，一般情况下名誉会长都是挂名的，但学会20年来的每次会议他都参加，而且每次会议都会发表具有真知灼见、切中时弊的研究见解。第十二届全国公文写作年会是2010年8月在西安举行的，他不仅在会议上谈了他对公文文风的看法，而且会议期间还接受了多家媒体的采访，他大声呼吁改变文风要从领导干部做起。他认为，"假大空"这种文风，抄袭的文风，最后的避难所就是领导的官僚主义，领导疏于亲政。他的话，引起与会者和媒体的普遍关注。人们没有想到一个79岁高龄的老者有如此敏锐的思想，无怪会后一个刊物发表了一篇题为《老树春深情更浓》的文章，大感惊叹！

如果有人认为官员出身，能写公文，对公文写作有点感想和认识，那不足为奇，也算不得了不起的真才实学。如果你这样来看待枫林先生，我不得不再谈谈他的另一项研究成果。2004年，枫林先生送我一本新著《中国用人史》，并对我讲，这是他自20世纪80年代始，在工作之余，耗时10年，完成的一本我国用人制度史专著。我认真拜读60余万字的皇皇巨著，枫林先生对中华民族历史上用人思想研究之深刻、方略评判之精当令人叹服。长期以来，史学界很少有人对用人史作系统、科学的研究，即或有著述问世，或失之于片断性、随意性，或只是辑录一些用人的故事，缺乏理论的总结与深入的分析。《中国用人史》突破了某些思维定式的束缚，通过全面系统地梳理用人历史上的丰厚遗产，阐释用人与政治、经济及社会发展的关系，从用人的角度去解读历史朝代的兴衰更迭，彰显唯物主义的人才史观和新时期人才强国战略的现实价值。它显示出枫林先生深厚的理论功底和驾驭能力，更蕴含着枫林先生忧国忧民的崇高情怀。

如果有人感觉一个担任过高级领导干部的人谈用人，还是不足为奇的话，那么对一个没有当过兵、打过仗的人，却出版了一本兵书，难道你不感到神奇而非凡吗？！2010年8月在西安，枫林先生又送我一本他刚刚由中国军事科学出版社出版的《中国古代心战》一书，全书50多万字，上起先秦、下迄明清，过去那些屡屡散见于史籍的历代心战战例、战史，历代心战思想与方策，均被他收入锦囊。利用西安会议期间，我把全书通读一遍，发现这是枫林先生奉献给我们的一部极有教益的军事奇书。在中华民族的历史长河中，心战代表了中国古代兵道的智慧，是实现"不战而屈人之兵，善之善者也"的不二法宝。中国古代心战经历了漫长的发展过程，其斗争艺术丰富多彩，奇计妙策蕴含在浩如瀚海的历代兵书和史籍之中，没有剥茧抽丝的毅力和皓首穷经的耐心，实在是难以集大成而为一家。有人评价说，《中国古代心战》一书借鉴《孙子兵法》中丰富的心战思想和原则，研究高技术条件下心理战的基本内涵、应用特点、作战方法，不仅对弘扬中国传统文化具有现实而深远的意义，而且对促进中华民族软实力的提高和对于新时期军事斗争准备都具有极高的价值。这一点，2012年8月18日在北京举行的《中国古代心战》研讨会上得到与会专家的一致认同。同年12月，该书在新闻出版总署举行的第三届"三个一百"原创图书出版工程评选中，从参选的1167种新版图书中脱颖而出，入选"人文社科类原创图书"，被美国国立图书馆和我国各大图书馆收藏，成为我军心理战专业的研修教科书。

  我作为晚辈，从30多岁与枫林先生忘年交已20余年，几乎年年相见，每次见面都为他的渊博学问所倾倒，为他的朴实为人所钦佩。他待人谦逊，温和平静，尤其对年轻人的呵护笃爱，事事显示一个长者的胸怀。2002年我在中国人事出版社出版《实用电子公文传输与处理》一书，请先生作序，考虑先生年事已高，且电子公文又是一个新东西，就拟了一个初稿给先生，先生很快就将序言寄了回来，但已不是我拟的初稿，而是先生自己重新撰写的，一看便知先生对电子公文的研究绝不生疏。此书出版后，在社会上引起广泛影响，实在有赖先生推举之力。以后我又在先生鼓励引导之下，陆续出版了几本关于公文写作研究方面的书，每次都是先生欣然命笔作序，为之增彩良多，其呵护之情溢于言表。枫林先生严谨治学，虚怀若谷，每每展现一个学者的风范。学会召开的会议，由于经费有限，一般都在一些简陋的酒店宾馆举行，每次参加会议，他绝不搞特殊，坚持与与会人员在一起食宿、一起讨论。记得2011年暑期，中国公文写作研究会与鲁东大学共同举办"公文学的发展现状与展望"研讨会，枫林先生从青岛赶到烟台参加会议，考虑到学校的接待条件有限，会议特意另作安排，但枫林先生坚决不同意，就在学校与与会人员一起食宿参加会议，两天会议，由于他的亲自参与和指导，会议开得十分成功，会议研究成果结集出版了《公文学现状与展望》一书。枫林先生勤勉一生，努力不懈，他那种对学问孜孜以求的精神，使年轻人常常感到自愧不如。枫林先生70岁左右开始学习电脑，每天坚持用电脑写作3000字。我知道《中国用人史》、《中国古代心战》都是他在笔记本电脑上一个字、一个字敲出来的，这是我与他出差开会在一起时亲眼所见。他曾对我说，现在有些人不是认真做学问，为了赶时髦赚钱，组织一帮人，东拼西凑，粗制滥造，几天就搞出一大本，糟蹋学问，有辱斯文，绝不应该这样做学问啊。现实中像枫林先生这样认真做学问的人可谓凤毛麟角，今天重温枫林先生的话，令人感慨良多。

  枫林夕照别样红，霜叶流丹分外娇。枫林先生曾与我谈及自己退休后的生活，他说，他可以有两种"写"的选择：一种是写字，练练书法，既有益身体，还可以百年留名，甚至还可以借机得到不菲的润笔费；另一种是写书，研究点东西，不过比较清苦。朋友劝他选第一种，因为枫林先生的书法造诣很深，稍微再用点心，比一些自我标榜的所谓书法家写得要好。但枫林先生选择了另一种，他心里很清楚，这是自找苦吃，但他认为离岗以后如果能利用晚年的时间，能继续为国家、为民族做点有益的事，为后人留下点有价值的东西，那是值得的。他曾说过，人类文化是一个整体，为人类文化做出贡献的人，是不会被历史遗忘的。正如孔夫子所言，枫林先生"其为人也，发愤忘食，乐以忘忧，不知老之将至云尔"。他离岗以后，研究成果不断问世，一部比一部精彩，且有一发而不可收的态势。除了本文言及的三部著作外，枫林先生还著有《步履集》、《孔子文化大全》、《世界改革史》、《中国古代名物大典》等，都是可以传世的佳篇力作。他在 2011 年烟台会议上对我说，他计划编著一部公文赏析读物，让今人从中观察前人公文对社会治理的视角，学习前人公文笔者善于透彻说理，又重在提出解决办法的睿智，然后将已有的几十万字的文章出个文集，作为献给自己 85 岁的礼物。并嘱托公文赏析读物由我协助他完成出版发行工作。这两年我一直在期盼枫林先生的新作问世。

2013 年元旦假期之间，得知枫林先生病重入院，我于 1 月 3 日匆匆赶到北京 301 医院看望，因医生嘱咐谈话不能超过一刻钟，本来想好许多要对先生说的话，如他的公文赏析书稿何时杀青，他对此书出版发行有什么要求，等等，但时间不允许，而我也不忍心让先生再劳累，心想等枫林先生病好了，此事再议也不迟。未曾想病魔如此凶狠，北京一晤，顿成永别，回来仅仅十天多一点的时间，就与枫林先生阴阳两隔，从此再也无法聆听先生的教诲。

2013 年 1 月 14 日，枫林先生遗体告别仪式在济南殡仪馆举行，是日雾霾蔽日，旅程阻隔，竟至未能赶到济南送枫林先生最后一程。正当我哀思无尽的时刻，枫林先生的亲人打来电话，说枫林先生走前通过"遗事"告知方式，请他们与我联系出版《中国公文名篇赏析》之事。经了解，他的最后书稿在他的个人计算机中，已经系统修改过 4 次，可谓尽心尽力了。他在住院前最后的日子，就是为再修改书稿、增加新内容搬书而"扭伤"了腰。并且在病中多次提到要出好这本书。

根据他的遗愿，鲁东大学公文文献研究中心将他的遗著校订出版，作为本中心公文学系列研究丛书的第一部。鲁东大学公文文献研究中心是在枫林先生的倡议下，于 2008 年成立的全国首家以公文为研究对象的科研机构，2010 年 10 月 28 日中国公文写作研究会批准，成为其分支机构——中国公文写作研究会公文文献研究室。鲁东大学公文文献研究中心创立之初，枫林先生捐赠了其珍藏的全部公文文献和著作，供师生学习、研讨利用，并欣然担任中心的兼职教授，中心的发展倾注了先生的许多心血。此次中心能够为先生的遗著出版尽微薄之力，师生感到无限的荣幸和欣慰。

为了纪念枫林先生，我们将本书包括丛书其他分册的出版式样、大小和封面以先生过去出版的著作为蓝本，统一进行了设计，并命名为《中国公文学研究》丛书，算是对枫林先生为中国公文学创立发展做出的卓越贡献表示的崇高敬意，以告慰枫林先生的在天之灵。

是为跋。

柳新华
2014 年 9 月 28 日